中國文化大學文學院哲學系
博士論文

Doctor's Dissertation
Department of Philosophy
College of Liberal Arts
Chinese Culture University

宋七力「本心」思想義理詮釋與實踐探究

An Exploration of the Interpretation and Practice
of the Meaning of Chi-Li Sung's "Original Mind" Thought

指導教授：黎惟東教授
Advisor: Professor Wei-Tung Li

研 究 生：羅春月
Graduate Student: Chun-Yueh Lo

中華民國 113 年 6 月
June 2024

中 國 文 化 大 學

博士學位論文

宋七力本心思想義理詮釋與實踐探究

研究生： 羅 春 月

經考試合格特此證明

口試委員：陳福濱

鄭志明

黎惟東

陳振崑

指導教授：黎惟東

所　　長：陳振崑

口試日期：中華民國 113 年 6 月 13 日

◆作者

羅春月

　　羅春月，1951年出生，台灣苗栗縣人，現居台北市，是大日宗協會會員，親身體證宋七力思想36年。從「遇斯光」--宋七力「放光」啟動「本心」，到自見其身（法身）的歷程，一步一腳印的深刻體會就在生活中，「本心」、「法身」就是我生命的父母，我信賴、依靠祂，不用再去求神問卜，祂引導我正確的方向。我最大的改變就是積極樂觀、笑眼常開，認識自己、面對自己、勇於做自己。

　　因為自己是護理背景，臨床護理師的工作經歷後至今經營長期照護產業多年，經常會面對客戶（住民、家屬）關於生命終極關懷議題，「本心」思想的主軸-生命永恆，不再輪迴的論述，自己親身的印證，就是我最願意的分享。安定他們無助的心靈。

　　宋七力思想；「以本心為主」，最大亮點-反求諸己（本心）。

　　宋七力思想核心理念；「放光」與「分身」。有了「本心」觀，人人有機會顯現自見其身（自性法身；分身；虛空身）。

　　因緣際會下，在輔仁大學宗教研究所碩士班、中國文化大學哲學博士班研讀畢業，心得如下：認知與境界（實證）同等重要。當年蔣公為了復興中華文化而有了中國文化大學誕生，正本清源，找回「本心」，「本心」才是有所本。才不流於空談。

　　宋七力思想可貴處是沿襲了古今中外中西哲學、宗教、學術、科學的本體（心）理論，這也是所謂代代相傳，傳承迎合時代的需求必須要有創見。傳統的理論已然確立，是「理論性」的本體（心）論，宋七力思想--超越、顛覆了傳統的思維模式，向內找本心，開展本心內涵，孕育法身（分身），法身圓滿就能建構釋尊所謂的極樂世界。因此；將宋七力思想定義為「實證」的本體（心）論，亦可稱宋七力本心思想是生命哲學。

　　從目前最夯的科學--量子力學，也可嗅到能為宋七力本心思想更有力的佐證。期待「本心」思想能夠讓更多的向道者受益。

摘要

　　「本心」向來是中國傳統中最普遍、最基本的範疇，任何一位論心性的哲學家，不論是從道德層面、智能層面，甚至永恆生命追求的層面，莫不繼承和運用「本心」來詮釋自己的思想、找到「本心」普遍的原理，從而為它建構一個嶄新的知識系統或原理。透過「本心」的朗現，人才得以解放自我、提升自我、超越自我，以安頓自己的生命，及開創人類最終的價值。若沒有建立本心觀，那麼；宗教跟哲學都是無所本的。伴隨物質生產和符號生產雙管齊下地推升，物欲、權欲、名譽欲等現代性負面因素已在世界各地不斷擴散。現代人面對麻木、空茫，孤獨的生活方式就是追求更多的物質、名利、地位。但當這些願望都被實現之後，人心中的空虛、茫然和徒勞之感，將更為劇烈，深深地滲入他們的骨髓，並直接威脅人自身當下的棲息和未來的繁衍。這些皆為人類擁有高度文明及物質享受後所要面臨的嚴峻問題。故如今這個時代的需求，就應是回歸人的「本心」，也是我們這個多事之秋的需求。

　　由是觀之，宋七力詮釋「本心」的義理及實踐，除了確能掌握了哲學的主要動脈之外，也是對精神永恆價值的追求，在今天

依然能發揮它的價值,甚至應該更被重視。宋七力以己身的天賦異稟,加諸對「本心」思想義理的詮釋與實證,使人更有效地透顯「本心」的功能。人的文明本來就是靠「本心」創造出來的,宇宙內所有的善和美,就是「本心」善和美的響應。職是之故,為了整全而縝密地論析宋七力對「本心」的義理及實踐的詮釋,本論文以嚴謹的方法和態度,依論文的結構,分別依序地論述其生平、對「本心」的義理及實踐的形成的機緣、過程及世局氛圍;再析論宋七力「本心」思想及實踐的淵源,並據之探究其對「本心」詮釋的方法、「本心」的意義、「本心」顯發、意識「起動」與「出離」的詮釋,以及對「法身」功能與價值的詮釋;再進一步分析他對「本心」實踐方法的詮釋、對「放光」與「分身」的詮釋與實證;進而論究他對「天人合一」,「三位一體」境界的詮釋。最後對其詮釋成果作一客觀的批評及評價,並總結全篇論文,肯定宋七力「本心」思想義理詮釋與實踐的時代意義及對現代文明的貢獻。

關鍵詞:本心、法身、分身、放光、漩渦光、天人合一、三位一體

Abstract

The "original mind" has always been the most common and fundamental category in Chinese tradition. Any philosopher who discusses the nature of the mind, whether from the moral, intellectual, or even eternal life pursuit level, inherits and applies it to interpret their own thoughts, find the universal principles of the "original mind", and thereby construct a new knowledge system or principle for the "original mind". Through the manifestation of their "original mind", people are able to liberate themselves, improve themselves, surpass themselves, so as to settle their own lives, and create the ultimate value of humanity. If the concept of "original mind" is not established, then religion and philosophy have no foundation. With the dual promotion of material production and symbol production, negative factors of modernity such as material desires, power desires, and reputation desires have been continuously spreading around the world. Modern man faced with numbness, emptiness, and loneliness in their way of life, pursue more material wealth, fame, and status. But once these wishes are fulfilled, the feelings of emptiness, confusion, and futility in human hearts will become even more intense, deeply ingrained into their bone marrow, and directly threaten their current habitat and future reproduction. These are all serious problems that humanity will face after possessing a high level of civilization and material enjoyment. Therefore, the demand of today's era is to return to the "original mind", which is also the demand of our troubled times.

In this regard, Chi-Li Sung 's interpretation of the meaning and practice of the "original mind" thought not only truly grasps the main artery of philosophy, but is also a quest for the eternal value of spirituality, which can still be utilized today, and should even be valued more highly. Song's own unique talents, coupled with the interpretation and demonstration of the meaning of the "original mind" thought, enables people to reveal the functions of it more effectively. Human civilization is originally created by the "original mind", and all the goodness and beauty in the universe are responses to its goodness and beauty. Therefore, in order to discuss and analyze Chi-Li Sung 's interpretation of the meaning and practice of the "original mind" thought in a comprehensive and meticulous manner, this thesis adopts rigorous methods and attitudes, and based on the structure of the thesis, sequentially discusses his life, the formation of the meaning and practice of his "original mind" thought, the chances, processes, and the vibe of the world; then discuss the origin of the principle and practice of his "original mind" thought, and inquire into his methods of interpreting the "original mind", its significance, manifestation, the " activate " and "out of body" of consciousness, as well as his interpretation of the function and value of the " dharmakaya " based on them; further analyzes his interpretation and the practice method of the "original mind", as well as his empirical proofs of " light emission " and " Fen-Shen or self-nature Dharma Body "; and then examines his interpretation of the realm of "unity between heaven and man". Finally, the results of his interpretation are objectively criticized and evaluated, and the entire thesis concludes by affirming the contemporary significance of Song's interpretation of the meaning and practice of the "original mind" and its contribution to modern civilization.

Key words：original mind, dharmakaya, Fen-Shen, light emission, vortical light, unity between heaven and man, trinity

目錄

第一章 緒論......1
　第一節　研究動機與目的......1
　第二節　研究方法......6

第二章 宋七力的生平及「本心」思想義理的形成......18
　第一節　宋七力生平......19
　第二節　宋七力「本心」思想義理形成的機緣及過程......33
　第三節　宋七力的著作......54

第三章 宋七力所處時代的世局氛圍......70
　第一節　啟蒙運動的後遺症......71
　第二節　科技猛進、精神倒退、心靈枯竭......78
　第三節　金錢掛帥、物欲高漲、人心不古......88

第四章 宋七力「本心」思想義理的淵源......106
　第一節　中國方面......106

第二節　西洋方面 **133**

第三節　佛教方面 **152**

第五章　宋七力對「本心」思想義理的詮釋 **165**

第一節　宋七力對「本心」思想義理的詮釋方法 **167**

第二節　宋七力對「本心」思想義理的詮釋意涵 **173**

第三節　宋七力對「本心」體性的詮釋 **199**

第四節　宋七力詮釋「本心」顯發、意識「起動」與「出離」 **209**

第五節　宋七力對「法身」功能與價值的詮釋 **239**

第六章　宋七力對「本心」思想義理實踐的詮釋 **273**

第一節　宋七力對「本心」思想義理實踐方法的詮釋 **275**

第二節　宋七力對「放光」與「分身」的詮釋與實證 **278**

第三節　宋七力對「天人合一」境界的詮釋 **307**

第七章　宋七力對「本心」思想義理詮釋與實踐批判 **339**

第一節　從宗教而言 **341**

第二節　從密契經驗而言 355

　　第三節　從信仰而言 364

　　第四節　從「人人皆可以成道」而言 369

第八章 宋七力「本心」思想義理的價值、意義與展望..... **386**

　　第一節　宋七力「本心」思想義理的價值與意義 388

　　第二節　宋七力對「本心」思想義理的展望 394

第九章　結論 **406**

引用資料 **414**

第一章 緒論

「本心」是中國傳統規範中最基本、最普遍、最一般的範疇，它貫穿中國哲學的脈絡，無論任何一位論心性的哲學家，都繼承和運用了「本心」範疇。中國的心學源自中國「以人為本」的基本精神，透過對心的研究及探討，發現人要自我提升，不論是從道德層面、智能層面，甚至永恆生命追求的層面，莫不以研究「本心」為依歸。透過「本心」功能的流露，人類才得以解放自我、提升自我、超越自我，提升獨立自足生命的層次[1]。故回歸「本心」實是人生最為重要的課題。故「本心」思想可說是各大宗教教義的核心，也可說是中西哲學最有價值的重點，甚至可說如果沒有建立本心觀，那麼宗教跟哲學都是無所本的。故宋七力詮釋「本心」的義理，實掌握了哲學的主動脈。

第一節　研究動機與目的

學術研究不僅僅是一種認識活動，更是一種學術探索、求真、求新的創造過程。作為研究者，應做的是對學術概念進行「解密」與「還原」，不可安於「現狀」，應試圖讓創新意識脫穎而出，掙脫「學術奴役」的霸權束縛，擺脫「本本主義」（教條主義

Dogmatism）的「靜默文化」（culture of silence）[2]。有鑒於作者過去於輔仁大學宗教研究所撰寫的碩士論文[3]，比較著重在宋七力遭受法難、不公，以及該事件對社會所產生亂象的反思。多年來，社會大眾仍對其「本心」思想義理、「分身」和「放光」等異事神蹟存有諸多疑問及誤解，許時珍即公正而客觀地指出：「宋七力事件的發生對於我們社會而言，固然造成諸多的打擊和刺激，但其亦提供一個很好的教材，告誡每個人皆能從其內心世界省思，掙脫生命中各種有形無形的限制，重新思考生命的價值意義。」[4]只可惜社會大眾依然「靜默」，因而忽略其價值和意義。

為了「解密」與「還原」宋七力「本心」思想的根本問題，及其影響將帶給這個物欲掛帥的社會什麼樣的正本清源和啟示，從而恢復良善、敦厚的社會。因此，本論文即擬從哲學的角度進行統整、分析、檢視、對比其「本心」思想的內涵是否合乎哲學論證，並透過哲學思辨、客觀批判的方式，再次將宋七力對「本心」思想詮釋的全貌完整地呈現，盼能對中國「本心」思想的義理有嶄新的發現，並敘明宋七力設教立說的宏旨，以釐清大眾的質疑、提供學術界的參考，及作為吾人處世的方針。

其次，臺灣大學哲學系楊惠南編撰的〈光明的追尋者—宋七力〉[5]，曾清楚地闡述宋七力思想的內涵，其中關於「本心」意識起動顯發的方法、步驟、結果等，除了文字敘述外，還有以圖表

說明在「本心」顯發過程中,層次上不同的流露及呈現。楊教授的訪談及文章發表,是在宋七力思想發展初期,因此作者希望能延續楊教授的研究作更進一步、更深入、精微的探究,期能把「本心」起動後呈現的現象、功能展現的歷程及所有跟生命永恆的真理事蹟清晰地表達出來。

物質上的每種所謂的進步,都可以使一個更大的災難雪上加霜。現代人開始看清楚物質的保障並不能取代精神的位置,而對於物質的過度偏向和奢求,讓人開始檢視自身的存在及有關「本心」的問題。雖然「我們已經征服了世界,卻在征途之中的某個地方失去了靈魂」[6],更讓人不得不反思自己存在的實質意義和價值,也無法不探求如何安身立命,加上永不停竭的政治、經濟的鬥爭,隱藏人類精神潰散所帶來的禍患,離自己的完美意象越行越遠。每個人、每個時代都有自己的病症,因為人無法達到自己精神上的完美意識而痛苦、矛盾。但是人與人、人與自己、人與大自然的鬥爭所體現的更多是自身的存在與空虛、冷漠、孤獨和焦慮等抗衡,隨處隱藏著人類精神陷於崩潰的邊緣。現今,全球的社會正處於充滿風險的時代[7]。故如今這個時代的需求,就是回歸人的「本心」,也是我們這個風雨飄搖時代的需求。

由是觀之,宋七力對「本心」義理及實踐的詮釋在今天依然能夠發揮它的價值,甚至應該更被重視。對宋七力來說,「本心」

是一種既不是玄學也不是完全科學的概念，而他所闡述的「本心」，其實就是對精神永恆價值的追求，因此，「我們的一切研究，都必須以達到人類的最高目標，也就是達到人類的改善為歸宿。」[8]

現代的文明雖然高度發達，但是同樣渴望親近自己被物欲越拉越遠的「本心」，而這需求就是最終的整合與回歸，也就是體現和實踐「本心」的歷程，而這歷程無疑是宋七力對「本心」思想義理詮釋所要呈現的，亦是本論文撰寫的用心所在。

自古至今，有關道德、宗教、科學及心理學對「本心」的問題，即有汗牛充棟的論述。中國哲學家之所以持續探究「本心」的思想，在於「本心」若能朗現，則人人皆可成為有道德的人，能如此，社會必能安康樂利，「大同世界」也指日可待。但縱觀中國的歷史，不少哲學家皆大聲疾呼，「本心」透過自省的工夫就能呈現，但至今社會上作奸犯科、違法亂紀之事仍層出不窮，可見單憑道德勸說並不能遏止社會的不安，是以有心人士憑藉宗教的力量另闢蹊徑，透過宗教的力量，使人成為道德的人。宋七力以己身的特異能力，加諸對「本心」思想的發明，使人更有效地透顯「本心」的功能。但宗教對道德的實踐是否確有其功效，這也是本論文探究的對象。

歷代詮釋「本心」意旨的相關著作和思想雖然不計其數，甚至形成不少浩繁的理論系統，但宋七力根據歷史情勢、時代思潮

第一章　緒論

、主觀意識、理論視域、文化背景與自身的人格特質對「本心」進行詮釋活動,是以他對於「本心」的詮釋亦必帶有開放性的理解與創造性建構的成分,以對治時代的課題、迎合個人自身的理論系統或闡明個人密契體驗的合理性。誠如傅偉勳所言:「真實的詮釋學探討,必須永遠帶有辯證開放(dialectical open-endedness)學術性格,也必須不斷地吸納適時可行的新觀點、新進路,形成永不枯竭的學術活泉。」[9]

宋七力對歷代本心的詮釋既有繼承性的聯繫,也有開創性的理解。本論文即旨在探究歷代專家和學者對「本心」的分析或詮釋時,除了考察其原始的義理有沒有被闡發清楚,或闡發了多少,也充分地考察宋七力在解讀「本心」思想義理時對學術界傳達了什麼重要和嶄新的訊息,並從中反省人類生命永恆的真諦及實質意義。無論如何,若我們透過理解他的「本心」思想義理而得到自己所追求的自我理解的成長,那麼,這將是一條永遠敞開的路,通往遠方的路卻永遠不會有一個終點[10]。本論文即旨在完整地呈現宋七力的「本心」哲學,期許能使我們有更廣闊的視域和空間,且在領悟其思想時,能有類似崇高而聖潔的人生體驗。吾人研究宋七力所作的努力,並不是為了過去,更多的是為了未來;在面對過去的重現,應把過去當成自己「現在」的未來,而且成為一個更有意義未來的過去,因為「現在」是過去的連續體,「現在」更能完整地顯示本身是某種過去的「現在」[11]。無論如何,就

像拉美特力（Julien Offray de La Mettrie）所說：「有研究興味的人是幸福的！能夠通過研究使自己的精神擺脫妄念並使自己擺脫虛榮心迫切的需要。」[12]

第二節　研究方法

在學術研究的過程中，「方法」是指蒐集資料、進行推論、詮釋與尋求答案的技巧。作為學術研究必須具備一定的要件，即必須根據一定的方法從事理論性、體系性來探究真理。然而，研究方法是人在從事研究的過程中不斷統整、分析所提煉出(可受公評之一般性公理)的總結，加上個人認識問題的角度、主觀看法，及研究對象的複雜性等因素，故研究方法本身處於一個不斷地相互影響、相互結合、相互轉化的動態發展過程中，所以目前對研究方法的分類很難有一個完全統一的共識。本論文在擬定研究目的與動機後，需要藉由研究方法輔助後續的研究過程，以學術與客觀的分析方法來探討蒐集而來的材料。但本論文的研究，不僅是對宋七力「本心」義理及實踐詮釋做一番全貌性的探析，也是作者先前理解的反映，同時也讓作者反省自己的世界觀、生命觀。此外，本論文的撰寫，是透過個人的寫作經驗、辨析中外經典的能力，及運用分析、資料運用、歸納、系統詮釋、批判等方法，

故本研究並非是在白紙上添加無數無謂的文字或資料，它透過作者使用的研究方法，反而能促使作者自我學習成長與蛻變。

當代從事研究中國哲學方法的學者眾多，如李賢中依各學者寫作的技巧，統整和歸類出幾種大家耳熟能詳的方法：勞思光的基源問題研究法、杜保瑞運用的四方架構法、馮耀明分析哲學的方法、湯一介的中國解釋學、張立文的中國哲學邏輯結構研究法、吳怡及李紹崑的統計比較方法、項退結的主導題材方法，以及傅偉勳後來發展出創造的詮釋學方法等等[13]。

其實，「方法」主要是為了達成「目的」而設，不同的研究目的就會有不同的研究方法，由於目的是千變萬化的，方法也是多元的，因此沒有一種可適用於各種研究目的之普遍而有效的方法。有時為了達成某個特殊的「目的」，便須交互地使用各種方法，透過各種方法的差異比較，找出其共同性，及操作步驟的共通性，進而找出各種方法的類型以納入參考。無論如何，方法與內容密不可分，優良的方法才有優良的內容；內容則是方法的影子。作者在參考諸多學術研究方法後，採用一些重要且適用於本研究的方法，以進行本論文的撰寫。分述如下。

壹、分析法

　　分析法是透過對所要論證的觀點進行分析，以闡述和證成問題與結論之間的關係，此法能把原來屬於不同層次的問題畫分清楚，也可澄清某些概念，掃除疑難，以探索某些屬於這個領域重要的真知灼見[14]。由於本論文所研究的對象大多涉及宗教相關的議題，故宗教相關的分析在本論文中占有相當大的篇幅。

　　作者將逐一運用蒐集而來的期刊、學術論文、評論、書籍、雜誌與其他研究報告，及與中西宗教相關的資料等[15]，從繁雜無序中，統整出相互關連而有條不紊的結構，及思想核心，以分析宋七力對「本心」的詮釋及實踐的脈絡和意涵，從中瞭解其思想淵源、內涵與發展，並剖析其思想的多元宗教信仰向度，同時析論其對人類的功能與價值，期能協助吾人認識宋七力宗教現象的性質、宗教信仰的多重實際意義，及在多元的宗教觀下，各種宗派整合的可能性。

　　尤有進者，一些概念的分析，至少可以成為一些迷惑未覺者作為指引之用，縱使不能使其真實地體驗到「本心」，但仍可助其有知性上的了解。縱使其「仁不能守之」，但「知及之」[16]。總比「知亦未及之」（〈衛靈公〉）更佳。

　　其次，分析可以引導資料的選取，藉著分析資料，作者可知

道那些資料待蒐集，再藉由蒐集資料，才明白那些理論可以加以發展，來增加對宋七力「本心」思想義理的崇論閎議，並逐漸掌握其理論發展的重心，以期全面掌握他所思、所言、所行的全貌。這個方法貫串在本論文的各章節之中。

貳、資料運用法

　　此法是利用人本身擁有著作的前提之下，基於參證、註釋或是評論等目的，運用他人部分的著作以作為自己研究的輔佐。由於本論文研究的對象曾經是一位備受爭議的人物——宋七力，因此需要運用大量權威、客觀公正、具有代表性的文獻來加強本論文的說服力，和提升對宋七力思想的可信度、接受度，這樣的方法，不僅使得本研究具有較廣的深度、增強本論文的影響力、展示更高的學術水準，以及維護學術氛圍的公平、正義，從而促使自己更深入而廣泛地瞭解哲學、宗教和人文領域的文獻情況。

　　此外，本論文所運用的文獻，可延伸本研究的論點，即作為本論文觀點的支撐，從而建立接近實際世界、內容豐富、統合完整、具解釋力的理論。故使用此法，實可使本論文「持之有故，言之有理」[17]，猶如牡丹綠葉，相得益彰。尤其重要的是，大量運用他人部分的著作，也可略窺作者撰寫本論文的用心和態度[18]。

叁、歸納法

　　此法乃從許多個別事例中歸納出一個較具概括性的規則，這是一種由個別到一般的推理方法，由既知的特殊事實以推見普遍真理的方法。這種方法主要是從收集到的既有資料，加以抽絲剝繭地分析，最後得以做出一個概括性的結論。這種從特殊到一般的方法，優點是能體現眾多事物的根本規律且能體現事物的共性。缺點是容易犯不完全歸納的毛病。

　　歸納法有三個步驟是：一、蒐集材料，這些材料真實來自於我們感覺和觀察，而不是來自於想像和推理。二、整理這些材料，包括所有的正面及反面的材料和事例，最後列出不同程度出現某些性質的一些事例。三、根據所有這些內容，透過理性的分析，推導歸納出一個一般性的結論。再通過總結分析，逐步上升至一般性的公理，最後得出一個新的知識或原理。

　　本論文即大量及全面蒐集宋七力言及「本心」，與中外哲學家論述「本心」思想的相關材料，再篩選、過濾、消化這些材料，接著作總結和分析，以找到「本心」普遍的原理，從而為之建構一個嶄新的知識系統或原理。

肆、類推法

斯比爾金（Спиркин, А.Г.）曾將類推法定義為：

類推法指的是對象之間的一種客觀關係。它使人們有可能把在研究某一事物時，獲得的信息轉移到同這個事物。在特徵的一定總和上一開始就相似的另一個事物上，把已知和未知之間的線索聯繫起來的類推法就是理解事實本身的一種特性。新的東西只有通過舊的、已知東西的印象和概念才能被領會、被理解[19]。

簡言之，類推法是通過區別事物的某些相似性，以類推出其他的相似性，以預測事物在其他方面存在類似之可能性的方法。事物進展有其各自的規律性。但其中又有許多相似之處。當發現之後，就可利用先導事件的進展歷程和特徵，掌握未來的進展，起到預測的功用[20]。西塞羅（Marcus Tullius Cicero）說：「人有理性，憑藉理性人能領悟到一連串後果，看出事情的起因，瞭解因對果和果對因的關係，進行類比，並且把現在和將來聯繫起來。」[21]在許多方面，別人的行為與我們自己的行為類似，因此合理推測，別人的行為一定具有與我們的行為類似，這就預設了類推法。羅素（Bertrand Russell）說：

我們必須求助於某種比較合理地叫做「類推」的東西。別人的行為在許多方面與我們自己的行為類似，因而我們假定別人的行為一定有著類似的原因。正如我清楚地知道支配我的行為的因果律一定與思想有關一樣，我們很自然地推論同樣的因果律適用於我的朋友們的類似行為[22]。

可見類推法乃人普遍性的衝動[23]。人類理性的類推，在實際上含有一種類比的邏輯，類比做為認識主體的一種手段，是用來解釋和推證一切非顯明領域的基本思維，它先驗地假設人類理性世界與經驗世界擁有同質和同構的關係，人類理性通過感覺經驗世界的形象，如論證宋七力的分身與放光、宇宙意識、意識宇宙，及一些超越人性論的證明，還有很多自然科學的哲學方法論等。

本論文也藉此類推方法，探求宋七力思想與中西典籍中的義理與其相似之處，一來可知他的所言確有其本。二來亦可從中探測他「本心」思想未來的進展。三來是本論文用以探討理智上新事物的支柱。

伍、系統詮釋法

所謂系統，就是各個組成部分發生互動，而以整體的形式存在，並發揮功能的個體。它不光是事物存在的形態，也是處理問

題的方法進路。我們可以透過系統概念了解和分析事物,系統思考所著眼的是全體,以及各個單獨組成部分與各部分之間產生的連結關係[24]。在系統的部分與部分,部分和整體之間具有著的關聯性質。哥德爾原理說明系統必須具備三大要件:「不矛盾性」、「一致性」、「完備性」[25],而系統的特色在於一種整體的表現,但和其組成概念間息息相關[26],而且相互之間可以說明。

段德智說:「系統的理念既是我們闡述宗教學原理時,所持守的理念,也是我們理解和把握宗教學原理必須予以充分注意的理念。」[27] 王惠雯亦指出:「其中各組成部分的安排是相當重要的,將不同組成的成分予以適當的定位,將影響整個系統的表現。」[28] 本論文即以本心、本體、本性、真如、佛性、法身等概念組成一個系列,並將不同的組成分子予以適當的定位及詮釋,以求還原研究對象本身的原意,旋即統整以上的概念,使其「分身」和「放光」等成為一個系統,從而使上述「本心」等概念成為一套系統詮釋,同時針對重要的概念加以分析、釐清及定位,將概念與概念之間的關係給予廓清。找出恰當的思維,務求使所有概念的意義呈現。故從「本心」到「分身」和「放光」所有相關概念都能一致、完備,而且邏輯的脈絡分明。

陸、哲學批判法

波普爾（Karl Popper）曾指出，你可能是正確的，我可能是錯誤的，即使我們的批評性討論不能使我們明確地決定誰是正確的，誰是錯誤的，但我們仍希望在討論後對事物看得更清楚。故你和我都可以互相學習，只要我們不要忘記真正重要的不是誰正確，誰不正確，而是我們更接近真理。我們需要別人，以使我們的思想受到檢驗，弄清楚我們的那些觀念是正確的，那些觀念是不正確的[29]。

批判既存的弊病、展現生命的自由圖景，並對一切價值重估，這不僅對思想拘圍的解放具有正面和積極的意義，而且造福人群[30]，如果批判沒有以對現實的深刻還原和實證的經驗批判前提，則會喪失知識的客觀性和尖銳地洞察其困難，因而無法建構正確的判斷。所以這種內在的反思和批判，可使事物本身暴露自己的侷限性和誤區，從而推動思想不斷地向他者敞開自我超越的空間，推動人生不歇地向更廣闊的領域成長、豐富及完美。

作者本著對宋七力思想的了解及深切的親身體驗，關於宋七力思想「本心」義理詮釋與實踐的困難，包括宗教、密契經驗、信仰、人人皆可以成道等方面，利用對比、分析、反省、綜合及論證等方法加以批評及判定，以弄清楚宋七力思想的正確性，從而使我們能更接近真理。

【註釋】：

1. 牟宗三著，《才性與玄理》，頁 292 云：「生命是一獨立自足的領域，它不能接受任何其他方面之折衝。依此，它必冲決一切藩籬，一直向上衝，直向原始洪荒與蒼茫之宇宙而奔赴。」臺北：臺灣學生書局，1993 年。

2. 參閱保羅・弗萊雷（Paulo Freire）著，顧建新等譯，《被壓迫者教育學》修訂版，上海：華東師範大學出版社，2016 年，頁 13－15。

3. 羅春月著，《從宋七力事件反思宋七力思想與實踐》，新北市：輔仁大學宗教學系研究所碩士論文，2018 年。

4. 見其所著，〈台灣新興民間宗教形成之社會意義－從宋七力事件談起〉，載於《中山人文社會科學期刊》，1997 年，第 5 卷，第 3 期，頁 210。

5. 楊惠南著，〈光明的追尋者─宋七力〉，該文口頭發表於「第三屆國際漢學會議」，臺北：中央研究院，2000 年。

6. 參閱貝塔朗菲（Ludwig Von Bertalanffy）等著，張志偉等譯，《人的系統觀》，北京：華夏出版社，1989 年，頁 19。

7. 「活著就是一件冒風險的事」。吉登斯（Anthony Giddens）著，周紅雲譯，《失控的世界：全球化如何重塑我們的生活》，南昌：江西人民出版社，2001 年，頁 19。所謂風險，就是「一種應對現代化本身引致之危害和不安全的系統方式。」Ulrich Beck. Risk Society : *Towards a New Modernity*, London : Sage Publications Ltd., 1992, p.21。現代工業化文明在千方百計地利用各種科技手段創造財富的同時，也各處產生和遺留下不可悉數的「潛在的副作用」，當這些副作用變得明顯可見，並將當代社會置於一種無法逃避的結構語境時，風險社會也就登上了歷史的舞臺。易言之，風險社會的浮現，是因為工業文明達到一定的程度所產生的危險，它「侵蝕並且破壞了當前由深謀遠慮的國家建立起來的風險計算的安全系統」。芭芭拉・亞當（Barbara Adam）等著，趙延東等譯，《風險社會及其超越：社會理論的關鍵議題》，北京：北京出版社，2005 年，頁 10。

8. 參閱費希特（Johann Gottlieb Fichte）著，梁志學等譯，《論學者的使命、人的使命》，北京：商務印書館，1984年，頁57。

9. 見其所著，《從開創性的詮釋學到大乘佛學》，臺北：東大圖書公司，1999年，頁3。

10. 參閱里克爾（Paul Ricoeur）著，林宏濤譯，《詮釋的衝突》，臺北：桂冠圖書出版公司，1995年，頁14–15。

11. J. J. Chambliss, *The Influence of Plato and Aristotle on John Dewey's Philosophy*, New York : Lewiston : The Edwin Mellen Press, 1990, p.2.

12. 見其所著，顧壽觀等譯，《人是機器》，北京：商務印書館，1959年，頁9。

13. 參閱其所著，《中國哲學研究方法的可能之路》，臺北：國立臺灣大學出版中心，2022年，頁15。

14. 參閱劉述先著，〈論宗教的超越與內在〉，收錄於《新亞學術集刊：天人之際與人禽之辨——比較與多元的觀點》，第17期，2001年，頁16。

15. 所謂資料的蒐集，就是研究者發現或是產生所要分析的資料。

16. 《論語‧衛靈公》。本論文引用《十三經》的文字，皆根據《十三經引得》，臺北：南嶽出版社，1977年，只註明篇名，不另加註。

17. 楊倞著，王先謙集解，《荀子集解》，臺北：世界書局，1974年，頁58。本論文引用《荀子》的文字，皆根據此版本，只註明篇名，不另加註。

18. 「決定如何處理材料的是方法，但決定運用方法的則是研究者的態度。」徐復觀著，《中國思想史論集》，臺北：臺灣學生書局，1979年，頁4。

19. 見其所著，徐小英等譯，《哲學原理》，北京：求實出版社，1990年，頁300。

20. 參閱威廉‧德雷（Willian Dray）著，王煒等譯，《歷史哲學》，北京：三聯書店，1988年，頁10。

21. 見其所著，徐奕春譯，《西塞羅三論：老年、友誼、責任》，北京：商務印書館，1998年，頁94。

22. 見其所著，張金言譯，《人類的知識》，北京：商務印書館，1982年，頁576。

23. 人類總是傾向於在他們還無法找到正確答案時就做出答案，因此，當科學解釋由於當時的知識不足以獲得正確的概括而失敗時，想像就代替科學解釋，提出了類比法的解釋，來滿足要求普遍性的衝動。參閱賴欣巴哈（Hans Reichenbach）著，伯尼譯，《科學哲學的興起》，北京：商務印書館，1983年，頁11。

24. 約瑟夫·歐康納（Joseph O' Connor）等著，王承豪譯，《系統思考實用手冊》，新北市：世茂出版社，1999年，頁23。

25. 何秀煌著，《邏輯——邏輯的性質與邏輯的方法導論》，臺北：東華書局，1991年，頁253。

26. 「系統」乃指各自組成部分的彼此相連，但表現出整體的功能。一旦增減當中的任何一個組成部分，整體就會發生變化，原來系統的功能反而被破壞。故各組成部分之間的安排方式相當重要。所有組成部分彼此都有關聯，並且一同發揮作用。系統所表現出來的行為，由整體的架構決定。參考約瑟夫·歐康納等著，王承豪譯，《系統思考實用手冊》，頁24。

27. 見其所著，《宗教概論》，北京：人民出版社，2005年，〈前言〉，頁3。

28. 王惠雯著，〈佛教研究的系統詮釋方法－以宗喀巴思想為例〉，發表於臺灣宗教學會「學者論壇」研討會，華梵大學人文教育研究中心，2000年。

29. 參閱其所著，范景中等譯，《通過知識獲得解放》，杭州：中國美術學院出版社，1998年，頁242。

30. 尼采（Nietzsche）著，張念東等譯，《權力意志——重估一切價值的嘗試》，頁290 云：「重估一切價值就會撥動迄今若干憋悶和閉塞之力，它就會帶來幸福。」北京：商務印書館，1991年。

法身觀

第二章 宋七力的生平
及「本心」思想義理的形成

　　任何一位哲學家其思想的形塑，大多與其家庭背景、際遇、經歷、生命體驗及性格等關係密不可分。宋七力的一生雖然像一本神奇的傳記，但其無可比擬的生平決定了這本傳記的內容和結局[1]。他一生的異事奇蹟，也是他一生的反映。孟子曾說：「頌其詩，讀其書，不知其人，可乎？」（〈萬章下〉）這裡所言的「知人」，是指瞭解作者，如作者思想、生平、為人、品性等。朱熹註云：「論其世，論其當世行事之跡也，言既觀其言，則不可以不知其為人之實，是以又考其行也。」[2]可見任何一種哲學都作為某時代的世界觀而產生。某一種哲學的興衰、特徵等，若離開哲學家所處的歷史背景，則是難以令人捉摸的。哲學是時代的精華，也就是時代的候鳥[3]。然而，人生存的意義，只能寓於為實現理想的自主、自覺努力之中，確立和追求理想的過程，亦即人生活意義化的過程[4]。宋七力的「本心」思想義理形成的過程，就是他生命的主要過程，但是它的形成並非靠偶然性促成的，背後必有不少機緣所造成的，是以本論文即先論述宋七力的生平，再析論他「本心」思想形成的機緣及過程，以全盤了解其「本心」思想義理及其來龍去脈。

第二章 宋七力的生平及「本心」思想義理的形成

第一節　宋七力生平

　　宋七力在 1948 年 9 月 17 日出生於臺灣高雄市小港的農家，當時正值國民政府從大陸撤退到臺灣，他是在發佈戒嚴令的時期中成長，一般家庭普遍仍保留日本教育下父系威權的生活和教育模式。在小學前，他與一般小孩同樣過著純樸農村的生活。這樣的出身，養成他淡泊自守、勤儉簡樸、內斂拘謹的性格，以及行事低調的作風。他在家中排行最大，從八歲開始即有異於常人之處，為何如此？沒有任何人可予以解答。宋七力曾這樣描述自己從小就有的奇特體會及稟賦[5]：

> 在童年時期，我常看見漩渦形光明體。光明體雖遠在天邊，卻近在眼前、忽遠忽近、大可遮天、小如瞳孔、內外不分、動靜自如。形狀、色彩皆變化不定。在漩渦的中心，彷彿隱藏著一顆溫暖的太陽。隨著柔和的光芒四射，流露出無窮及無限的宇宙萬物變化之相。年幼無知的我，只知其然而不知其所以然。在 1988 年，漩渦光明體出現我的身外身——「分身」[6]。

作者並曾親耳聽聞他自述從小種種不可思議的奇特經歷及體驗。他以說故事的方式分享自己的童年往事：

> 小時候，我就看見一顆像太陽的光明體。法界的「大日」與人間的

法身觀

「太陽」顯然不同。人間的太陽在固定時空運轉，法界的「大日」則忽隱忽現，或近或遠。雖近在眼前，卻遠至無邊無際的虛空。隨時隨地出現於任何時空中，不受侷限地穿梭於宇宙空間。不知從何而來，自古至今，無古今。既無古今，亦無始終、無內外、無遠近。「大日」出現在我的生活中，與我一直同在[7]。

宋七力也常提起自己是個純樸的農村兒童，至於「大日」當時為何經常出現在他的生活中？他作出如下的描述：

有時候，我的形象也隨著「大日」而顯現，它並且能叫我的名字。初次聽到其聲音，是如此親切和溫暖。但我仍然被莫名的叫聲嚇了一跳。因為聲音不知道出自何方，似乎很遠，彷彿卻在耳邊。在摸索聲音的源頭時，「大日」總是在我面前旋轉著。它就近在眼前，又像在遙遠的光年之外[8]！

針對這些在日常生活中出現的神奇事情，他說：「我向『大日』問日：『祢是誰？怎麼會說話？』我聽見回答：『我就是你！』。『大日』用我的聲音回答。我當時陷入一片迷霧中，感到大惑不解。其實，無知而年幼的我，又怎麼能了解宇宙的光明體——大日呢？」[9]宋七力的父母親相信傳統的民間信仰，他小的時候並沒有宗教信仰，一直到成年也沒有宗教

信仰的觀念。但是童年跟著父母親到廟裡拜拜時,卻自然浮現不可捉摸的實相境界,他是如此形容的:

> 我從未接觸過宗教,更沒有所謂「第一個宗教」。宗教對我而言是陌生的,談不上有何影響。只知道宗教是信仰、祭拜、祈福等。小學時,母親在獻祭三牲四果,點香要我下跪祭拜時,地面突然自動地變得寬廣,大道綿綿延伸幾公里,四面八方的環境盡是紫金色的。我只覺得很好玩。我問母親:為何周圍充滿紫金色?我母親不知我在說什麼,我也不知自己在說什麼[10]。

宋七力在其著作《法身顯相集》中也簡略地提到小時候的特殊體驗:

> 十二歲時,我的意識出離肉身,起初只有見、聞、覺、知,遊行於太空中,先於阿姆斯壯登陸月球。1988年,見、聞、覺、知,經由法性光轉化成「分身」。無形無相的見、聞、覺、知,變化成有形且有相的實體分身。分身依我的「凡夫相」顯現。是我?非我?不一不異,這就是我[11]!

隨著歲月的成長,「大日」仍然不斷出現在他的生活中。他與「光」常同在,自然浮出無數神乎其神的境界。當時他全然不覺

此境界竟是佛教的目標——「實相世界」。此玄妙的世界照亮了他的童年生活。獨特的神祕體驗一直伴隨宋七力長大，這與他日後的「放光」和「分身」息息相關。

宋七力在小學之前與一般小孩同樣過著農村的生活。他求學的過程是艱辛的。由於對學校的課本沒有興趣，課程對他而言是件很無趣又無奈的事，常自嘲讀初中時是讀「放牛班」。因為不喜歡上課而時常逃學，甚至流浪在外。宋七力之後就讀位於高雄的東方工藝專科學校（2017年改制為科技大學，現名為東方設計大學），因考上預官，畢業後分發於外島服役。

十五歲就開始埋首書堆，希望從中找到自己為什麼跟平常人不同的原因。他從研讀《聖經》、《柏拉圖》的著作開始，久而久之，《聖經》上所有的人物他都瞭如指掌，簡直可以達到倒背如流的程度。西洋的哲學家從畢達哥拉斯（Pythagoras）、蘇格拉底（Socrates）、柏拉圖（Plato）、亞里斯多德（Aristotle）、康德（Immanuel Kant）到黑格爾（Georg Wilhelm Friedrich Hegel）等也都曾專心地鑽研，然後轉向研究中國哲學的孔子、孟子、荀子、老子、莊子、陸象山及王陽明等先哲前賢的思想，同時探究熊十力、牟宗三、方東美、唐君毅、徐復觀等著作。

直到三十八歲，他還一直尋遍相關書籍研究。在這二十年間，宋七力雖然沒有老師可以請益，亦不知道宗教上是否有「法

師」和「牧師」能回答,他對中西哲學經典的熱切地涉獵、吸收、追求、反思,及朝著理想邁進[12],使他日後能融會中西的「本心」思想義理,進而擁有自己的「生命觀」[13],並另創嶄新的「本心」理論系統。

從初中時代開始,他就以自己的經驗編寫長篇小說,並把本名當作第一男主角,活生生地撰寫自己的故事,其中《通靈人》這本書,作者在八十年代還可以從舊書攤中購買得到。當時大家私下分享拜讀。另一本《你為何而生》,令作者印象深刻,其最後一頁註明是五十八年二月二十七日脫稿於數學課,並蓋有「學生書局」送往某大學圖書館收藏的戳章,可見宋七力在學生時期就有統整思緒、訴諸文字的能力,這種特殊的才華,豈是一般莘莘學子所能望其項背的,而這些的寫作經歷,使他文筆洗鍊、論述有條不紊,對其日後著書立說有莫大的裨益。

由於多元化的工作環境和人生經歷,在事業的順心與挫折上、在與他人交際互動中有許多不同的際遇,這就導致了他所積累的經驗異於常人。另一方面,他又不甘心完全受制於大環境,所以他必須認識自己、研究自己[14]。宋七力並以自己的意志來裁定個人所做的一切[15],並下決心應當選擇什麼方向[16],同時重新塑造一個專屬於自我的過程[17]。這種自我塑造的過程,就是一個人獨特個性最終形成的過程。這個過程是特殊的、不可重複的,當然也是無法模擬的。

每一個個體在某種意義上都是絕對的，不可能還原為另一個個體[18]。可見，一個特殊的存在就是一個不可複製的生命，都是一個「絕版」。宋七力的獨特性，也正是文明和多元社會的特殊魅力所在，當然為社會規範的確立帶來了新的思考模式，因此殷克勒斯（Alex Inkeles）才會說：「在人文學者之中最流行的觀念是強調人的獨特性、變異性，以及心情、觀點的不斷改變。」[19]個人獨特性所導致的人際社會的多樣性、易變性，也是國家與國家、區域與區域之間的社會規範多元化的客觀基礎。

　　無論如何，他厭惡盲目的信仰，故常對所謂的信仰加以反思。可惜由於他本身的宗教神祕體驗，常被臺灣民間主流的宗教文化不理解，但他始終維持一種不偏不倚的態度，對各種學說和文化皆能兼容並蓄。

　　宋七力由於自己異於常人的特殊性，加上殫精竭慮地研究中西方哲學經典，及鍥而不捨地找尋真相的精神，經過精益求精後印證出「分身」。宋七力雖然看似不側重研究學術，但從他所對「本心」思想義理的詮釋來觀察，可知他對中國哲學已心領神會，故能「出言有章」（《詩經・小雅》）。故我們經常看見有些人，雖然他們從來不把注意力放在研究學術上，但在碰到什麼事情時，判斷起來，竟比一輩子皆在學術界中的人確鑿有據、清楚和明確得多[20]。

26 歲時，宋七力遭友連累，以違反票據法等罪名而被判監禁，這期間更進一步證悟「天人合一」、「三位一體」的成就。後因票據法的取消而提前出獄，鄭姓人士發現宋七力天賦異稟，便追隨他宣揚「本心」的學說。

當時竹東有一位在水泥廠工作的羅君，因宋七力的隨口賦予拍攝「顯相照片」的能力，就開始陸續朝著寺廟、高山上空，共拍出二十多萬張的顯相照片。其中不少虛空顯相照片拍出「宋七力」三個字，因此，他說「宋七力」就是光號。

後來因口耳相傳宋七力的神通等奇蹟，這個名字便不脛而走。由於分身顯現的形象是以宋七力本人的形象為形象，故稱宋七力的肉身為「本尊」。他進一步加以解釋，「本尊」的意思，在於提醒信眾要「以本心為尊」。他說：「尊敬自己的心，以心（法身）為尊，叫做本尊。」[21]

宋七力於 1988 年到 1989 年間都是自由自在、隨遇而安地生活，在閒暇時以聊天模式盡心盡力地介紹本心相關的議題。自此以後，引來一批信眾自組協會，邀請宋七力前來開示、解釋生命的義理及說明實踐本心的階段和方法。在此之際，拍攝照片者利用宋七力放光顯相的照片，私底下進行高價販售以牟利，並為了照片的版權爭議互相提告。宋七力公開表示自己並沒有販售任何一張分身顯相和放光照片，他本人還須向拍照者購買。

法身觀

　　在宋七力「放光」顯相供拍攝期間，信眾在 1990 年成立「中國天人合一境界學術研究協會」，其後向中華民國內政部申請，變更名稱為「中國宋七力顯相協會」。由於該協會有一位會員曾參與總統選舉的政治人物，遂波及宋七力無端地遭受不白之冤，受到政治迫害，成為喧騰一時的社會事件。其後，「中國宋七力顯相協會」遭內政部撤銷[22]。

　　1998 年，依內政部社會司規章，申請協會名稱需冠上任何一個教派如基督教、佛教、道教名稱，故會員另向內政部申請時稱為「中華大日宗佛教協會」，由於考慮宋七力本心思想的核心並不侷限於某個宗教，後來更名為「社團法人大日宗協會」。

　　「宋七力事件」曾被認為是震撼社會的宗教事件，「本尊」、「分身」等戲言，便廣泛地流傳在市井鄉里的笑談間。宋七力在地方法院初審時被判刑七年，但在 2003 年 1 月 28 日，臺灣高等法院作出判決，宋七力等人均無罪[23]。2005 年的更一審亦維持無罪的裁決，認為宋七力是否有神通乃屬於宗教信仰，沒有證據或事實能證明諸多神通為無中生有。2008 年，臺灣最高法院裁定宋七力無罪。這件事總算塵埃落定，還給宋七力一個清白。

　　其實，法律本來就是關於正義與不正義問題的法規，若被認為是不義、不法的事情，則沒有一種不是和某些法律相衝突和抵觸的[24]。因而，法律上的公理被認為不僅是有效用的，而且是正義

的，不但是正義的，而且是宇宙自然秩序的一個部分。生活本身即被認為從這些公理和相關的法律合理性原則中，獲取其真正的意義和目的[25]。羅伯斯庇爾（Maximilien François Marie Isidore de Robespierre）即堅決地主張：

> **服從法律是每個公民的義務；對於法律的缺點或優點自由地發表意見，是每一個人的權利和全社會的福利；這是人對自己理智的最有價值和最有益處的運用；這是具有為教育他人所必需的，有才幹的人能夠對他人履行的最神聖的天職**[26]。

在漫長十二年的訴訟期間，宋七力的信眾在 2002 年 5 月集體向監察院提出陳情，控訴內政部、法務部、臺灣臺北地方法院檢察署，以及臺北市政府警察局在處理宋七力的案件時有多項缺失、違法濫權，不僅在媒體面前公然說謊，而且誤導媒體及社會大眾，嚴重違反無罪推定及偵查不公開的原則，於是監察院在 2003 年 7 月完成調查報告以及提出糾正[27]。

雖然法院及監察院在詳查之後，還給了宋七力的清白及公道，但媒體則置若罔聞，有關宋七力正面的報導卻輕輕帶過，因此對於社會大眾而言，還是停留在事件發生之初一些錯誤訊息所誤導的內容。在此事件中，那些熱愛道聽塗說的群眾；擅長加油添醋的媒體；慣常濫權瀆職的官員，三者不約而同地昧著良心，攜手演出一場荒謬絕倫的時代鬧劇！

法身觀

　　當大家對「宋七力事件」隨心所欲地按照自己的意願進行判斷及選擇跟著流行的訊息加以批判時，皆沾沾自喜地以為自己是「主體」，其實他們所謂的「判斷」，只是虛幻的假像。他們所做的選擇皆受媒體的資訊引導和操弄，這些人都只是一個實實在在的「客體」，鮑德里亞（Jean Baudrillard）表示；我們生活在一個資訊愈多，而意義則愈加不足的世界。資訊吞噬了自身的內容、阻斷了交流、掩沒了社會。資訊把意義和社會消解為一種霧狀的、難以辨認的狀態。由此導致創新的銳減，進而產生社會失序的現象。故大眾媒體不是社會的生產者，而是大眾社會的內爆。這只是符號微觀層次上的意義內爆在宏觀上的擴大[28]。

　　總之，媒體扭曲了宗教，因而扭曲了宋七力，他自然成為宗教的待罪羔羊！故他至今仍被以負面形象出現居多，這實在令人扼腕痛惜！宋七力一生無論在求學、求職等方面皆不順遂，甚至在壯年時因遭受貪圖利益的人所陷害，以致對簿公堂，遭受來自四面八方的批評和冷嘲熱諷。在此情此景之下，有人會從政，以謀求個人的利益[29]；有人會怨天尤人、愁容滿面，憂鬱而終；有人會隱姓埋名，移居國外，對人間的苦難、困頓與窘迫麻木不仁；有人會對世事不聞不問，退居鄉野，過著閒雲孤鶴的生活；有人會一蹶不振，自暴自棄，潦倒一生；有人會自此憤慨激昂，攻擊時政，淪為社會的邊緣人，危己害人；有人則因自我或道德的要求過高，不堪羞辱，自了殘生[30]，但宋七力依然我行我素、處之泰然、不作抗辯，也不與命對抗。他雖然受「命」的限制，卻仍然

在「義」的方面戮力以赴，發揮主觀能動性，盡心地做人應做的事情，這也是道德本身的要求、對社會現實的超越、突破「命定」的自由，表現出崇高的而悲壯的精神[31]。

這次的不幸事件並非悲劇，它只是宋七力必須背負的重擔[32]，鍛鍊了他的意志，不單能使他忍受困苦的煎熬，而且在壓力下變得更堅韌和強健，生命也更茁壯、堅實[33]。總而言之，宋七力到處都面對命運的挑戰，可是，在面對痛苦時，反而讓他獲得更大成就的機會。他於受苦中能對命運負起責任，是以能提升自己生命的境界與價值。這樣他就不僅不會被命運壓倒，反能在與命運抗爭中越挫越勇。佛洛姆（Erich Fromm）即說：「人類正像其他生物一樣，受制於決定他的外力，但是人類卻具有理智，他能瞭解決定他行為的外在支配力，而且能藉著這種瞭解，主動地參與支配他的命運，並進而能夠支配自己的命運。」[34]宋七力就是做了一個具有自己的人生信念、胸懷遠大、心理健全、意志堅強的人，他具有與命運抗爭的精神，把一切境遇都看作是對自己意志和情感的磨練和考驗，使自己的人格逐步提升，成為精神上的貴族[35]。其實，只要人在一生中全心全意、努力不懈地對國家發展和社會的福祉產生正面的能量，同時瞭解自己正在幫助塑造嶄新世界的結構，自然可以獲得一種深刻而無窮的喜悅[36]。

即使當時有些信眾打算為他蒙受不白之冤發起自救的抗爭，

但宋七力並不允許，他只是靜待司法還他一個清白。因為他充分了解，作為現代的知識分子，就必須明白人在道德實踐過程中，雖然面對各種險阻或困頓，只要能秉持良知、問心無愧，就能安然地度過難關，況且他深信馬斯洛（Abraham Harold Maslow）所言：「每一個自我實現的人都獻身於某一事業、號召、使命和他們所熱愛的工作，也就是奮不顧身。」[37]

故他與當時許多濟世之志，及關懷[38]社會前途的知識分子一樣處心積慮地試圖找到一條整合現實世界文明的出路，將社會從野蠻殺戮、勾心鬥角、唯利是圖、虛無、孤寂之中解救出來。宋七力的「本心」思想義理在人的心靈中扎根，這對人的日常生活方式和實踐人生正向的態度，皆有莫大的裨益。由於他展現了全幅強韌的生命力和憂患意識，這兩者會跨越時間的長流，對後人的心靈將有莫大的沾溉[39]。

宋七力於 1989 至 1997 年間，常和有緣者泡茶聊天，他自認並非傳道，只是單純聊天（講述本心），其間花了約十年的時間使會員認知「本心觀」。在宋七力事件後，「大日宗協會」於 1998 年成立，他明確地指出「顯發本心」為大日宗的宗旨：

人人各自具有的本心喻為「大日」。以大日為宗，本心顯發猶如「大日」光芒四射，普照著光明的生命大道。《金剛經》所云：「發阿耨

多羅三藐三菩提心」者，則生實相，見如來。為了實現經典理論，大日宗以「生實相，見如來」為宗旨，這是學道者理想的目標。在這個迷失的年代，「本心」隨著時代而失落了，以致人的精神沉淪、沮喪、徬徨等，失去了生命的依歸，難以恢復本來面目。因此，人人必須即時豁然，還歸「本心」[40]。

他順應會員及信眾的邀請而開始有大型、小型的開示會，除了講述「本心觀」外，進一步開示「觀自身實相」的實相論與法身觀，以六項圓滿為主，達到實相、實體、實用、生活理想化的實證法身，用以延續已建立的本心觀。宋七力又說：

> 針對長年苦修，以及在經典理論打轉的學道者，始終無法實現「生實相，見如來」。大日宗則以敲鐘打鼓的法音開啟「本心」，使人恢復本來面目——「生實相，見法身」。大日宗超脫傳統苦修的方式，擺脫束縛的儀式法規。直指人心，開發實相，實踐《金剛經》所謂的生實相，見如來——「法身」[41]！

宋七力不論在開示會或演說中，總是能隨興地道出個人經歷過的點點滴滴，他幽默、風趣，但所言字字珠璣，出口成章。他就是這麼一個輕鬆、自然、和藹可親的人，與一般道貌岸然的專家截然不同。從宋七力每次開示會或演說的內容，皆可以串聯其

體證「本心觀」的過程，這過程是歷經千錘百煉的，每個環節的運思，皆是依靠堅持不懈的研究精神。宋七力這種熱誠、樂此不疲的人生態度，使他把所有親身體證後的美好，都想與所有人分享，更希望每個人能跟他一樣擁有幸福。要而言之，他一生就是要實現《金剛經》的理想和目標——「生實相，見如來」。

　　作者經常聽聞宋七力提到我們（會員）所有的體會他都經歷過了，只是內容不一樣而已。所以他能為我們解釋。因為他用經驗來解釋，假若有人喜歡經典的，宋七力就再參考經典為其講解理論。因此，要我們先聽進去，不要執著。這正好是宋七力「本心」思想義理深入淺出的說法。約歷經十五年的時間，他再依會員讚譽出來的程度而介紹「分身」、「放光」等功能，並帶領會員法身「出離」、遨遊宇宙間，與宋七力的「分身」或自己的自性法身交往，從而達到「與道冥合」、「天人合一」、「三位一體」的究竟實證。2022 年 10 月，宋七力第三本著作問世，書名為：「《法身顯相集革新版》」。歷經約三十年時光，宋七力思想由人人有「本心」，認識「本心」開始，使會員提升開顯實相觀、實體實用於生活中體悟，親證出「法身」，即能「觀自身實相」，且能自見面相，達到如執明鏡的階段，他便逐漸直接地引導「已能自見法身」的會員進入實相世界（法界）及體悟《華嚴經‧入法界品》所言的境界。有些會員把部分宋七力的開示內容加以整理，製作成光碟片，或將影像檔放到網路的影音平臺上與世人分享，目前

已集結超過一百集。他把一生真實行徑的旅程如實地述說出來，他的表現，就如同胡塞爾（Edmund Husserl）所言：

> 穿越未知世界地域的求知探險家，他在其旅程中，仔細地描述著無人走過的地段上所呈現出來的東西，這位探險家無捷徑可走，但卻永遠這樣的自信，即他必須說出的東西，一定是在某一時刻、某一條件下所發生的，或者說呈現的東西，並對其親見事物進行忠實描述；因其描述之忠實而永遠保持其價值，哪怕後繼之探險者會使用改進之方法去進行更為精進之描述[42]。

綜合來說，宋七力用其一生演繹了其獨樹一幟的深厚人文思想。他結合其先天的特異稟賦及後天的努力不懈，大半生為人類本心的回歸盡心、盡力，儘管其理論和實踐方法與眾不同，但正合乎《易經・繫辭下》所言：「天下同歸而殊塗，一致而百慮。」

第二節　宋七力「本心」思想義理形成的機緣及過程

只要稍稍回顧一頁又一頁歷史的發展史，就不難發現人無時無刻都嚮往與探索超越，但超越絕非一蹴可幾。宋七力便從本心

思想中，覓尋普遍而可靠的理論，並躬身實踐，在爐火純青後，自然能游刃有餘，進而隨心所欲地揮灑，最終其主體與客體合而為一[43]，世人因而皆深信不疑、心悅誠服。他本人歷經數十年的思索、體會、實踐和印證，死亡和復活各三次，從中體證、開展出人類未來生命的價值與希望，並突破人類生命的領域，超越時空、三世。他的「分身」和「放光」思想及實踐從傳統的局限中顯相而出，形成獨特的「本心」思想義理。無論如何，任何思想的形成必有其契機或機緣，羅蒂（Richard Rorty）曾說：「打從精子與卵子交會的一剎那開始，與我們生命有關的每一件事物，事實上都是機緣。」[44]但並非每個人都能掌握機緣而有所作為，因為機緣稍縱即逝，但由於宋七力熱衷於追根究底，加上天賦異稟，故每次遇到奇聞異事時，大都能掌握、細心體悟這些機緣及逐一反覆琢磨，從而創造出無限的未來、向新的可能性開放，還能產生新形態的力量。以下即分二小節探討其「本心」思想形成的契機及過程。

壹、「本心」思想形成的機緣

有關「本心」的問題，宋七力以前總是向外探討、摸索，《本尊道全集・體用不二》曰：「自從我八歲起，一直覺得天地萬物十分奇怪，就一直探討這些奇怪的事，連書也不念。我感到萬分訝異，為何別人都看不到，只有我看得到？」[45]他十五歲便懂得閱讀古今中外的書籍，找尋哲學問題、探究道、本心。他說：

小時候，在我「心靈」的世界裡，看到了很多奇特的現象，例如看到一尊佛，我便去佛具店找了好幾天！像這尊，又好像那尊？找不到啊！怎麼會出現那尊讓我看到？那一尊佛像不知道是從哪裡看來的？我所看到的那一尊跟每尊佛都很像，都是活生生的呢！我到底要找什麼名字的佛像才對呢？一直摸索到最後，我才明白，是從「心」顯發出來的，不是偶像[46]。

宋七力曾提到，父母親每次帶他去廟宇祭拜時，他都會看到一些靈異的事情，他說：

父親也曾帶我去寺廟拜拜。我深深地記得第一次去寺廟，剛進去寺廟大廳時，看見大佛像是雕刻的，呆呆地坐在那裡，突然那尊大佛像變成真人的樣子，活生生的且帶著微笑。祂伸出長長的右手摸我的額頭，我感到大佛的手掌有溫度，我不明白大佛的右手怎麼瞬間變成十倍長度？又如何大佛端坐在高高的牆邊，怎能摸得到底下的我呢[47]？

宋七力曾多次提到，他在十七歲時本心的流露：出現「天女」[48]的體驗，作者在開示會中，曾聽聞慈恩師父讚譽他的境界：「天天皆出現許多個天女陪伴……」，宋七力針對慈恩師父的讚譽說明：「

法身觀

天女若自心出，即表示人達到清淨心。」宋七力接著說出自己的經驗：「我十七歲時，天女突然出現，沒有修持沒有出家，祂自然流露『天女』，後來天女變成我的『分身』！剛開始有一點震撼，但一直對這難得的機緣加以探討、研究、摸索。」[49]他又說：「就像他（讚譽者）剛才講出來的，變成他的太太，變什麼都可以，隨著自己意念變來變去。我是慢慢地摸索，然後轉移到你的境界裡面，讓你體會，成了現在的『本心』內容──『如來明妃』。他再接著說：「如來出現，自然智慧明了之意，也就是諸法實相，諸法性空。如《禮記‧禮運》所謂：『鰥、寡、孤獨（矜）、廢疾者，皆有所養』。能有『如來明妃』的體會，這是『本心』流露給肉身最好的精神陪伴境界。」[50]宋七力也經常談到生活中所遭遇到的許多難以想像的事情，這些機緣，讓他了解「本心」是何物？他回憶的說：

年輕時，我所住的一間房子，棉被、枕頭、鞋子亂七八糟，回去看時就很整齊。只有我一個人住，怎麼可能有人來幫我整理？而且只有我才有鑰匙，連續三次都是這樣子！我感到奇怪！此外，若是倒了一杯茶在那裡，轉過頭來，茶水就憑空消失了。是誰喝了我的茶？於是我就躲起來，從鑰匙孔往內看，嘿！怎麼衣服自己還是會跑到衣櫥內、棉被會自己整理？拖鞋會自己跑？這要如何解釋呢？這些奇怪的現象也是「本心」啊[51]！

他自小就看到諸多異象，可是完全不知道原委，也沒有老師可以替他解惑，所以只好自行探索，宋七力時常提及端飯給他吃的天神說：「小學時候，不知道天上為何有穿著古裝的人，走下來拿東西給我吃，覺得很奇怪？」[52]後來加以研究，才明白這是實相的問題。從小獨特的實相境界伴隨宋七力長大，但是在學業方面，他不太感興趣，或許是因為學問的高低跟實相的流露沒有相關，所以他的生命歷程，還是以實相的境界體會為主。宋七力本身的生活經驗也和一般人一樣，讀書、服兵役、就業，但是在工作的過程中，同樣出現了不少機緣，讓他體驗到一些令人匪夷所思難以解釋的特殊現象，以下是他自述的一段奇特經歷：

> 服完兵役退伍後，我在外國船舶供應商行工作。我的老闆是當時高雄碼頭的霸王。他教導我如何登輪接洽生意。當船停靠港岸時，我直接向船長取得訂單，其內容為船舶修護、供應食物、卸貨勞務等工作。有一次我在船上遇到一位阿拉伯籍的船東。這是他第一次航行至臺灣。當船東看到我時，不知為何目瞪口呆地望著我，好像分離多年的父子重逢，其驚訝的表情，當時令我疑惑不已。那位船東，一直目不轉睛地凝視著我的頭部上方，我不知他為何如此？他突然激動地撲向我，並在我面前下跪！我頓時錯愕不已，只聽到船東叫我「主」！我感到莫名其妙。船東說：「主在你頭上！」隨著船東

法身觀

的聲音，我瞬間看到自己頭上出現一抹有形狀的光。三十年後，我稱之為「天冠光」！我在二十五歲時，就第一次看到「天冠光」[53]。

此外，以下是宋七力第一次見到自己分身的機緣：

在三十五歲時，第一次見到自己的分身。有一天，我走在南京東路台北中山分局對面的路上，頓時感到很奇怪，因為我看見有一個很像我的人，連穿的衣服都一模一樣。當時我訝異萬分，於是就追過去想看看他的臉。我匆匆地跑過去，希望趕到他的前面。他也在跑。那時候，我不知道有「分身」，後來他轉到天津街，就消失不見。我追不到了，向外是永遠都追不到的[54]。

宋七力在年輕時即有機緣看見「天冠光」及自己的「分身」，但他對於每次的機緣，都能一一加以深思熟慮，以致可以更進一步地認識自己，從而理解自己的「本心」，更清楚自己所肩負的使命。有關理解自我方面，瑪律庫塞（Herbert Marcuse）有非常深刻的說明：

人的形象所代表的不僅僅是他在今天已經被要求的樣子，而且還是在今天「自己」能是的樣子。這是富有爭論性的理論，它由本質的

概念而起,當人依照著自己的潛能理解了自我之後,他希望所是的一切就得以真正地完善[55]。

故宋七力在三十九歲時,便開始能知悉過去、現在、未來,當下即永恆。且能「心念口演」成相、成事實。凡是靜態、動態的萬象,皆可經由「意念」轉換成動態的真實相[56]。因為他把自己所遇到的機緣引向為對手段──目的鏈之認識,讓大家看到機緣實現的動態過程,同時給我們提供一個靜態的分析視域,引導我們分別把握機緣的意義。可是,它雖然可作為特異性而被領悟,但本身並非實體,因而無法以把握事物的方式來把握。總之,機緣將人的生存導向與自然宇宙的節拍冥合,同時被分化到某一個特定位置,即人成就具體的樣態。在協會成立以後,大家不斷地追問宋七力,為何「意念」能轉換成動態的真實相,他表示自己也不知道怎樣回答,只好對照佛經,用「實相」流覽經典內容,才明白這完全是本心的起動。在《本尊道全集・以無住為本》中,他曾提到:

我是從小就自然流露,沒去苦修,打坐。十幾年前第一本看的佛書,就是《維摩詰經》。那時會員在讚譽體會提到維摩詰境界時,我還問他:「維摩詰是什麼?」拍顯相照片時,我還不曾看過佛經。但我喊什麼,就出現什麼,如喊「長城來」!長城就真的出現!我喊「

法身觀

停住」！它就真的停住。我不懂得經典,到後來才看了《維摩詰經》[57]。

宋七力於三十九歲時得到一個不可多得的機緣,他目睹「大日」從遠方的天邊旋轉移到自己的眼前,它由巨大的光縮小溶入「眉心」,並停留在眉心中。自此之後,他竟然能「眉心放光」,並拍攝出「眉心放光」的照片,由於這個機緣,使他從小到大都始終無法了解的問題自然迎刃而解。原來這是「遇斯光」、「真如緣起」的功能起作用,而產生種種不可思議的體驗[58]。他無意中實現了佛教所說的「諸法實相」,一切法的實相,即宇宙人生的實相。人生一切現象皆可轉移進入實相中。至於小時候的「天賜食物」與「神仙」,正是「實相實體化」、「實相生活化」的例證,這些例證也是拜機緣所賜。

要而言之,機緣是宋七力從自己的身體中掌握而形成的。他每次皆能掌握上天賜予他機緣的意義,透過這些機緣,他經歷了實證「生命永恆」的過程,一切光相或出現的現象都是自然地流露,但他自始至終仍謙虛地表示:「有光照明你們的『本心』,有的兩分鐘就顯發。」[59]「這不是我恩賜的,是你『本心』自己攝受到的。」[60]、「是你自己流露的,不是我的工夫,我是導引者而已」[61]。

貳、「本心」思想義理形成及實證的過程

其實，人的確永遠不能窮盡自身。因為人的本質不是一成不變的，而是一個過程。他不僅是一個現存的生命，在其發展的過程中，他還有個人的意志自由，能夠主宰自己的行動，這使他有可能按照自己的願望塑造自己未來的人生[62]。馬克思（Karl Marx）曰：

> 人的存在是有機生命所經歷的前一個過程的結果。只是在這個過程的一定階段上，人才成為人。但是一旦人已經存在，人，作為人類歷史的經常前提，也是人類歷史的經常的產物和結果，而人只有作為自己本身的產物和結果才成為前提[63]。

宋七力在其生命發展的過程中，他主宰自己的所作所為。他強調，欲顯明「本心」，必須先以「遇斯光」為前提。《華嚴經》，入法界品之十一云：

> 若有眾生遇斯光者，心自開悟，無所不了；悉見一切清淨佛土；則得普眼見一切如來神變、一切諸佛國土、一切眾生世界。得清淨眼，見一切色；悉得自知諸業果報；一切善根悉皆圓滿；其心廣大，普得自在；悉能深入如來境界；悉能往觀一切諸佛；悉能現見一切如來諸本事海；則得成就見佛三昧；得普見諸佛生大歡喜。

法身觀

　　宋七力體證「實相」六十多年，而同道對於「道」的體悟，就是他過去已經體驗過，也是他體會的境界。他喜愛引經據典或以經典的辭句來開示，目的是要讓信眾顯發自性，而非介紹佛經字面上理論的意義。雖然佛經正確地說明真如自性，但在相應佛經以後，目的還是要找到自己的「本心」。宋七力表示他也不知道，「心」原來早就在自己的身上自然地流露實相。他後來慢慢地細加研究，對照大乘等經典，才明瞭「遇斯光」是實相的原動力，亦是法性透過「遇斯光」而產生實相。「因為每個人都有『本心』、『法性』。法性不斷地流露萬物，自然六項完整，就構成了『實相法身』。」[64]

　　他認定「本心」就是真如自性，真如緣起「實相」，生命隨「實相」而提升，傳統佛教只是理論教義，而宋七力是直接以「實相」實踐出來。他以「經典」為根據[65]，每個人親自的體會，都只是一種方式，重點還是要把自己的本心顯發出來。宋七力認為，有時候，經典反而變成顯發的障礙，經典只是作啟發性的參考，好像一盞明燈導引迷失者，經典僅是文字，並非實相，也非「法身」。真正的法身要依法性而流露。《中論》說：「法身是法性所流身。」這也就是孟子所云：「盡信書，則不如無書。」（〈盡心下〉）的道理。

　　宋七力之所以被尊稱為本尊，《本尊道全集・自性平等》有所說明：「最早是在『分身』顯現出來後，『分身』為何叫我『本尊』？我還問

第二章 宋七力的生平及「本心」思想義理的形成

『分身』,『本尊』是什麼意思？最後才知道,『本尊』就是人類自身自在的『本心』！」他接著說：「同道習慣了『本尊』的稱呼,就讓同道大家時時勿忘內在的『真如自性本心』。『本心』不立外在偶像,就以『本心』為尊吧！」[66]宋七力表示,法性與光同一體性,法性「攝受光」,若無攝受光,則意識不能成「實相」。他說：

> 直接從思想切入自己的真如自性,這並非從苦修而得。「認知」是要掌握你的境界、實相；「法身」流露實相,就是法性正在顯發,五官意識切勿阻擋法性流露。法性優先,意識在後,融入法性,法性的體性「遇斯光」,則意識立即緣起實相[67]。

自 1988 年迄今,宋七力依然隨處不斷的開示「本心觀」、「實相觀」、「法身觀」。作者將宋七力思想的形成過程歸納為「道求人」、「行於非道」及「人求道」三個階段。分別說明如下：

一、「道求人」（1990～1996 年）階段

《宋七力「天人合一」實證境界》於 1990 年出版。1991 年,宋七力在顯相協會公告明示：「亙古至今大光體,照明人類本心體。」、「放光照明法界藏,智身引入光明中」、「心開眼明分身見,任你遨遊宇宙間」。宋七力首先介紹「光」曰：「亙古至今大光體,照明人類本心體。」

法身觀

以「人依大地而生存，本心依光而存有，法界依光而流轉，諸佛依光而遍布」，進而說明，我們生長的物質世界與精神世界是一體的兩面，也就是說，人間的太陽照耀大地，長養萬物，人依此生長成熟，我們的肉體生命雖然得以延續，卻是一個有限的生命週期。法界太陽照亮「本心」，養活靈命，把有限的生命轉化為無限，這是具體可行的。

中國宋七力顯相協會成立後，宋七力便陸續受邀上台演講，他以十年多的時間建立「本心觀」。1994年，宋七力就已經明示大道之行的綱要與流程。首先，他以聊天的方式介紹「本心」思想，同時以閒談的方式四處宣揚「本心」的理念，並於顯相協會公告如下說明：

「遇斯光、思斯光、覺斯光、觸斯光、悟斯光、明斯光、入斯光。

投入其光，得光照明——成道」。

「人依大地而生存，本心依光而存有，法界依光而流轉，諸佛依光而遍布」。

「包時空、涵法界、遍佛土、布天國、拓生命、越永恆」。

「真實的喜悅心，進入法界藏，投入光明中，諸佛境界明」。

「已實行的示現:(一)顯虛空法界相,已實行的諾言;(二)光化舍利,將實行的應化;(三)依類現形」。

「本尊弱隱退,分身強勢顯。智者得出離,道者得攝受,善者得喜悅,信者得光明,惡者得解脫,障者得靜觀,挑戰者得順勢」!

「本尊安靜心,分化金剛身。天體自心運,顯相自成形。原本光明相,豈有差別論。善惡心量定,是非自分明。來日再讚譽,無有仁倭人」[68]!

這分明已勾勒出宋七力思想全貌,即每一階段已完成、將實行的每一個項目的公告與預告,顯示出當時環境或人為因素。指出了人此生若想成就大道,就必須經過這些步驟,每個階段的歷練、體會,且必須一步一腳印地親身體驗。千古以來,釋尊在菩提樹下枯坐六年未成,「夜睹明星」,剎那成就「三位一體」;能知過去、現在、未來。「夜睹明星」正是「遇斯光」。宋七力的「放光」與「分身」示現,開啟心眼所見,法界萬動萬形的變化現象,也開示出光明法界。「遇斯光」,即蒙光澈照,了了分明,無所不了。直接攝受,直入法性,則真如自性本心顯發,即大乘佛教所云:「發阿耨多羅三藐三菩提心。」

中國宋七力顯相協會成立之後,以建立「本心觀」為主,依

法身觀

統計，在 1992 年至 1996 年之間，他接受協會邀請上台開示，共計三十三場。1996 年，他在最後一次開示會中說完「演法畢」這句話後即告結束。不久發生了「宋七力事件」，他受到政治牽累而遭受迫害。他在上述的期間，屢屢介紹「本心」的功能，透過「舌齒相爭」、「拔花不起」、「定身法」、「隱身法」、「吹氣」（放光）、「死亡遊戲」……。宋七力回憶當年因票據法尚沒解除，在服刑之時，他與重刑犯共囚一室的經驗：

> 於監獄中，曾經犯了「邪術傷人」而進入「黑房」（犯則房）。其房囚犯皆是一些五逆十惡的重刑犯。他們由於犯下殺人放火、綁票搶劫等重罪而被判無期徒刑的囚犯。宋七力所面臨的邪惡，正在「黑房」開始，就在那險惡的困境中，他顯發了「本心」功能[69]。

此外，還有各種「本心」功能起作用的實證，如「天食」、「如來明妃」、「分身」、「光化舍利子」……等等難得一見的神蹟示現，直接使當場所有信眾震驚、懾服。同道皆大開眼界，見識到、認知到永恆的生命──「本心」。

宋七力自由自在地走遍各地，以茶會友聊天的方式傳達本心的信念，向道心的每個追隨者都攝受珍貴的體會、印證。其「分身」能以一化多，化種種身、無量化身，涵蓋萬象，亦能變化為

古今中外帝王將相或販夫走卒身，凡一切身相，「分身」皆可隨意地變現，分化為無限[70]！

1988 年後，宋七力對無形無相的見、聞、覺、知皆變成有形有相的「實相分身」是經由圓成「實相」後的「自性法身」，通稱「虛空身」。當「真如」轉換成「分身」時，他震撼不已，內心的亢奮激起生命的洪流。他順勢隨著「虛空身」出離遨遊虛空，穿梭在宇宙天地萬物間。他的「分身」逍遙於天地之間，圓融無礙、無拘無束、超越時間，空間與所有物質，他體證了莊子「獨與天地精神往來，而不敖倪於萬物」（〈天下〉）的「天人合一」境界[71]。

「遇斯光」的目的照明「本心」，本心之法性必依宇宙光明體而形成所謂的「天人合一」境界。他說明必須向內找「本心」，這是真如緣起法與實相法的根本，以「六根」[72]為基礎，真如緣起大法——「諸法實相」。「本心」雖然無形、無相，卻在「六根」中呈現諸法實相。宋七力隨緣心念口演，放光照明。如他曾說：「凡超越我的凡夫相都能顯相在虛空中。」[73]信眾都能含取到顯相境界的體證。

二、「行於非道」[74]（1999～2008 年）階段

1996 年發生宋七力事件，直到 2009 年，因法院查無實據，法定的訴訟程序結束，判決確定宋七力的「放光」和「分身」等皆

法身觀

無罪。宋七力事件的發生，對他沒有任何影響，他仍然堅定及熱誠地關心會員和信眾。由於顯相協會被停止，無法正常運作，故一群會員於 1998 年再度自組成立「大日宗協會」，邀請宋七力開示，他依會員的程度，循序漸進地講述「本心」及開展實相世界[75]。

宋七力對會員詮釋「本心」，以實相引導會員親自體證。總共花了近十五年建立「實相觀」，然後由實相實體化，使之實相生活化、實相理想化，成立了實相「法身觀」。他親身製作本尊道開示錄影帶分送給會員，其中有位出家信眾向宋七力反應：「本尊，您所演的是《維摩詰經》境界。」於是，宋七力希望實現《維摩詰不思議解脫經》境界，以境界實證實相法身。

宋七力尊重同道的意志，提出「去者不留，來者不拒」。依信眾的程度建立三觀（本心觀、實相觀、法身觀），以介紹顯相照片的方式引導會員認知「實相」。根據作者體會六項的經驗中，法性挾著意識，透過六根互用的實相能延伸出實相實體，進而生活化、實相理想化；法性與意識的銜接、轉化，形成了「意識流」。堅守「持續不間斷」的意識流，是「當下」進入永恆的唯一途徑。2017 年，宋七力在大日宗協會公告如下：

本尊心語：

大日光不放棄人，是人離棄大日光；向大日光者，生；背大日光者，歸零；向人者，不生不滅（本心處於無動狀態）。

本尊道的十大內容（步驟）：

一、自見其身。二、分身與肉身「對看」。三、分身出離。四、天食。五、如來明妃。六、分化十方。七、實相實體化。八、實相與萬物合一。九、實相現代化。十、法身圓滿。

宋七力只因「分身」與「放光」被司法認定為詐騙而限制出境。雖然歷經十二年多官司的纏身，但他從未曾停滯不前，反而繼續受邀開示演講「行於非道」。何謂「行於非道」？乃出自《維摩詰經》，文殊師利問：「菩薩云何通達佛道？」鳩摩羅什對「行於非道」這句話有最精要的解說：

行於非道，是為通達佛道。非道有三種。一者惡趣果報。二者惡趣行業。三者世俗善業及善業果報也。凡非其本實而處之皆名非道。處非而不失其本。故能因非道以弘道。則通斯通矣。譬如良醫觸物為藥故醫術斯行遇病斯治[76]。

法身觀

　　若是世間行者來回答這個問題，可能得出「正信的佛教」，或「成佛之道」，或「四聖諦」，或「十二因緣」，或說「三十七道品」等答案。因行者習慣從「善」的角度看待事情，而大覺悟者維摩詰居士卻不是如是回答，他曰：「若菩薩行於非道，是為通達佛道。」也就是說，正信的佛教是指「實相法」。總之，菩薩的每一非道都是方便法門。在這期間，宋七力講述實相觀、法身觀的實相法，正如實地呈現維摩詰的「真言」。有關此時期的開示影片已超過一百集。

三、「人求道」（2008年～迄今）階段

　　宋七力開示的重點，以自性法身等同分身。「自見其身」，始能進入實相世界（法界）。這期間，他先後出版兩本著作，包括2010年《法身顯相集》日文版，2012年再以簡體版、繁體及英文出版。2022年再以《法身顯相集（革新版）》中文版，2023年再度推出日文版。英文版經由協會會員魯玲玲的協助而納入法國國家圖書館中。宋七力說：「顯相集照片，盡是『入法界』的藍圖，亦是與《維摩詰經》不思議的解脫境界相呼輝映。」[77]過去從建立「本心觀」開始，以現場讚譽者的程度而開示。自《法身顯相集（革新版）》問世後，宋七力依其介紹的照片顯發出來的如來境界，表達實相如來境界。能自見其身者，直接實證無異、無分別，自知不隨他的實相世界。宋七力以《法華經》的「心念口演」暢演實相真實義

。有認知的自見其身者會讚嘆生命的奧妙與神奇,永恆的世界就在自己的當下。宋七力又表示,當你的法性融入光明體性時,法界就能夠越徹底、越紮實[78]。

「法性」與「阿賴耶識」融合時,「意識流」自然形成。隨著「法性」的流露,成立了「法身」,即所謂的「自見其身」。自己目睹自身,如執明鏡。此「自見其身」(自見法身)確定是生命邁向永恆世界的關鍵。自千古以來,學道苦修、禪定,不外乎明心見性。心明則見「法性」。法性遇宇宙光明體照明,即成立「法身」。所以「遇斯光」與法性相融合,代表主客合一[79]、天人合一,進而三位一體。法性與光明體性相同,「自見其身」者自然顯相。「自見其身」,即是自身實相。《本尊道全集・大道之行》指出;「剛開始,自己見到另外自身——『身外身』、『法性身』。肉眼與身外身沿著意識流『對看』,五官意識和法性身『對看』即見『道』。『對看』,就『自見其身』了。」[80]宋七力解說:「能『自見其身』者,則立即性地隨你心念口演,應念而至,諸法實相圓滿。」所謂圓滿實相;法性攝受相應了宇宙光明體,使之實相實體化。始能生活化、理想化。外在的宇宙光明體與你的法性相融互入,實現了「三位一體」。[81]他又說:

「眉心放光」,不是從我們裡面放出來的,「眉心放光」是「大日」,你看到以後,它會轉而停在你這裡。外在客體與你相應(與真如相

法身觀

應），停在眉心這裡。如果是「天人合一」的話，是額頭放光。「天人合一」是從裡面發出來的，熱熱的，開始會放光[82]。

至於「三位一體」與「天人合一」有何差別？「三位一體」的「天人合一者」自然「眉心放光」。法性挾著意識所形成的「意識流」穿梭滲入於宇宙光明體，自然而然地成立「三位一體」。主因在於人的法性與宇宙光明體具有共同體性。《阿含經》云：「法性常駐。」法性之所以能常駐，有賴於宇宙光明體的永恆體性[83]。除了《華嚴經》的「如來雲」之外，還有「如來化身雲」，其神妙莫測之處，只能引用《道德經》所言來描繪：「道之為物，惟恍惟惚。惚兮恍兮，其中有象；恍兮惚兮，其中有物。窈兮冥兮，其中有精；其精甚真，其中有信。」[84]其中所言的「精」，表達實相開展出來，實體化了，由雲霧狀的形象，模糊狀態之下構成了「真」，從「真」中實現了「信」。「信」即理想心、信用。在實踐圓滿後，成為理想化的實相。

另外，在顯相的照片中提到了「大日照明鏡」[85]「大日照明鏡」展現出宇宙人生的實相。釋尊夜睹明星後，自稱成道，開始對弟子講《華嚴經》。弟子聽到如聾如啞，不知所云。其實，「大日」或是「光明遍照」在入海印三昧之際，呈現「大日」形象，以光明遍照出萬物，開示出《華嚴經》的內容——「諸法實相」。依法

身毗盧遮那如來本相說法。非釋尊肉身形相開示,稱「本相說法」。

《華嚴經》入法界品:「照明鏡由如來雲所形成,以瓔珞凝聚為飾,凝虛成紮實,呈現光澤與立體感,還將聚集的摩尼寶珠作為框架,境中反映出法身,甚至三世十方法界萬象皆可現形。」[86]大日光明遍照是《華嚴經》的內容。宋七力提起的「大日」,是他六十多年體證的法界大日。顯相照片出現「大日」時,宋七力尚不知道有佛經的存在,故與《華嚴經》的「大日」相提並論,乃純屬巧合。法界大日在何處?宋七力答:「『大日』在這裡,也在那裡。無所不在,就從你的心中,大日從心出,……無所不在。」[87]這是宋七力「本心」思想義理形成過程最佳的寫照。

要而論之,大凡承前啟後的偉大宗師,總是以他們特有的靈敏度,在自己的生命活動中孕育完整、完成了他具有時代價值體系的變化,他的思想因而也成為該時代的創新作為,「分身」和「放光」就是這個過程的一個亮眼結果[88]。

法身觀

第三節　　宋七力的著作

壹、《宋七力「天人合一」境界實證》

本書由「中國天人合一境界學術研究協會」於 1990 年發行，全書分圖片及文字兩大部分。文字共十六篇，顯相照片共四百多張。這些圖片的主題皆在表達人類內心存在「本心」的內涵，並依其功能的超越性、無限性概分為七個項目：

「本體之光」、「虛空顯相」、「隨光入境」、「漩渦光體相」、「漩渦光環」、「意識分化身」、「渾然一體」。

其文字部分則細分為十六篇，如下所列：

〈導言〉、〈永生〉、〈自覺〉、〈識變〉、〈自然之道〉、〈本體是真主〉、〈本體賜永生〉、〈大道之行〉、〈內聖之道〉、〈起動意識〉、〈天心通〉、〈天眼〉、〈神佛上帝在人心中〉、〈出竅與分離〉、〈生命之統一性〉、〈意識與時空〉。

宋七力在〈導言〉中，說明書中圖片的內容及主題，運用圖片內容實證「天人合一」的境界，「境界」取代形而上的理論，以激發有心向道者各自顯發其固有的真如自性「本心」，透過「真如

本心」所緣起的功能變化作用，實現了神話的現代化[89]，印證經典的境界。

貳、《法身顯相集》

本書最初以日文版《法身写真集》於 2010 年在日本發行[90]，出書目的；提供以「本心」為主，突破傳統苦修方式，直入「法性」，當下即可實現修道的理想目標。在日本的八重洲書局（Yaesu Book Center in Japan）與紀伊國屋書店（Books Kinokuniya in Japan）的大阪梅田本店與新宿本店分別上架後，即榮登暢銷書排行榜的第一名（詳見英文版，頁 468－471）。為滿足海內外廣大向道者的需求，2010 年推出英文版[91]，2012 年再發行繁體版[92]，簡體版[93]，在博客來書局分別榮登宗教類新書及暢銷書排行榜的第一名[94]。

宋七力在《法身顯相集》的封面明言：「自性法身＝分身（Self-Nature Dharma Body=Fen–shen）」以及「人人的心透過本書皆能相應自性光明。」（Everyone's Mind can Resonate with The Self Nature luminosity through this book）。除了文字論述之外，本書最大的特色是直接以顯相照片來示現其「分身」與「放光」理論。全書共分為八大章，包括：〈漩渦光明體〉、〈法身顯相〉、〈法身與淨土〉、〈分身與放光〉、〈意念成相〉、〈本心觀世音〉、〈分化無限〉、〈分身〉。

法身觀

　　本書內容前面章節介紹宋七力本人與漩渦光明體的由來以及其人生歷程中經歷的事蹟，其中最特殊的是透過描述親自接引母親往生光明的實相世界（永生淨土），耐心地解析他「心念口演」是根據法界「大日」的加被力，立刻即可完成救贖母親的過程……。所有敘述點畫出了生命永恆的實質意義。

　　其中〈分身與放光〉篇，全篇從 153 至 267 頁，宋七力介紹他從少年時常見光，以及與「光」交往經驗；用百多張顯相照片及簡單扼要文字說明，隨著其思想奔放、意念所作、成相、實體的放光原理、放光現象及所有光無限變化。茲介紹其圖 1 至 9 的連續性照片說明。

　　（圖 1）：法性光從額頭放光。（圖 2）：隨著宋七力思想變化，轉移換位，上升天空如形成分化光明。（圖 3-5）：是光明凝聚出宋七力形相，成立分身。其中（圖 3）：法性光變化光相，形成「天冠光」。（圖 4）：宋七力說；從心想出我的「凡夫相」，法性光隨著意念變化形相，即所謂的「化身」──法性光的化身。（圖 5）：宋七力說；我的凡夫相形成，天冠光消失凝聚於化身中，成立「分身」（自性法身）。（圖 6-9）：是分身成形顯現於天空，與虛空相依存在。其中（圖 6）：持著法性光之力，法性出離安住於空中，所以分身又名「虛空身」。（圖 7）：分身與天空融合一體。法性之性；虛空性，很容

易與天空融和一體。(圖 8)：分身由靜而動，出離後活動於一切時空，遍布一切處，無所不至。(圖 9)：宇宙光是法性光之意[95]。

人類的「法性」之所以「放光」形成「分身」，必須依「宇宙光明體」加被力。法性出離安住於虛空與虛空相依存在。法性光自然流露，獨立於外在空間，法性光自然圓成「自見其身」。當下「自見其身」者的法性光自然流露，出離肉身，獨立於外在空間，以其「意識流」與肉身意識保持聯繫，自然圓成「自見其身」與肉身形成「天人合一」境界。「天人合一者」所展現的境界。宋七力於〈分化無限〉篇指出：「我所展現的法身照片，都是『人』可以實現的。」[96]「分身」篇共有如下七大項目如下：

一、「分身」表現人性的尊嚴與生命的意義。二、「分身」不是上帝。三、「分身」具體表現「天人合一」、「心物合一」並圓滿地實證宗教經典形上哲學。四、為什麼「分身」穿西裝。五、宗教目的在於超脫輪迴，超越生死。六、「分身」與「肉身」。七、「分身」是自然流露[97]。

書中顯相照片分為：(一)、宋七力本人（肉身）在現場，以實相法；「心念口演」示現，如引城入室系列、勝利女神神像與金字塔、天壇、人面獅身……等等，重重疊疊，而影像顯露出分明

之無礙境界。(二)、宋七力不在現場,各類分身出現在各地虛空與寺廟等,包含山河大地、草木瓦石等。由竹東水泥廠工作的羅君所拍攝。(三)、以西裝或唐裝、襯衫呈現,仍依宋七力「心念口演」完成「分身」與萬物合一境界(放光照見萬象)。當下以所穿著服裝形相顯現。僧服分身非分身穿著僧服,穿著袈裟的分身,表達「光中化萬象,達眾生相」[98],「化」所有的眾生相。大乘經典不思議境界;以一身變種種身或以小變大。(四)、分身頭後有圓光是顯相照片的特色,法界與人間為背景。(五)、顯相照片的分身頭後有各種放光現象標記,如眉心放光、頂輪放光、法輪光。虛空遍佈,法界十方充滿,介紹各類光中所化的諸佛、天神、菩薩、淨土。

總括來說,宋七力在《法身顯相集》中以「分身」的示現,敘述出生命的連續性、超越性,且說明肉身「意識」與「法性」關係,解脫出離、突破進入生命大道。詳實地細說自身的「體道」成「道體」的經歷,其「道體」即指自性法身(分身)。透過分身展演如何進入法界,現身說法示現生命之奧妙與神奇。其步驟涉及法身圓滿後之功能的無限性等等。

叁、《法身顯相集(革新版)》

本書針對自見其身者「入法界」的示現,實相世界即「法界」,也是現代量子理論正在探討的「意識宇宙」。宋七力以顯相

第二章 宋七力的生平及「本心」思想義理的形成

照片表達「入法界」。於 2022 年 10 月出版。此書日文版名《天書》。書中每張照片都是宋七力分身,提示人人都可以「自見其身」、入「法界」。

這本書的 412 張顯相「法界」照片,是從二十幾萬張照片之中精挑細選出來的,每張相片下方皆有主題的註解說明,以便讀者理解相片中的真實意涵。所謂「法界」,同義於「實相世界」、「意識宇宙」、「精神世界」。宗教上的淨土、天國、天堂……。盡屬於法界。宋七力經由照片鼓勵信眾親身證悟,凡自見其身者皆能親自進入每一張顯相照片活動,隨著「靜態」照片轉化成「動態」,遨遊於法界之中。在仔細地詳讀完《革新版》顯相照片的內容及體證之後,作者自己發現,先成就「自見其身(面相)」,可從第 376 頁開始了解,共分八大步驟:

一、法性自然流露(圖 403:宋七力(肉身)頭頂放光,文字註解:釋尊說:「法爾自然。」《楞嚴經》云:「非因緣,非自然,法爾如是。」)二、法性光自然流露,獨立於外在空間(圖 404)。三、法性光自然相應合一於天冠光(圖 405)。四、法性光自然初顯自相(圖 406)。五、法性光消失,化出自相緣成「光化身」(圖 407)。六、法性光自然圓成「自見其身」(圖 408)。七、法性光成立虛空身(圖 409)。八、虛空身成為「光」化身(圖 410,文字註解:《觀無

法身觀

量壽經》第七觀云：「如於鏡中，自見面相。此想成者，滅除五萬億劫生死罪。」）

宋七力的著作；第一本《宋七力「天人合一」境界實證》由十六篇文章及大量圖片構成。在〈導言〉中，他說明書中圖片的內容及主題，以圖片內容實證「天人合一」的境界，以「境界」取代形而上的理論，照片展現了傳遞生命的統一性，必須由本心啟動開始。其次，在《法身顯相集》中，宋七力闡述自己人生的經歷，敘述自己親證入法界歷程及介紹其「分身」與「放光」對生命的意義。強調人人皆可自見其身入「法界」，因人人都有「法性」，人人皆可成大道為原則。接著第三本，《法身顯相集（革新版）》之問世，簡言之；是本尊宋七力針對「向道者」介紹唯心淨土與如來世界，引領自見其身者進入法界的範本。總之，這三本書的特色是文字易學易懂，由淺入深，深入淺出，深淺自如地直接攝受，道出不是理論的理論，諄諄善誘，引導向道者從啟動「本心」邁向「三位一體」證成的路徑，又以親自經驗的實證顯相照片輔佐，放眼當今的宗教或任何單位、團體，作者認為，只有宋七力能做出這種空前的創舉。

【註釋】：

1. 伊謝‧科恩（Кон‧И.С.）云：「每個個人的生活，正如一部人類歷史，一方面是一個自然史的、合乎規律的過程，另一方面又是一部獨一無二、絕無僅有的戲劇，其中每一場戲都是許多具有個體特性的性格和情況交錯糾結的結果。任何一種生活情境都是具體的、多元的、可變的。」見其所著，佟景韓等譯，《自我論——個人與個人自我意識》，北京：三聯書店，1986年，頁256-257。

2. 見其所撰，《四書集注》，新北市：藝文印書館，1974年，〈萬章章句下〉，頁14。

3. 參閱今道友信（Imamichi Tomonobu）著，崔相錄等譯，《存在主義美學》，瀋陽：遼寧人民出版社，1987年，〈譯者前言〉，頁9。

4. 參閱魯潔著，《超越與創新》，北京：北京人民教育出版社，2001年，頁404-405。

5. 「每個人都是帶著一系列給定的特質、能力和才能而進入世界之中的特殊的個體。從個人的觀點來看，他與生俱來的特質和素質是自然秉賦。它們將伴隨他終生；無論何時，只要他對自己進行估量，都必須認真這些因素」。赫勒（Agnes Heller）著，衣俊卿譯，《日常生活》，重慶：重慶出版社，1990年，頁9。

6. 宋七力著，《法身顯相集》，臺北：圓融企業社，2012年，頁4。

7. 參閱羅春月著，《從宋七力事件反思宋七力思想與實踐》，附件四，〈宋七力生命歷程問題手稿小時候篇〉，頁293。

8. 〈宋七力之「生命歷程」問題手稿〉，問題1，〈小時候〉，頁293。

9. 〈宋七力之「生命歷程」問題手稿〉，問題1，〈小時候〉，頁294。

10. 附件三，〈宋七力之問題訪談紀錄〉，問題3，「請問本尊，您第一次接觸的宗教是甚麼，帶給您甚麼樣的影響。」2017年12月30日，頁287。

11. 宋七力著，《法身顯相集》，頁80-81。

12. 康德云：「真正的熱情總是朝著理想的東西以及真正純粹道德的東西前進的。」見其所著，何兆武譯，《永久和平》，上海：上海世紀出版集團，2005年，頁76。

13. 馮友蘭云：「在這種反思中，人可以對於自然、社會和個人的行事有一種理解。有一種理解就有一種看法。有一種看法就有一種態度。理解、看法和態度，總而言之，就是他本人的世界觀。人都是照著他的世界觀生活的。如果他有一個明確的世界觀而又對之深信不疑，他的精神世界就豐富了。他的行動就勇敢了。他就可以『心安理得』地生活下去。雖有困難，他也可以克服。雖有危險，他也無所畏懼。」見其所著，《中國哲學史新編》，共 7 冊，臺北：藍燈文化事業公司，1991 年，冊 1，頁 27。

14. 笛卡兒（René Descartes）著，王太慶譯，《談談方法》，頁 10 云：「我花了幾年工夫像這樣研究世界這本大書、努力取得若干經驗之後，終於下定決心同時也研究我自己，集中精力來選擇我應當遵循的道路。這樣做，我覺得取得的成就比不出家門、不離書本大多了。」北京：商務印書館，2000 年。

15. 參閱黑格爾著，范揚等譯，《法哲學原理》，北京：商務印書館，1979 年，頁 318。

16. 赫舍爾（Abraham Joshua Heschel）著，隗仁蓮譯，《人是誰》，頁 37 云：「作為自然的存在，人受到自然規律的支配。作為一個人，他必須經常進行選擇。就他的實存而言，他是受限制的；就他的意志而言，他是不受約束的。他的行為不像能量的射線從物質中散發出來那樣從他的身上散發出來。人處在三叉路口，他就必須一次又一次地決定應當選擇什麼方向。」貴陽：貴州人民出版社，1994 年。

17. 每一個人都「要存在於一個活生生的現實社會關係中，正是這種關係制約了每一個個體的可能性，在這種制約中，個體萌生了創造自我的渴望，在這種創造中他實現的正是他的自由即他的自我。正因為如此他才是自我創造的生物。」鄒廣文著，〈歷史、價值與人的存在—一種文化哲學的解讀〉，收錄於王中江主編，《新哲學》，鄭州：大象出版社，2005 年，第 4 輯，頁 131。

18. 參閱雷蒙‧潘尼卡（Raimon Panikkar）著，王志成等譯，《看不見的和諧》，南京：江蘇人民出版社，2001 年，頁 177。

19. 見其所著，黃瑞祺譯，《社會學是什麼》修訂版，臺北：巨流圖書公司，1985 年，頁 83。

20. 參閱笛卡兒著，管震湖譯，《探求真理的指導原則》，北京：商務印書館，1991 年，頁 14。

第二章 宋七力的生平及「本心」思想義理的形成

21. 《本尊道全集・實相涅槃》，頁 6－7。

22. 該撤銷案後遭監察院糾正，認為內政部對於社會團體的督導考核工作流於形式上的敷衍，以致在處理宋七力協會撤銷許可案時，完全被動地受制於媒體輿論，未能本於權責進行詳實審查，應確實檢討。參閱監察院函，〔92 院臺司字第 0922601201 號〕。

23. 臺灣高等法院判決書，〔案號 87 年度上訴字第 2431 號〕。

24. 參閱霍布斯（Thomas Hobbes）著，黎思復等譯，《利維坦》，北京：商務印書館，1985 年，頁 206。又盧梭（Jean-Jacques Rousseau）指出：「正義的法則在人間皆屬虛幻。我們看到的倒是這樣的情景，正直的人在遵守正義的法則時，別人卻並不遵守，因此，正義的法則不過是在為壞人造福，而給正直的人帶來的卻是不幸，為了改變這種情景，就需要有約定和法律，以便將權利和義務結合起來，使得正義得到聲張。」見其所著，州長治譯，《社會契約論》，載於《西方四大名著》，天津：天津人民出版社，1998 年，頁 490－491。可見霍布斯和盧梭這兩位哲學家皆強調法律對正義的維護扮演舉足輕重的角色。而在談到正義和法制的關係時，羅爾斯（John Rawls）說：「法制是公共規章的一種強制性的制度，這些規章是為有理性的人而設的，目的是為了規範他們的行為，並為社會合作提供基礎，如果這些規章是正義的，它們就為合法期望建立了基礎。」見其所著，謝延光譯，《正義論》，上海：上海譯文出版社，1991 年，頁 257。

25. 參閱哈羅德・伯爾曼（Harold Joseph Berman）著，梁治平譯，《法律與宗教》，北京：三聯書店，1991 年，頁 85－86。

26. 西方法律思想史編寫組編，《西方法律思想史資料選編》，北京：北京大學出版社，1983 年，頁 339。

27. 監察院函，〔92 院臺司字第 0922601201 號〕。

28. Jean Baudillad, *Simulation and Simulacra*, The University of Michigan Press, 1994, p.79–81.

29. 「現實中知識分子為了個人的利益，大都投靠於政治集團或商業集團」。保羅・詹森（Johnson Paul）著，楊正潤譯，《知識分子》，南京：江蘇人民出版社，1999 年，頁 2。

法身觀

30.「每一種自殺都是某一種美德的誇張形式或變形」,「自殺是真正的美德的近親,只是過分了」。埃米爾·迪爾凱姆(即塗爾幹)(Émile Durkheim)著,馮韻文譯,《自殺論:社會學研究》,北京:商務印書館,1996年,頁253、406。

31. 劉昌元著,〈黑格爾的悲劇觀〉,頁 24 云:「人之受苦難總是有原因的,雖然我們不一定能把原因說得完全清楚。可是這不等於說所有的災難都是合理的或應該的。因果的必然性並不等於道德的合理性。而在黑格爾的論述中,這兩點似乎並無加以應有的區分。一個無辜的受難者像那些合理的受難者一樣可以給我們黑氏所謂之精神安慰或和解感,但這不是來自對命運之合理性的體認,而是來自人在這種受難中所表現的崇高精神。」載於《中外文學》,1982年,第 11 卷,第 7 期。

32. 參閱雅斯貝爾斯(Karl Jaspers)著,亦春譯,《悲劇的超越》,北京:中國工人出版社,1988年,頁 106。

33. 參閱包爾生(Friedrich Paulsen)著,何懷宏等譯,《倫理學體系》,臺北:淑馨出版社,1989年,頁 354。

34. 見其所著,蔡伸章譯,《人類之路:倫理心理學之探究》,臺北:協志工業叢書出版公司,1970年,頁 214。

35. 處於像宋七力這樣的環境之中,一般人會有三種不同的表現:消極墮落、平庸無能、人格昇華。以其一生的表現而言,足代表人格的昇華。叔本華說:「有三種類型的貴族:(1)出生和地位上的貴族。(2)財產上的貴族。(3)精神上的貴族。其中真正最高貴的是第三種,人們最終會認識到它榮居首位的資格。」見其所著,範進等譯,《勸戒與格言》,北京:西苑出版社,2003年,頁 184。毫無疑問,宋七力無疑地屬於第三種。他高風亮節的精神貴族氣質和人格,不折不扣地表現在對抗時命、時代和環境之上。

36. 參閱羅洛·梅(Rollo May)著,傅佩榮譯,《創造的勇氣》,新北市:立緒文化事業公司,2001年,頁 34-35。這種深刻的喜悅也源於宋七力對自我價值的認同。

37. 見其所著,許金聲譯,《人的潛能與價值——人本主義心理學譯文集》,北京:華夏出版社,1987年,頁 210。

38.「關懷」包括照料、照顧、看護、養育等意思,主要是對處於不利地位或相對弱勢的人或群體的一種關切和幫助。人類生活的真正存在,是對其他生物的一種掛

念的態度、認真做事情的一種觀念、最深切的真實的渴望、短暫的關注及所有屬於人類生活的負擔和痛苦。參閱 Nel Noddings, *The Challenge to Care in Schools*, New York : Teachers College Press,1992, p.15. 又 Noddings 說:「關懷意味著走出自己的個人框架(personal frame)而進入別人的框架,當我們關懷時,我們參考別人的思考角度,他的客觀需要以及他對我們的期望,我們的注意力、全神貫注在被關懷者的身上,而不是我們自己。」Nel Noddings, Caring : *Feminine Approach to Ethic and Moral Education*, Berkley, University of California Press, 2003, p.24,在西方話語中,「關懷」又表示一種「全身心投入」的狀態,即在精神上有所承擔的狀態,對某事或某人的焦慮,擔心或者掛念。體現了作為某種關係存在的人,對「關懷」渴望和需要的一種情感。肖巍以為,「關懷」有兩種基本含義:「首先,關懷與承擔是等同的,如果一個人承擔或者操心某種事態,並為之煩惱,他就是在關懷這些事情;其次,如果一個人對某人有一種欲望或者關注,他也是在關懷這個人。換句話說,如果他注意到某人的想法和利益,他就是在關懷這個人。」見其所著,《女性主義關懷倫理學》,北京:北京出版社,1999 年,頁 132。總括而言,人禽的區別,即在於人對本身的生存有一種不滿足感,總希望有一種理想的生活。這種理想的生活就是倫理學揭示的道德生活。關懷他人,關懷弱者,就是一種道德生活。參閱余衛東等著,〈倫理學何以可能?──一個人性論視角〉,載於《湖北大學學報(哲學社會科學版)》,2004 年,第 6 期,頁 649。

39. 參閱山繆爾・斯邁爾斯(Samuel Smiles)著,劉曙光等譯,《品格的力量》,新北市:立緒文化事業公司,2001 年。

40. 參閱大日宗官方網站 http://www.great-sun.org/webc/html/about/index.php (最後瀏覽日:2024 年 05 月 31 日)。

41. 參閱大日宗官方網站,連結同上。

42. 見其所著,李光榮編譯,《現象學》,重慶:重慶出版社,2006 年,頁 1-2。

43. 人類的一切實踐,尋根問底,都是為了實現作為人本質的自由。這個實現自由的過程,就是通過認識與實踐的統一達到主體與客體統一的過程。參閱王樹人著,〈論黑格爾實踐觀的合理內核〉,收錄於中國社會科學院哲學研究所編,《論康德黑格爾哲學記念文集》,上海:上海人民出版社,1981 年,頁 317。

44. 見其所著,徐文瑞譯,《偶然、反諷與團結》,北京:商務印書館,2003 年,頁 47。

45. 《本尊道全集・體用不二》，頁6。

46. 《本尊道全集・以無住為本》，頁13。《本尊道全集》是宋七力開示時所錄製的影帶，由信眾依陳炳塋提供網址 http://114.34.161.146/masterinstruct 檢索資料庫（最後瀏覽日期：2024年5月31日），編輯為文字，順序共分為上、中、下三冊，成為現今的《本尊道全集》。

47. 第一次訪談宋七力手稿，頁287。

48. 《佛經》常出現天女、寶女、童女、玉女……等，天女可以象徵吾人六根的化現供養，有時亦是菩薩本身「血、肉、筋、骨、氣、脈」的象徵化現。如在《金光明最勝王經》中，如意寶光耀天女，問修行法，釋尊開示：「依於法界，修平等行。」就以「平等行」、「菩提行」開示五蘊生法界。

49. 《本尊道全集・體用不二》，頁8。

50. 《金剛頂經》記載：如來最高悉地如來果地。「如來明妃」的意涵是指：「妃」，就是「智慧」的「慧」，「智慧明了」，法身變一個形相，用天女的模樣，肉體與我們本體的實體合一，天人合一的意思。《本尊道・法身光明》說明「實相法身與你的肉身合一」，以及「天地萬物和你肉身合一」，都是「如來明妃」。

51. 《本尊道全集・回歸本心》，頁13、14。

52. 《本尊道全集・當樂法身》，頁12。

53. 參考作者第一次訪談宋七力手稿，頁290。

54. 《本尊道全集・照見五蘊皆空》，頁8。

55. Herbert Marcuse, *Negations, Essays in Critical Theory*, Boston, Beacon Press, 1968, pp 72-73.

56. 游芳枝著，《大道之行》，臺北：唯心文化事業有限公司，2023年，頁53。

57. 《本尊道全集・以無住為本》，頁14、35、38。

58. 參閱游芳枝著，《大道之行》，頁48。

59. 《本尊道全集・至無而供其求》，頁1。

第二章 宋七力的生平及「本心」思想義理的形成

60. 《本尊道全集・當如法說》,頁 7。

61. 《本尊道全集・自然之道》,頁 2。

62. 參閱雅斯貝爾斯著,余靈靈等譯,《存在與超越——雅斯貝爾斯文集》,上海:三聯書店,1998 年,頁 209。

63. 見其所著,中共中央馬克思恩格斯列寧斯達林著作編譯局編譯,《馬克思恩格斯全集》,共 50 卷,北京:人民出版社,2016 年,卷 35,頁 350-351。

64. 《本尊道全集・涅槃即世間》,頁 21。

65. 宋七力之所以樂於引用經典,就如阿諾德(Matthew Arnold)所認為:經典是「當前世界上所能瞭解的最優秀的知識和思想」、「使我們能做到盡最大的可能接近事物之堅實的可知的規律」、「使我們能達到比現在更全面的完美境界」。見其所著,韓敏中譯,《文化與無政府狀態》,北京:三聯書店,2002 年,頁 147。可見經典是一個思想寶庫,不光可提供一個引發可能的問題和答案的發源地,而且提供不少可選擇的行為典範。

66. 《本尊道全集・自性平等》,頁 2。

67. 《本尊道全集・萬物自賓》,頁 12。

68. 引自「中國宋七力顯相協會」的公告。

69. 宋七力近日清楚地說明因票據法在服刑之時,獄中與重刑犯共房時,本心功能顯發的經驗。

70. 《法身顯相集・分化無限》,頁 374。

71. 游芳枝著,《大道之行》,頁 49。

72. 「六根」是佛教用語,指眼、耳、鼻、舌、身、意六個識根。

73. 《本尊道全集・〈般若實相〉、〈實用法身〉、〈彼岸即實相〉》皆有提及。

74. 《維摩詰不思議解脫經〈佛道品〉第八》曰:「爾時文殊師利問維摩詰言,菩薩云何通達佛道?維摩詰言,若菩薩行於非道,是為通達佛道。」

75. 宋七力著,《法身顯相集》,頁 255。

76. 見其所譯,《維摩詰所說經》。

77. 宋七力除親自介紹和解說顯相照片的功能之外,也由大日宗會員陳信堯轉述宋七力對照片功能的詮釋。

78.《本尊道全集・光明體的照見》,頁7。

79. 所謂「合一」,表示兩個方面相互有別而又密切聯繫的關係。「合一」與現代漢語中所謂「統一」是同義詞。參閱張岱年著,《中國古典哲學概念範疇要論》,北京:中華書局,2017年,頁132。

80.《本尊道全集・大道之行》,頁3。

81.《本尊道全集・大道之行》,頁4。

82.《法身顯相集・分身與放光》,頁154-165,圖1-8。

83. 宋七力著,《法身顯相集革新版》,臺北:唯心文化事業有限公司,頁153。

84. 王弼注,《老子》,臺北:臺灣中華書局,1974年,〈第二十一章〉。本論文引用《老子》的文字,皆根據此版本,只註明章數,不另加註。

85. 在《華嚴經・入法界品》第五十二參,善財童子進入了毗盧遮那如來莊嚴藏樓閣中。爾後,善財「自見其身」,又見諸寶鏡中種種形象,能見種種的世界。三世六道萬物都能從此寶鏡中照映出來,了了分明。「毗盧遮那」譯作「大日」或是「光明遍照」。入海印三昧之際,呈現「大日」形象。以光明遍照出萬物,故名「大日照明鏡」。

86. 宋七力著,《法身顯相集革新版》,頁106-109,圖108-111。頁139-151,圖146-158以及頁339-340,圖358-366。照明鏡由如來雲所形成,以瓔珞凝聚為飾,凝虛成紫實,呈現光澤與立體感;環狀聚集的摩尼寶珠為框架,鏡中反映出法身,似乎現代科學正在探討平行宇宙中的「鏡像世界」。

87.《本尊道全集・復活即法身》,頁45。

88. 參閱栗憲庭著,《重要的不是藝術》,南京:江蘇美術出版社,2000年,頁120-121。

89. 凱西爾(Ernst Cassirer)著,于曉譯,《語言與神話》,頁66曰:「神話製作形

式所反映的,不是事物的客觀特徵,而是人類實踐的形式。」北京:三聯書店,1988 年。在羅蘭‧巴特(Roland Barthes)的筆下,神話並不是人所講述的虛構、離奇的神仙鬼怪故事,而是一種有意指作用的方式或形式,它一方面保留了傳統神話的虛假性和象徵,另一方面又有現代符號學的理論,以及意識形態控制與引導的謀略。參考其所著,許薔薔等譯,《神話:大眾文化詮釋》,上海:上海人民出版社,1999 年,頁 173。「神話作為現代藝術、科學、哲學、宗教的起源,是人類精神現象的最初的,整體的表現。」榮格(Carl Gustav Jung)著,馮川等譯,《心理學與文學》,北京:三聯書店,1987 年,頁 13。

90. 宋七力著,《法身寫真集》,日本:市田印刷出版社,2009 年。

91. Sung Chi li, The Photo Collection of Dharma Body, 2010.

92. 宋七力著,《法身顯相集》,2012 年。

93. 宋七力著,《法身显相集》,臺北:圓融企業社,2010 年。

94. 詳見英文版,頁 472－479。

95. 宋七力著,《法身顯相集‧分身與放光》,頁 155、163。

96. 宋七力著,《法身顯相集‧分化無現》,頁 366。

97. 宋七力著,《法身顯相集‧分化無現》,頁 381－416。

98. 曹魏天竺三藏康僧鎧譯,《佛說無量壽經》,卷上。

第三章 宋七力所處時代的世局氛圍

任何思想家的思想皆與其所處的時代息息相關[1]，他們能敏銳地觀察出其時代的問題，並能提出可對治的方法，他們是其時代的呼聲和反動[2]。吾人可從時代的變遷以印證哲學的變遷，亦可從哲學論述的轉變模式中探求文化和時代背景的某種折射。羅素云：「哲學家們既是果，也是因。他們是他們時代的社會環境和政治制度的結果，他們（如果幸運的話）也可能是塑造後來時代的政治制度信仰的原因。」他接著說：「在真相所能容許的範圍內，我總是試圖把每一個哲學家顯示為他的環境的產物。」[3]是以對思想家作品的分析和評論，必須聯繫其思想和生平及所處時代背景，才能從兩者的關聯中，如實地「親臨現場」，捕捉其思想或文本的原貌。故思想史的中心課題，就是反映己身所處時代意識。因此，若哲學的探索，就是發現存在的首要意義，則吾人就必須深入其世局氛圍和處境來研究[4]。

面對不斷演進的歷史及世界結構的急速轉變，人必須追求一種迎合自己的思想，一種能解決人生沉重課題的看法，以臻於生活真正的理想狀態，不論是何種意義的「理想類型」，其實均必要做重新的詮釋，宋七力的思想便是如此。他身處於這個大時代中，了解自己所處時代氛圍中的際遇，更了解週遭所有人的際遇，如此，宋七力才能理解自己的經歷，並把握自身的命運[5]。宋七力對「本心」的詮釋，就是在時代的激流中，本著「知識分

子」⁶的良知和責任心，並以感憤的心情，強烈地關切所有與他同舟共濟的人，生命的最終價值和歸宿，期能對「本心」提出突破性的理論，以救時弊。

第一節　啟蒙運動的後遺症

啟蒙運動已過了兩個多世紀，作為思想史最宏偉壯觀的思想運動，它給現代思想和社會、政治秩序及個人的安身立命烙下了深刻的印記。什麼是啟蒙？哈貝馬斯（Jurgen Habermas）以為，在啟蒙的傳統中，啟蒙思想總是被理解為神話的對立面，因為啟蒙用更好論據的非強制力量來反對世代延續傳統的權威約束。神話之所以是其對立面，因為啟蒙使個體獲得了洞察力，並轉化為行為動機，從而打破了集體力量的束縛[7]。

實際上，過去兩百多年間，與啟蒙相伴而衍生的是錯綜複雜的歷史性效應。啟蒙運動中有兩個詞非常重要，一個是「理性」，一個是「自由」。前者為凱西爾所強調，後者為彼德・蓋伊（Peter Gay）所強調。若要用一個詞來代表啟蒙精神的話，凱西爾認為，那就是「理性，因為『理性』成為18世紀的彙聚點和中心，它表達了該世紀所追求並為之奮鬥的一切，表達了該世紀取得的一切成就」。[8]彼德・蓋伊則說：

啟蒙人士統一在一個雄心勃勃的綱領之下。這是一個提倡世俗主義、人道、世界主義，尤其自由的綱領。這裡說的自由包括許多具體形式：如免於專橫權力、言論自由、貿易自由、發揮自己才能的自由、審美的自由，總之，一個有道德的人，在世界上是自行其是的自由[9]。

把兩者對啟蒙的理解結合起來而言，啟蒙有兩個面向，理性表達了啟蒙的理智和認知理想，自由表達了規範與政治理想。這兩方面又統整在「進步」這個更高的概念之中。凱西爾說：「大概沒有哪一個世界，像啟蒙世紀那樣，自始至終地信奉理智的進步的觀點。」[10] 因此，隨著自然科學的進步，人類的道德和政治的知識也取得進步，這種進步將人類帶入啟蒙運動所追求的社會完美而幸福的狀態。遺憾的是，今天這種關於理智的啟蒙，必然使社會進步的信念瓦解。許多人相信，現代人性的墮落多少都和社會進步有關。

啟蒙既給人類帶來科學與理性、自由，也夾雜著剝削與異化、殖民與戰爭、種族主義與大屠殺。當今對啟蒙有兩種典型的思考方式，有一種觀點認為我們對傳統，不要去看它過去優良的面向，而是要看最近低劣的面向。誠如霍克海默（Max Horkheimer）等人所言：「我們並不懷疑，社會中的自由與啟蒙思想密不可分。但是，我們認為，我們同樣也清楚地認識到，啟蒙思想的概念本身已經包含著今天隨

處可見的倒退萌芽。」[11]這種思考方式將把目光放在啟蒙的否定方面，即人從光明中看到黑暗，從文明中看到野蠻，從進步中看到退步，從自由中看到奴役。這些現代性本身的反面特徵經過了十九世紀的充分發展，才漸漸露出其真實的面孔。

到了二十世紀初期，當現代性的生活出現了根本性的總危機，市場的規則和理性的計算侵入了人的日常生活，極端性的後果，就是在兩次世界大戰的爆發和極權國家的出現時，人才真正認識到現代性本身所蘊含的深層困難[12]。霍克海默等進一步指出：「從進步思想最廣泛的意義來看，歷來啟蒙的目的都是使人們擺脫恐懼，成為主人。但是完全受到啟蒙的世界卻充滿著巨大的不幸。」[13]這就像馬歇爾‧博曼（Marshall Berman）所云：

> 所謂現代性，就是發現我們自己身處一種環境之中，這種環境允許我們去歷險，去獲得權力、快樂和成長，去改變我們自己和世界，但與此同時它又威脅要摧毀我們擁有的一切，摧毀我們所知的一切，摧毀我們表現出來的一切。現代的環境和經驗直接跨越了一切地理的和民族的、階級的和國籍的、宗教的和意識形態的界限：在這個意義上，可以說現代性把全人類都統一到了一起。但這是一個含有悖論的統一，一個不統一的統一：它將我們所有的人都倒進了一個不斷崩潰與更新、鬥爭與衝突、模棱兩可與痛苦的大漩渦[14]。

其實,黑格爾對個人主義和權利至上的自由主義意識形態局限性的批判。在他那裡已經開始了。他明確批判啟蒙思想家道德視野的狹隘性。啟蒙運動把功利原則絕對化,根據有用性來衡量一切,黑格爾提到:「凡是我們稱為美德的東西,總之一切行動、法律、正義,全都僅僅以愛己、利己為基礎,並且是消融於其中的。這個原則是片面的,雖然自我是一個重要環節。」[15]黑格爾強調,雖然對物的有用性的確有其積極性,但它只是人與物關係的一個必要的環節,並非唯一的環節[16]。因此,人需要超越啟蒙的狹隘物質主義,才能對生活有更合理的理解。如果以財產權作為資本主義私法的秩序,則使人與人的相互關係停留在極低的水準中,無法使社會成為一個有機的互惠整體,也使社會停留在不堪設想的水準中。

二十世紀是一個全面反理性的世紀。如果說,存在主義彰顯了實體主義的紕漏,意志哲學則率先在現代宣告了理性主義的虛妄,開了非理性主義的先河。尼采即指出,知識不是人最高的目標,理性主義的知識論必然消解掉人的生命意志。他堅決地主張,理性就是埋葬生命最危險的暴力[17]。

實則,生命意志才正是人的本質,超越理性之上的「酒神」精神才是人性最深刻的表露。叔本華、尼采等哲學家的出現,標示著理性主義的危機已然降臨。現代哲學宣告了理性的蒼白和破產,也喻示理性是無所不能的論調是空穴來風的。現代哲學指

出，理性主義強調認知理性的功用效能，是一種工具理性，而工具理性是物質世界，必然異化了的客觀力量。在那裡，生命世界、意義世界和價值世界在基本上皆沒有立足的餘地。

理性主義把人的精神和靈魂從哲學中驅趕了出來，使人類不能成為精神主人，喪失自我生存的內在根基，淪為無根的精神飄泊者。世界變成了一個完全沒有生命物質組成的冷冰冰的世界，失去生命的樂趣和自由，而單面化。

現代人所面臨的生態危機就是因這種空洞的理性造成的[18]。現代哲學把人的價值和命運以十分尖銳的形式突顯出來。面對人類悲涼的處境，因此，不頻頻地放棄理性，世界就不會進步[19]。

此後的現代哲學更尖銳地向理性的合法性提出質疑，認為理性本身不足以成為一種哲學中通行無阻的利器。理性的特點在於尋求包羅萬象的普遍形式，並把個別的東西歸於一般，且從一般的規則推演出來。理性哲學認為，普遍性、同一性高於特殊性、多樣性，並主張以普遍性壓制特殊性、以同一性犧牲多樣性。結果，活生生的人變成了食古不化的概念，理性的普遍性成了壓在人身上的沉重負擔和獨特的巨大威脅。

其次，啟蒙的主導理解形式並非完美無缺，它不僅對理智啟蒙和規範啟蒙的認識有片面性，而且相信兩者是天然統一，並且是相互促進的。實際上，啟蒙的理智層面把自然科學視為一切知

識的典範，認為科學不僅必然造福人類，而且為人類知識提供了普遍標準和唯一正確的方法，顯然包含一種片面的科學主義偏見。在規範層面上，啟蒙受資產階級世界觀影響，把從孤立的單獨個體作為理性和自由的唯一主體，把個人的抽象權利和私有財產權作為所有社會秩序的規範基礎，顯然也帶有自由主義的偏見。

最重要的是，經典的啟蒙思想家認為理性與自由、理智啟蒙與規範啟蒙是天然和諧的，但他們沒有認識到它們之間不僅存在張力，而且相互矛盾和衝突。「知識分子之死」的根源在於以往對知識合法性的論證已過時，因為在不同境遇下對知識合法性的理解有了根本的變化。

在「後現代」[20]的狀態中，知識以「資訊」的形式出現，並且正在無止境地擴充和膨脹。「知識不再以知識本身為最高目的，知識失去了它的『傳統價值』」[21]，它已經變成了為人隨意消磨的消費物件。總而言之，啟蒙運動在理智上代表著一種人類知識進步的理性主義理想，在政治上體現了以個人自由為基礎的平等主義理念，在這裡，理性和科學的理智訴求與自由和平等的規範政治訴求相互依賴，並相互促進。

然而，在今天，我們仍然需要堅持理智啟蒙的知識和合理性理想，但我們需要區分科學精神與科學主義的異同。科學精神就

其本身來說是平允的，若把自然科學的方法擴充到一切的知識領域，則不僅會陷入實證主義和科學意識形態中，而且會引發價值和意義的喪失。其實，理性是多種知識的統一，其中包含客觀知識、道德實踐知識和個人自主性的知識等，只有當這些知識透過本心的反省後運用於各自的領域之間，並在現實中形成道德的聯繫時，啟蒙才不會走向工具理性和自我毀滅的路途上。啟蒙理性所建構的「人間天堂」似乎在距離現實越走越近的同時又正在漸行漸遠。盧梭即云：「理性欺騙我們的時候是太多了，我們有充分的權利對它表示懷疑；良心從來沒有欺騙過我們，它是人類的真正的嚮導。」[22]因為我們的本心是萬無一失的善惡評判者，它之所以能激勵人，正由於存在這樣一種根據自己和同類的雙重關係而形成的一系列道德[23]。因此；簡單地說，按照本心去做，就用不著害怕迷失人生的方向。

在後現代幽靈已來臨的時代，宋七力重提「本心」思想的義理，或許還是有意義的。因為毫無疑問，「本心」必然是拯救現代理性之弊的良方之一。

法身觀

第二節　科技猛進、精神倒退、心靈枯竭

　　至少從二十世紀初，西方對人類普遍進步的觀念、原則的信心逐漸減退了。這種可能的，或是非常可能的和必要的進步觀念只是植根於一個信念：藝術、技術、知識、自由的發展，將會給整個人類帶來不少的好處[24]。可是科學技術的進步已成為一種令人深感不安的引信，隨時帶給人類莫大的危機[25]。資本主義通過把科學技術專利化和產權化，使之成為對金錢、權力和新奇事物孜孜以求的無窮欲望。

　　原先人對它投以的巨大希望已逐漸變幻化成泡影。高度發達的科學技術並沒有帶來一個美好的時代，倒是任由生活總體在破碎後，轉變為由狹隘的專業知識接管的獨立領域。科學技術的意識形態更加劇對人的統治。在科學技術理性主義支配下，人期待科學技術的發展能把一切問題都解決。國家則利用科學技術在人心中的統治地位，獲得了政治上的穩定性。因為國家可以利用科學技術的發現和創新，將政治問題變成容易為大眾所接受的技術問題，通過科學技術的開發利用，頻頻製造和推出新的科技產品，不斷「製造」虛假的需求，以滿足人的文化心理，消解人對社會的不滿、不安和批判意識。

　　科學技術充當意識形態的角色比以往靠暴力、權力、金錢實現政治統治更具有欺騙性，換句話說，科學技術也搖身一變，成

為一種滲入非政治化的人民大眾的意識之中的隱蔽的意識形態，在其中，它擔負了能促使合法化的力量源泉[26]。另外，科學技術與政治的聯合使人類命運受到嚴重威脅。兩次世界大戰、軍備競賽、高科技武器已使人類蒙上一層樹瘦陰霾。

在技術世界中，價值等級完全按照利益的原則來規定，經濟的增長與財富的累積，不僅是人類生活的必要條件，而且也是生活的最高目標。這即是雅斯貝爾斯所云：「由於我們的時代尚未充分意識到自己真正想要的是什麼，所以，目的上的功利主義就佔據了統治地位。」[27]人被從功利的角度來看待自身的精神性顯然人自身的精神性被削弱了，人只變成了人之外的實現經濟目標的工具，他只是生產過程中的功能。

這樣一來，政治、經濟、科學技術等各個領域由於失去了任何更高的道德規律和精神原則而獨立發展，人日益成為各個獨立領域的奴隸，這些領域都不服從人的精神。人因喪失了精神中心而導致局部性的單獨個體，想要獲得極權地位，反成為整體性，人主動性的各個領域的獨立性已蕩然無存。科學、政治就開始表明這種野心了[28]。

更重要的是技術與極權地位的結合，技術本身不承認任何高於其上的原則，技術作為一個越來越獨立的領域，把人類的生活從以往由精神規定的有機生活轉變為由技術規定的有組織、被支

配的生活。在這樣的境況下，人的悲劇就在於被迫生活在自然的、客觀化的秩序之中，在這樣客體化的世界中人無法克服孤獨、實現自己的個性，一切意義皆付之東流而顯得荒誕不經。故宋七力一生竭力地證明「本心」的顯發，他強調中國哲學所謂的「顯體發用」，「體用不二」，正是中國哲學「天人合一」的思想，這不僅能使人自由地實現自己的個性、理想，平順地重拾崇高的人生意義與價值，而且實有「承先啟後」、「繼往開來」的時代意義。

現代客體化工業以機械複製和大量生產，令文化市場豐富到極限，不光滿足了大眾文化消費的需要，同時造成對主體的缺席，也就是自我的失落和意義虛無的事實。主體的缺席後，商業追求壓制人文關懷、技術原則摧毀獨創精神的文化危機。隨著商業化和技術對社會人性觀念的削弱，奠基於人性觀念的道德的自律性和個人精神的提高，就雙雙喪失了力量而被取消。因為由技術導致社會變遷往往是不具有計劃的，一旦發明一項新技術，一般來說，人就不會顧其在道德和社會方面的重大潛在影響而去利用這種新技術[29]。斯蒂格勒（Bernard Stiegler）揭示了存在於當前科學技術中的一個悖論，他指出：「技術既是人類自身的力量也是人類自我毀滅的力量。」[30]

馬克思則以為，在我們這個時代中，每一種事物好像都包含

有自己的反面,技術的勝利,似乎是以道德的敗壞作為代價換來的[31]。奧特弗利德·赫費(Otfried Höffe)也認為:「科學的研究越現代化,不光越深入地進到物質的基石中,而且滲透到生命的基因中,就越嚴重地出現道德的可錯性。」[32]據此可知,若理性只關心手段而非目的,則會導致價值變為權力[33],其結果反而使理性萎縮成「工具理性」,造成技術凌駕目的之鬧劇。

在現代社會之中,物質文明越來越發達,技術對人的生活和精神的威脅也越來越明顯和嚴重,與此同時造成了物對人的統治,人被異化為單向度的「人」。難怪尼采大加批評云:「技術只能在物件領域中確證有關『真』的知識,無法進入人的信仰世界,機械的世界本質上是一個無意義的世界。」[34]人廣泛地感到社會的存在是毫無意義的、人的未來亦無前途可言;人自身軟弱無力,甚至覺得自己好像生活在一個充斥敵意的世界中,完全失去了安全感,連在自己的家裡也都沒有踏實感、滿足感,人只能坐以待斃了[35]。

當今隨著科技的發展,工具理性與價值理性之間的張力失衡、逐漸吞噬價值理性,個人在沉浸、滿足於物質豐富的喜悅中時,「本心」在公共領域中,已經被排擠到極邊緣的位置。正如瑪律庫塞所指出:「在幸福意識的領域裡,沒有任何內疚感,算計喪失了道德心。當整體危若累卵時,唯一的罪惡就是反對整體或不維護整體。罪惡、過失和

內疚感成了一種私事。」[36]又如霍克海默等所批判的，任何不符合算計和實用規則的東西都是值得懷疑的，在通往現代科學的路途上，人放棄了任何對意義和價值的探究，他們運用公式代替概念，用規則和概率代替原因和動機[37]。在此，形式邏輯就成了統一科學的大學校，思想成了對世界的算計，而所謂正義、平等、幸福、寬容等，所有這些以前被假設為理性固有的或由理性來認可的概念，已經喪失了它們本來的思想淵源[38]。

現代技術哲學家埃呂爾（Jacques Ellul）認為：機器或技術像一個不速之客闖入了我們的社會，使得人類不得不盡力承受機器所造成的重大壓力，這樣就產生了我們生活在其中的非人性化的社會。因為技術將一切融合在一起與人結為一體，成為人的本質。這一切都是技術自主的結果。可惜技術具有的自主性，反而使現代人不但不能選擇自己的命運，甚至不能選擇自己的手段[39]。

阿恩‧內斯（Arne Naess）亦認為，現代技術是被普遍認為具有自律性與進步的特性，但「純粹的技術進步」其實是一種迷思，技術的發展必須配合時空條件，「進步」概念也具有時代、社會、文化脈絡意義。技術的發展其實是整個社會進展的部分。在社會人類學與相關領域研究中，有許多具啟示性的例子顯示出意識形態，甚至宗教因素對技術改變方向的影響[40]。隨著科技的發展，人也有了更好的生活條件和更長的壽命。

但正如布拉格（Rémi Brague）在《人的王國》中所指出：「人類所有現代化的努力都存在自我毀滅的傾向，也都必然失敗。」[41]盧梭亦深有同感，他沉痛地明言，我們的靈魂正隨著科學和藝術之臻於完美而越發腐敗，隨著科學與藝術的光芒在我們的地平線中躍升時，德行也隨之消逝了[42]。對於後現代的到來，詹明信（Fredric Jameson）認為還有一個不可忽略的環節，那就是對技術上的依賴。他說：「後現代人已經被這種高度發展的新的技術搞得心醉神迷，因此，當前像對電腦和資訊處理機之類的新技術的狂熱追求和迷戀，對我們所說的文化邏輯來說就遠不是外部的了。」[43]資訊技術的發展給人帶來了生產、生活方式的變化，也改變了人對世界的認知方式與溝通方式，虛擬經濟、電子商務與政務、網路支付等都使人生活在一個虛擬的影像世界裡。

詹明信提到現代社會空間完全浸透了影像文化，這就是真正的形象社會時期，在這個社會中，人類主體每天都面臨無數個形象的轟炸[44]。早期的基督教徒宣揚說，一旦到了天堂，人的靈魂將不再受限於軀殼的無常與缺點，今天的電腦信徒則歌詠說，人的自我將完全擺脫物質體現所構造的侷限[45]，這兩種相對而立的意見，就是現代人所必須面對的難題。虛擬空間雖然是由物質所構成，但其運作超脫了物質、肉體的侷限，讓人體驗到一種新世紀的自由。

法身觀

　　當然，只要登錄帳號便能進入虛擬空間，然而要從均質的狀態中體驗到「世界」的感受，就是要沉浸其中，暫時擱置虛實大小的全面觀照，從抽離的操控者，心神投注為虛擬世界中的一員。天空猶如是一張 IC 板，沉浸在虛擬的情境。但暫時停止運作的、對虛實大小的觀照終究會再度運作，或因為心理的饜足感，或因為擱置在現實世界的肉體，以其實質的需求將心神從虛擬的世界中拉回，虛實之間的情境落差，血肉之軀操控著虛擬角色，正如超越的存在操控著血肉之軀，形成多重存在的辯證，現實與真實未必相等，從螢幕上反射出自我的臉孔，「我是誰？」這個古老的命題在繞了一大圈之後再度浮現，只是換了發問的方式，人不得不再度展開漫長而艱辛的追尋[46]。人類本身就是如此無助、無奈！

　　現代通訊可以橫渡所有界線，侵入和破壞極端與獨裁的系統，顛覆一切政治性、文化性與教會性的霸權，但亦可跨越一切界線，夷平所有傳統，破壞一切群體，剝奪人使用良知的自覺。就是此種深層、侵蝕性與彌漫性的力量，將所有生命變為瑣屑、時間變為空虛，並排除一切的差異排他性。

　　當過度信奉現代科學、科技與工業化，使現代人時時刻刻皆深陷在空虛、孤獨，苦悶的空間中而難以自拔，這既剝奪了人性，也令人所有的盼望皆變得空泛而不切實際，更失去了抵抗力。因此，現代的消費主義是一種對個人靈魂與傳統精神的殘酷折磨

。用廚川白村（Kuriyagawa Hakuson）的話來說，就是：「以自然科學為根底的近代文明，排斥了所有理想，破壞了道德標準、動搖了宗教信仰。由是愈發呈現動搖不安的情調，到處遍聞厭世悲觀之聲，普遍流露懷疑苦悶的現象。」[47]

詹明信還指出：「隨之主體之去，現代主義論述中有關獨特『風格』的概念也逐漸引退。」[48]主體死亡了，想像力也就隨之死亡了，也就談不上什麼創造力、個人風格了。在這個世界裡，風格的創新已煙消雲散，剩下來的，僅僅是模仿失去生命力的風格。人人透過面具，以想像中博物館裡的風格的聲音來重複講話[49]。大眾文化沒有獨特的個人風格，主體或自我死亡了，與之有關的一切，包括所謂的「情感」就無所寄託，自然也就不能存在了[50]。後現代大眾文化「削平深度」、「拒絕闡釋」，其作品一看就懂，追求即時消費和當下享樂。

後現代文化接受者不願思考，也不需思考，只求快感與麻醉。日常生活被經濟利益所控制，商品廣告通過電視在每個家庭裡氾濫成災，人在符號和資訊的不斷膨脹中喪失人與人之間真正的交往、溝通，個體日益遠離社會，同時與群體越來越疏離，人的主體性和超越性嚴重地被削弱，因而維護了資本主義消費控制的官僚社會。

隨著社會的發展，我們所消費的物件，不再是具有過去意義上的物性的物件，它們已經變成了被廣告和宣傳等創造出來的意象，列斐伏爾（Henri Lefebvre）認為：「消費物不僅被符號和『美德』所美化，以致它們成為消費物的所指，而且消費基本上同這些符號相關連。」[51]更可怕的是，大眾文化不斷地腐蝕人心和道德，純粹為商業而製作，藝術由自律變為他律，作為全自律空間的文化已黯然失色，文化本身落入塵世、成為世俗化[52]。

　　隨著經濟技術和物質財富絕對量的增加、消費型社會之後，資本主義必然取代生產型社會，必然會邁上經濟至上、科技至上的不歸路，因而勢必出現經濟、科技與精神、人文的對立或對抗，為什麼會出現如此的窘境？丹尼爾‧貝爾（Daniel Bell）認為：「由於資本主義精神中相互制約的兩個基因只剩下了一個，即『經濟衝動力』。而另一個至關重要的抑制因素——『宗教衝動力』，已被科技和經濟的迅猛發展耗盡了能量。」[53]

　　熊十力說：「今日的人類，漸入自毀之途，此為科學文明一意向外追逐，不知返本求己，不知自適天性，所必有之結果，吾意欲救人類，非昌明東方學術不可。」[54]唐君毅在反思「現代性」的後果時說：「神聖之事業，亦成為撒旦之事業。這即是西洋文化發展至最近一二百年，所產生之一大漩流。……全世界的人們，浮沉在此大漩流中，而掙扎、而呼號、而沒頂漂流。此

是現代人類所遭遇之一大悲劇。」[55]徐復觀也指出：

> 現代特性之一，因科學、技術的飛躍進展，及國際關連的特別密切，使歷史演進的速度，遠非過去任何時代可比；關於人自身問題的看法，也像萬花筒樣地令人目光撩亂。最主要的是表現在西方傳統價值系統的崩潰，因而有不少人主張只有科學、技術的問題，沒有價值的問題；事實上則是以反價值的東西來代替人生價值。[56]

可知當今的世界，人一方面享用「現代化」帶來的空前便捷和舒適，但同時被這種「現代化」的異化壓迫得喘不過氣來。人已陷入外部環境日趨惡化和內心空虛、煩悶、恐懼等多重壓力之中；他們對於自身已不抱有什麼奢望，不再有鼓舞人心的宏大藍圖。在這種心的支配下，人人只有一種不悲不喜的空虛。「現代性」確實已產生了稱為「啟蒙心態」的弊病，其發展使人類無法避免滋生「人類中心主義」[57]與「科學主義」等負面作用，故化解「啟蒙心態」是事不宜遲的。

總而言之，追溯「現代化」的思想根源，可以看到與「現代化」相聯繫的思想，恰恰是源於古希臘的形而上學，即訴諸邏輯概念抽象的思維理性，也可稱為科學思維理性。這種思維伴隨「現代化」的凱歌前進同時，也使之走向異化，在現時代的理性至上、科學萬能和人類中心主義的思想趨向。這是人心無限向外

索求而對回歸「本心」懵懂無知的表現。由此可知，傳統思想文化的回歸，也是人類思想在理性至上、科學萬能和「人類中心主義」的迷失中出現的某種覺醒和轉向[58]。

宋七力從人類的過去，以及現在與未來的發展，也認為在科學、技術之外，還要以中國傳統思想文化中的「本心」思想來開創人類最終的價值，並安頓自己的生命。因為傳統文化具有延續性，它在時間的綿延上具有巨大的慣性[59]。宋七力就是站在這「傳統文化綿延上」詮釋「本心」思想的義理，為人類開創永恆的價值。

第三節　金錢掛帥、物欲高漲、人心不古

在西方社會的現代化進程中，人對財富的渴望和追求達到了前所未有的程度，金錢成了一切事物圍繞的中心，消費成了衡量人的價值的標準。在這個追求物質的社會中，生活的中心就是對金錢、榮譽和權力的熱烈追求[60]。消費從以往的生活手段變成了一種時代潮流、一種生活方式，不僅滲透於社會生活的各個方面，而且成為一種普遍的心理享受和經常性的文化活動，但消費不僅僅是，甚至主要不是為了滿足消費者生理上的物質性需要和經常性的文化活動，而是滿足了其品味、虛榮、炫耀等心理需要。

因此，在消費的社會中，需要被別人認同和尊重，每每是通過消費表現出來的。購買東西變成既是自尊的一種證明，又是一種被社會大眾接受的方式[61]。羅素即言：

> 對於金錢的崇拜，是一種信仰，認為一切價值都要用金錢來衡量，金錢是人生成功與否的最後的考驗，多數的男女嘴裡不說，事實上都有這種信仰，然而這和人的本性並不一致。因它忽視了生命的需要，也忽視了對於某些特殊的生長的本能的傾向。它使人認為和取得金錢相反的願望是不重要的，而這些願望，一般說來，對於人的幸福比收入的增加更為重要。它從一種錯誤的關於成功的理論，引導人殘害自己的本性，並且使人羨慕那些對人類幸福毫無補益的事業。它促使人們的品格和目標趨於完全一致，降低了人生的愉快，增加了緊張與繁重的感覺，使整個社會變成厭倦、消極和缺乏幻想[62]。

又馬克思認為：「金錢貶低了人所崇奉的一切神，並把一切神都變成商品。金錢是一切事物普遍的獨立自在的價值。因此，它剝奪了整個世界——人的世界和自然界固有的價值。金錢是人的勞動和人之存在的相異化的本質；這種異己的本質統治了人，而人則向它頂禮膜拜。」[63]由此可想而知，大多數的現代人在生命的大部分時間裡，都必須把賺錢當作首要的

追求目標。由此，他們認為生活中的所有幸福和所有最終滿足，都與擁有一定數量的金錢緊密地聯繫在一起。在其內心中，貨幣從一種純粹的手段和前提條件之下，成長為最終的目的。只要達到了這個目的，就會出現極度的無聊和失望，目標為手段所遮蔽，是所有較高程度文明的一個主要特徵和重要問題[64]。

佛洛伊德（Sigmund Freud）更直接地點出：「為自己追求權力、成功和財富，並且羨慕別人擁有這些東西，他們低估了自己生活的真正價值。」[65]近代哲學中的人是外在化、物欲化、世俗化之人，是無盡的佔有欲的奴隸，此種原子式個人因擁有普遍人性而再無個性和創造。因此，把金錢的價值歸結為成功、福利和物質享受的社會。在這社會中，它能留給真正的藝術、人生的理想、卡萊爾所謂的英雄和尼采所謂的超人的地盤就微乎其微了[66]。利益之所以逐步縮減為一種特定的愛財激情，是因為這種激情蘊含恆常性、頑固性、同一性、持久性和普遍性，絕不因時因人而異。特別有趣的是，對於金錢的永無止境的熱愛及「死而後已」，似乎成為世人的金科玉律。顯而易見，二十世紀的社會雖然越來越富有，但人類的精神越來越貧瘠，彷彿大家什麼都有，就是缺乏靈魂。人使自己變成了東西，而讓人生變成財物的附庸，「生活」也成了「擁有」的部屬。大家關心的不再是「人的完美」，而是「物的極致」[67]。

據上述可知，人若越追求金錢、物欲、名利、權力等叢林怪

獸，就會離幸福越遠。西美爾認為：「金錢是一種新的歷史經驗一種新的社會形式，它產生了一種獨特的壓力和焦慮，引出了新的災難和歡樂。」[68] 叔本華則說：「金錢，是人類抽象的幸福。所以，一心撲在錢眼裡的人，不可能有具體的幸福。」[69] 雖然金錢能建立起陌生人之間共通的信任，但是人信任的並非人類、社群或是某些神聖的價值觀，而是金錢本身以及背後那套沒有人性的系統，人不信任陌生人，只信任自己手上金錢的數字。沒有金錢，就沒有信任。等到金錢滲透而衝垮了社會、宗教和國家所築成的大壩時，世界就成了巨大而無情的市場[70]。故這種信任的濫用只會導致災難性的結果，甚至促使人類快速地走向毀滅。馬克思亦指出：「財產，是跟人的精神要素相對立的一種自然的、無精神內容的要素，金錢，外在化了的空洞抽象物，就成了世界的統治者。人已經不再是人的奴隸，而變成了物的奴隸，人的關係的顛倒完成了。」[71]

西美爾強調，在現代社會，金錢和貨幣從一種單純的手段和前提條件之下，內在化成長為一種最終的目的。然而這兩者只是通往最終價值的橋樑，而人類是不能居住在這座快將四分五裂之橋上的[72]。當金錢成為人生活的「絕對的手段」時，在他們的心理上，它就成了「絕對的目的」，可惜金錢及其佔有終究不是人生的全部，更不是人生的全部目的。當金錢在人心中高到不合理的位置，世界就豆剖瓜分了。

物質主義主張把人的精神需求化約為物質需求，其實物質是從人的自然本性出發，把人的生理本能需要的滿足看成是人生的唯一、最高的追求。認為人活著就是要追求個人的物質生活享受，這樣勢必造成對人生目的極大的扭曲和誤讀。佛洛姆指出：「現代人相信自己是受自私動機的驅使，而實際上他生命的目的卻並非他自己。」[73]儘管現代社會結構使人越來越獨立、自主，卻斷絕了個人與他人內在情感的天然紐帶，使個人陷入越來越孤立、無助和恐懼的無明狀態中[74]。現代性問題的焦點，在於人生存意義的問題，這個問題的背後，就是道德文化的危機：生存的孤獨感和虛無感，並不光是源於個體與他人的分離，「而是與實踐一種圓滿愜意的存在經驗所必須的道德源泉的分離」。[75]

人的正常生活和人生價值的實現，固然需要物質享受，這是實現人生價值的前提，但自我價值和個人享受，絕不是生活的歸宿和唯一目標。然而，物質主義者為了所謂的「人生價值」、「人生成敗」，不惜挖空心思、費盡心思，毫不顧及人格尊嚴、廉恥榮辱和品格節操。視金錢、財富為神物，而人卻根本異化得不像人。實際上，人的幸福不在於個人的享受，而在於自身的完美和全人類的幸福。顯然，只關心物質享受和扭曲欲望的滿足，卻不關心「該不該」的物質享樂主義，必然走向價值迷失和主體的自我封閉[76]。戈德曼（Lucien Goldmann），認為，人在有限的範圍內尋求滿足無限的個人欲望，就注定如黑格爾所提出的「不快樂意

識」一樣，注定走向永久的消極和毀滅之路──死亡[77]。

　　現代物質文明的發展日新月異，人的精神構圖更是複雜。時代演變的文明只是令人的欲望一發不可收拾。當人在欲望的驅使之下疲於奔命，在迷失的路途之上愈來愈背離自然的人性。但在此同時，欲望有條件地被壓抑，更使人的精神幾乎陷入一片錯亂之中；世紀更迭和千年交替的雙重變奏，既給人類帶來莫大的激勵，也帶給人類種種的悲劇，社會的轉變，與人期望的「理想國」實有雲龍井蛙之別[78]。故宋七力重提「本心」的重要，這是他認清「本心」的回歸，實為現今刻不容緩的要務。

　　未來世紀在語言方面，根據最佳表現對無限的欲望進行投資。與作為社會契約的全部內涵的語言相比，金錢只是語言的一個可以進行說明、支付和信用以及對時空的差異進行有效利用。因此，把無限的欲望放在語言裡的投資，必然破壞社會生活中富有生命力的創造本身的穩定性[79]。

　　自工業革命以來，人類在鬥爭中逐漸占上風，人擁有的物質生產能力和物質財富越來越多。在當代發達工業社會，匱乏已不存在時，人類生存問題基本上解決了，但是匱乏的消除並沒有使壓抑消除，發達的工業社會為了維持自身的統治利益，繼續對人實行不合理的壓抑。這種基於社會統治利益的壓抑是不合理的，瑪律庫塞稱之為「額外壓抑」。他說：「在被壓抑人格的總結構內，額外

壓抑是為特定的統治利益而維持的特定社會條件的結果。」[80]根本原因在於擺脫傳統文化束縛後，現代人反而被現代經濟、政治和文化所壓制和強迫，永不饜足地追求物質財富而無法自制！猶如施韋澤（Albert Schweitzer）所說：「現代人就像一隻漏了氣的皮球，總是保持著外力讓它成為的樣子整體，支配著現代人。」[81]

現代人普遍認為只有不斷地向外擴張、追求和支配，帶來實際的物質利益，才能彰顯、證明和實現自身的「內在價值」。然而，不合情理的是，每個人越以此突顯自己，越感受不到自身存在的「內在價值」和意義，乃至內心生活空虛與無聊。「現代性」在「祛魅」後，便處於一種無家可歸的景況。人陷於物欲層面上的飄蕩，代表著時代精神的墮落，這自然是十分可悲可嘆的。

「現代性」，尤其質疑作為生命意義終極價值的基督教，及爾後強調以意識、語言為中心的近代哲學與科學，也無法作為人心靈安頓的憑藉，更遺忘了人自身存在的真正價值[82]。就如托爾尼烏斯（Cornelius Nepos）也以為：我們的時代是被物質生活統治的，收益就是我們今天社會的出發點和歸宿，這種對物質生活持續不斷地關注，及永無休止的貪婪，就賦予生活以一種機械式的節奏，沒有絲毫價值可言。人就只能在感覺主義之中找尋出路了[83]。難怪宋七力他明示世人，應順著「本心」對價值理序的明察照見，以回應人存在的價值。

當代社會已經告別貧乏的社會,而步入的消費社會,只是一個物品豐盛的、失序的,並由大眾傳播媒體竭力支撐的惡魔般的世界,它無時無刻皆威脅著我們每一個人[84]。這就為縱欲無度的消費主義肆虐,奠定了物質基礎。

當代嚴酷的現實表明,人類的生產和交往實踐日益脫離文化滋養和價值的牽引,越走越偏離正軌,在新媒體的推波助瀾之下的物質消費主義,造成了極端消費,過度消費、瘋狂享樂的氛圍,而生活的物化、價值的虛無化,使生活的意義則趨向「短視、狹隘」的「片面化生存」,這是不爭的冷酷現實[85]。

人類沒有了家園,只能冷冰冰地面對無情的客觀世界。法國還原論的生物學家雅克‧莫諾(Jacques Lucien Monod)認為,現代科學的主要模式,在深刻的人類精神需求和價值觀面前是無能為力的,那麼人最終必須從其千百年的夢想中覺醒。只有這樣,才能認識到他是完全孤獨的、無助的、虛無的。至此,他才最終真正認識到自身像一個吉普賽人,生活在一個異化的世界邊緣。這個世界聽不到他的音樂,無論對於他的希望,還是痛苦或罪惡,這個世界都無動於衷[86]。

由上述的專家和學者所大聲疾呼,便可知道,愛好永恆、無限的東西,才可培養我們的心靈,使我們經常感到歡欣和愉快,不會受到苦惱的侵襲。因此,永恆、無限的東西最值得我們用全

法身觀

力去追求、探尋[87]。

　　歸根究底，所有心靈的煩擾皆起於變幻無常的財富與權力，亦繫於我們所貪愛的事物的性質上。現實世界既能滿足「本我」無休無止的欲求，幸福因此或多或少地與我們擦身而過。與此同時，「本我」並不考慮安危，更不會因現實的限制而減少欲求，欲求的不滿足又會導致各種身心的痛苦、精神沉淪，因而生命毫無生機和幸福可言。人活著，就單像一個「活死人」而已。在這種嚴酷的世局氛圍中，如何使自己在面對無可奈何的現實生活中允當地安身立命，能夠有所為及有所不為，使生活顯得依然有意義，進而使自己平靜而愉快地生活下去，這是知識分子普遍面臨的考驗及最現實和迫切的問題[88]。

　　宋七力對「本心」義理的詮釋即旨在探索、反省人類生命的根源、價值、意義以及落實他對生命的終極關懷，以匡正時弊，故宋七力對「本心」思想義理特加詮釋，意義深邃悠遠，他明示大日宗創立的宗旨就在於：「在這個迷失的年代，『本心』隨著時代而失落，以致精神沉淪，沮喪、徬徨等。失去了生命的依歸，難以恢復本來面目。因此，人人必須『即時豁然，還歸本心』。」於此可知其用心良苦！故宋七力「本心」思想義理的價值觀和信念是有其所本的。他對當今世人的心靈產生重要的催化作用，不僅能革新人安身立命的方法，同時為現今社會和文化的發展，鋪設了一條康莊大道[89]。

第三章 宋七力所處時代的世局氛圍

【註釋】：

1. 徐復觀著，《中國思想史論集》，頁 133 曰：「古人與人自身有關的思想，都是適應於他當時社會的某種要求，也受到當時社會各種條件的制約。社會環境是變的，我們只能先從某一思想家所處的社會環境中去瞭解他的思想，估計他的思想價值。」

2. 黑格爾說：「就個人來說，每個人都是他那時代的產兒。哲學也是這樣，它是被把握在思想中的它的時代。妄想一種哲學可以超出它那個時代，這與妄想個人可以跳出他的時代，跳出羅陀斯島，是同樣愚蠢的。」見其所著，范揚等譯，《法哲學原理》，〈序言〉，頁 13。

3. 見其所著，何兆武等譯，《西方哲學史》，共上下卷，北京：商務印書館，1986 年，卷上，〈英國版序言〉，頁 8－9。

4. 參閱梅洛-龐蒂（Maurice Merleau-Ponty）著，楊大春譯，《哲學贊詞》，北京：商務印書館，2000 年，頁 9。

5. 參閱賴特・米爾斯（Charles Wright Mills）著，陳強等譯，《社會學的想像力》，北京：三聯書店，2001 年，頁 4。

6. 劉易斯・科塞（Lewis Coser）對知識分子的定義是：「在其活動中表現出對社會核心價值的強烈關切，他們是希望提供道德標準和維護有意義的通用符號的人。」見其所著，郭方等譯，《理念人：一項社會學的考察》，北京：中央編譯出版社，2001 年，〈前言〉，頁 3。

7. 參閱其所著，曹衛東等譯，《現代性哲學話語》，南京：譯林出版社，2004 年，頁 123。

8. 見其所著，顧偉銘等譯，《啟蒙哲學》，濟南：山東人民出版社，1988 年，頁 3－4。

9. 見其所著，劉北成譯，《啟蒙時代：現代異教精神的興起》，共 2 冊，上海：上海人民出版社，2014 年，冊上，頁 1。

法身觀

10. 見其所著，顧偉銘等譯，《啟蒙哲學》，頁 3。

11. 見其所著，洪佩鬱等譯，《啟蒙辯證法》，重慶：重慶出版社，1990 年，頁 1。

12. 吉登斯認為，現代性蘊含不少深層的困難，必然經歷斷裂。因為現代性以前所未有的方式，把我們拋離了所有類型的社會秩序的軌道，從而形成了其生活形態。在外延和內涵兩方面，現代性捲入的變革比過往時代的絕大多數變遷特性都更加意義深遠。在外延方面，它們確立了跨越全球的社會聯繫方式；在內涵方面，它們正在改變我們日常生活最熟悉和最帶有個人色彩的領域。參閱其所著，田禾譯，《現代性的後果》，南京：譯林出版社，2011 年，頁 4。艾愷（Guy Salvatore Alitto）指出，現代性的最大困境在於現代社會組織的「理性化」，最終導致了人類生活的非理性化，現代人類追求個人自由的終極狀態卻是非個人性的，這種現代性的困境深植於人性的內在衝突中。參閱其所著，唐長庚等譯，《世界範圍內的反現代化思潮》，貴陽：貴州人民出版社，1991 年，頁 216。可見現代性來臨的主要問題，就是價值的失落和生命的虛無感；孤獨、荒誕、虛無成為一種現代性的時代癥候。

13. 見其等所，洪佩鬱等譯，《啟蒙辯證法》，頁 47。

14. 見其所著，徐大建等譯，《一切堅固的東西都煙消雲散了：現代性體驗》，北京：商務印書館，2003 年，頁 15。

15. 見其所著，賀麟等譯，《哲學史講演錄》，北京：商務印書館，1960 年，第 4 卷，頁 231。

16. 參閱其所著，賀麟等譯，《哲學史講演錄》，第 4 卷，頁 235。

17. 參閱其所著，張念東等譯，《權力意志——重估一切價值的嘗試》，頁 51。

18. 胡塞爾曾指出，理性一再成為胡鬧，欣慰一再變成煩惱。這就是所謂的現代性危機。現代哲學的危機也就是現代人性的危機。伽利略為近代科學所開創的精確化、數學化傳統，極力追求純粹客觀化的研究方法，忽略了人是這個幾何觀念意義的創造者，致使科學研究喪失了文藝復興以來新的人性主導意義，進而遺忘了生活世界本身那種客觀性在方法論方面支配了我們的實證科學，並且它的影響遠遠超出科學本身的範圍，成為支援和廣泛傳播一種哲學的和世界觀的實證主義基礎。參閱其所著，王炳文譯，《歐洲科學的危機與超越論的現象學》，北京：商務印書館，2001 年，頁 5。

19. 參閱法伊爾阿本德（Paul Feyerabend）著，周昌忠譯，《反對方法——無政府主義知識論綱要》，上海：上海譯文出版社，1992年，頁147。

20. 「後現代」就是指當代，指二次世界大戰後興起的資訊社會和知識經濟的新時代。正是在這樣一個短暫時期，人類歷史發生劃時代的裂變。馬克‧柯里（Mark Currie）以為，後現代是：「一個在闡述意義時拋棄了傳統上二元的表層和深層意義的時代。膚淺是有表層而無深層的，『膚淺』是在二元論的模式基礎上構想出來的世界才有的指控。」見其所著，寧一中譯，《後現代敘事理論》，北京：北京大學出版社，2003年，頁40。邁克‧費瑟斯通（Mike Featherstone）總結了後現代主義的五個特徵：一是攻擊藝術的自主性和制度化特徵，二是發展了一種感官審美，三是在各種知識思潮中對一切元敘事進行著反基礎論的批評，四是在日常生活體驗層次上，將現實轉化為影像、將時間碎片化為一系列永恆的當下片斷，五是喜好以審美方式呈現人的感知方式和日常生活。「這樣，對後現代主義的理解，就必須置於消費文化的成長、從事符號生產與流通的專家和媒介人人數增加之長時段過程的背景中。」參閱其所著，趙偉妏譯，《消費文化與後現代主義》，南京：譯林出版社，2000年，頁182。

21. 利奧塔（Jean-Francois Lyotard）著，島子譯，《後現代狀況》，長沙：湖南藝術出版社，1996年，頁36。

22. 見其所著，李平漚譯，《愛彌兒——論教育》，共上下卷，北京：商務印書館，1996年，卷上，頁411。

23. 參閱盧梭著，李屏漚譯，《愛彌兒—論教育》，卷上，頁417。

24. 參閱利奧塔著，談瀛洲譯，《後現代性與公正遊戲：利奧塔訪談、書信錄》，上海：上海人民出版社，1997年，頁144。

25. 格林伍德（N.J.Greenwood）等著，劉之光譯，《人類環境和自然系統》，頁490云：「當一項新技術破壞了人們大量需要的和不可再生、人類的和非人類的資源時，那麼所謂進步實際就是一項拙劣的交易。」北京：化學工業出版社，1987年，頁490。

26. 參閱陳學明著，《哈貝馬斯的「晚期資本主義」論述評》，重慶：重慶出版社，1993年，頁44。

27. 見其所著，王德蜂譯，《時代的精神狀況》，上海：上海譯文出版社，1997 年，頁 120。

28. 參閱別爾嘉耶夫（N.Berdyaev）著，安啟念等譯，《精神王國與愷撒王國》，杭州：浙江人民出版社，2000 年，頁 29。又楊金華著，〈虛無主義生成的理性邏輯及其超越〉，頁 6 曰：「現代技術文化崇尚欲望第一和理性至上。人的技術化既是人生存的需要，也是人不可避免的命運。一個技術化的人是一個欲望的人，當有人將『目的即欲望』當做人生信條時，欲望推動了技術的發展，技術發展又擴大了欲望的空間並進一步刺激了欲望的發展。一個沈浸於技術世界的人只知尋求欲望的滿足，而不能反思技術理性本身的合理性及其邊界。理性精神使人們獲得前所未有的豐裕財富，極盡享樂的現代人希望從世俗生活中昇華出超越之物，獲得人生必備的終極關懷和意義世界。理性主義並沒有能夠建立一個美好社會，也沒有兌現解決一切問題的許諾，處於覺醒狀態的大眾對社會發展產生了悲觀焦慮的情緒。」載於《江漢大學學報（社會科學版）》，2013 年，卷 30，第 4 期。霍克海默等著，洪佩鬱等譯，《啟蒙辯證法》，頁 24 曰：「科技的濫用也導致了人的異化。技術理性對自然界的支配是以人與所支配的客體的異化為代價的，隨著精神的物化，人與人之間的關係本身，甚至個人之間的關係也異化了。」

29. 參閱大衛‧波普諾（David Popenoe）著，李強等譯，《社會學》，北京：中國人民大學出版社，1999 年，頁 622。

30. 見其所著，裴程譯，《技術與時間：愛比米修斯的過失》，南京：譯林出版社，2000 年，頁 100。

31. 參閱其所著，中共中央馬克思恩格斯列寧斯達林著作編譯局編譯，《馬克思恩格斯選集》，北京：人民出版社，2012 年，卷 1，頁 775。

32. 見其所著，鄧安慶等譯，《作為現代化之代價的道德：應用倫理學前沿問題研究》，上海：上海譯文出版社，2005 年，頁 81。

33. 哈貝馬斯著，曹衛東等譯，《現代性的哲學話語》，頁 65 曰：「理性不是別的，就是權力，是十分隱蔽的權力意志。」南京：譯林出版社，2004 年。

34. 見其所著，周國平譯，《悲劇的誕生》，北京：三聯書店，1986 年，頁 256。

35. 參閱徐崇溫主編，《存在主義哲學》，北京：中國社會科學出版社，1986 年，頁 4。

36. 見其所著,張峰譯,《單向度的人》,重慶:重慶出版社,1988 年,頁 70。

37. 參閱其所著,洪佩郁等譯,《啟蒙辯證法》,頁 3。

38. 參閱詹姆斯・施密特(James Schmidt)編,徐向東等譯,《啟蒙運動與現代性:18 世紀與 20 世紀的對話》,上海:上海人民出版社,2005 年,頁 16。

39. 參閱其所著,〈技術的社會〉,載於《科學與哲學》,1983 年,第 1 期,頁 43。

40. Arne Naess, *Ecology, community and lifestyle : Outline of an Ecosophy*, Cambridge, England : Cambridge University Press, 1989, p.95.

41. Rémi Brague, *The Kingdom of Man : Genesis and Failure of the Modern Project*, Notre Dame, Indiana : University of Notre Dame Press, 2018, p.212.

42. 參閱其所著,何兆武譯,《論科學與藝術》,北京:商務印書館,2007 年,頁 11。

43. 見其所著,張旭東譯,《晚期資本主義的文化邏輯》,北京:三聯書店,1997 年,頁 293。

44. 參閱其所著,胡亞敏等譯,《文化轉向》,北京:中國社會科學出版社,2000 年,頁 108。

45. 參閱包曼(Zygmunt Bauman)著,張君玫譯,《全球化:對人類的深遠影響》,臺北:群學出版公司,2001 年,頁 24。

46. 參閱徐培晃著,《跨世紀的自我追尋——台灣現代詩中的創傷、逸離與超越》,臺中:國立中興大學中國文學系博士學位論文,2013 年,頁 66。

47. 見其所著,陳曉南譯,《西洋近代文藝思潮》,臺北:志文出版社,1993 年,頁 72。

48. 見其所著,張旭東譯,《晚期資本主義的文化邏輯》,頁 478。

49. 參閱詹明信著,胡亞敏等譯,《文化轉向》,頁 7。

50. 參閱詹明信著,張旭東譯,《晚期資本主義的文化邏輯》,頁 450。

51. Henri Lefebvre, *Everyday Life in the Modern World*, translated by Sacha Rabinovitch with a new Introduction by Philip Wander, Transaction Publishers, New Brunswick and London, 1994, p.92.

52. 參閱詹明信著，胡亞敏等譯，《文化轉向》，頁 115。

53. 見其所著，嚴蓓雯譯，《資本主義文化矛盾》，南京：江蘇人民出版社，2012 年，頁 14。

54. 見其所著，《十力語要》，臺北：明文書局公司，1989 年，頁 221。

55. 見其所著，《人文精神之重建》，香港：新亞書院研究所，1973 年，頁 166。

56. 見其所著，《中國思想史論集》，頁 3。

57. 「人類中心主義」者認為，「自然界本身沒有價值，只是作為一種資源，由人們在科學技術的幫助下用來滿足自己的欲望。價值只在觀察者的眼裡存在，並由評價者根據自己的意願進行分配。」羅爾斯頓三世（Holmes Rolston III）著，劉耳等譯，《哲學走向荒野》，長春：吉林人民出版社，2001 年，〈序〉，頁 8－9。根據「人類中心主義」者的主張：「人類獨具靈魂或思想，因而被認為屬於與自然界其他事物完全不同的一類。」大衛·格里芬（David Lawrence Geffen）著，王成兵譯，《後現代精神》，北京：中央編譯出版社，1998 年，頁 218。人是整個世界的中心和主宰，作為無意識的自然是純粹的客體，凱蒂·索珀（Kate Soper）著，廖申白譯，《人道主義與反人道主義》，頁 20 曰：「自然為人而存在，人憑藉對自然過程的認識駕馭自然，使自然服務於人的目的。」北京：華夏出版社，1999 年。「人類中心主義」就是認為人是自然界中最高貴的珍品，完全凌駕於自然之上的存在物。自然界一切都是任由人驅使和使用的，人有權按照自己的利益和意願去挖掘和控制自然，甚至可以隨心所欲地塑造自然。

58. 參考王樹人著，〈後現代話語和視野下的宗教問題——讀《宗教》〉，刊載於北京，科學出版社，《世界哲學》，2007 年，第 3 期，頁 103。

59. 參考愛德華·希爾斯（Edward Albert Shils）著，傅鏗等譯，《論傳統》，上海：上海人民出版社，2014 年，頁 63。

60. 參考佛洛姆著，關山譯，《佔有還是生存》，北京：三聯書店，1989 年，頁 24。

61. 參考艾倫·杜寧（Alan Durning）著，畢聿譯，《多少算夠：消費社會與地球的未來》，長春：吉林人民出版社，1997 年，頁 20。

62. 見其所著，張師竹譯，《社會改造原理》，上海：上海人民出版社，1959 年，頁 65。

63. 見其所著，中共中央馬克思恩格斯列寧斯達林著作編譯局編譯，《馬克思恩格斯文集》，北京：人民出版社，2009年，卷1，頁52。

64. 參閱西美爾（Georg Simmel）著，顧仁明譯，《金錢、性別、現代生活風格》，上海：學林出版社，2000年，頁10。

65. 見其所著，傅雅芳等譯，《文明及其缺憾》，合肥：安徽文藝出版社，1987年，頁1。

66. 參閱祁雅理（Joseph Chiari）著，吳永宗等譯，《二十世紀法國思潮：從柏格森到萊維－施特勞斯》，北京：商務印書館，1987年，頁14。

67. 參閱佛洛姆等著，徐進夫譯，《心理分析與禪》，臺北：幼獅文化事業公司，1976年，頁110。

68. 見其所著，費勇等譯，《時尚的哲學》，北京：文化藝術出版社，2001年。頁298。

69. 見其所著，李小兵譯，《意欲與人生之間的痛苦──叔本華隨筆和箴言集》，上海：三聯書店，1988年，頁158。

70. 參閱尤瓦爾・赫拉利（Yuval Noah Harari）著，林俊宏譯，《人類簡史：從動物到上帝》，北京：中信出版社，2014年，頁181。

71. 見其所著，中共中央馬克思恩格斯列寧斯達林著作編譯局編譯，《馬克思恩格斯文集》，卷1，頁94。

72. 見其所著，林榮遠編譯，《社會是如何可能的》，桂林：廣西師範大學出版社，2002年，頁77。

73. 見其所著，劉海林譯，《逃避自由》，北京：國際文化出版公司，2007年，頁81。

74. 布魯姆（Allan Bloom）指出，「孤立，一種與他人缺乏深交的感覺，似乎是我們時代的病症。」見其所著，胡辛凱譯，《愛的設計：盧梭與浪漫派》，北京：華夏出版社，2017年，頁2。對他而言，現代人的問題並不是缺乏人際的交往，而是缺乏交往中本應有的真摯情感，也就是「本心」的流露。「本心」的流露，也是宋七力一生的當務之急。

75. 吉登斯著，趙旭東等譯，《現代性與自我認同》，北京：三聯書店，1988年，頁9。

76. 參閱張志丹著,〈解構與超越:當代物質主義的哲學追問〉,刊載於《南京師大學報(社會科學版)》,2017年,第1期,頁308。

77. 參閱其所著,蔡鴻濱譯,《隱蔽的上帝》,天津:百花文藝出版社,1998年,頁44。

78. 「生活是難以忍受的,這對每個人來說,也和對整個人類來說,都是完全一樣的。人類建成的這種文明給人類帶來了一定數量的貧困,在其他方面又使人遭受到一定程度的痛苦,這一方面是由於文明社會的禁律,另一方面又由於文明社會的不完善。」佛洛伊德著,楊韶鋼譯,《一個幻覺的未來》,北京:華夏出版社,1999年,頁88。

79. 參閱利奧塔著,談瀛洲譯,《後現代性與公正遊戲:利奧塔訪談、書信錄》,頁141。

80. 見其所著,黃勇等譯,《愛欲與文明》,上海:上海譯文出版社,1987年,頁62。

81. 見其所著,陳澤環譯,《文化哲學》,上海:上海人民出版社,2008年,頁58。

82. 楊國榮認為意識、語言先後成為近代哲學的主題,「但它們所討論的,主要是我們在把握對象或存在時所使用的語言,而不是對象或存在本身。在這裡,存在問題實際上已被轉換為語言的問題,它所導致的後果之一,就是對人自身及存在的遺忘」。見其所著,〈哲學的建構與現代性的反思——現代性反思的哲學意義〉,刊載於《上海師範大學學報(哲學社會科學版)》,卷32,第3期,2003年,頁3-4。

83. 參閱其所著,何兆武譯,《沙龍的興衰——500年歐洲社會風情追憶》,北京:世界知識出版社,2003年,頁311。

84. 鮑德里亞著,劉成富等譯,《消費社會》,南京:南京大學出版社,2000年,〈前言〉。

85. 美國文化中的負面因素也對臺灣文化帶來影響,如在物質文化上表現為「消費文化」,在社會文化上表現為「淺碟文化」,在政治文化上則表現為「機會主義」。隨著美國大眾消費文化傳入臺灣,美國的生活方式向臺灣社會傳播。這種以個人主義、享樂主義、急功近利等為核心要素的消費文化,對整個社會的精神文化帶來極大的衝擊。美國文化中忽視長遠利益,關注眼前利益的特質同樣影響到臺灣文化。亨廷頓在談到美國文化與亞洲文化的差異時指出,「美國人傾向於不信任政府,反對權威,贊成制衡,鼓勵競爭,崇尚人權,傾向於忘記過去,忽視未來,集中精力盡可能擴大眼前利益」。「淺碟」文化常用來形容臺灣社會文化,主要指民眾的短

視、狹隘。「淺碟」文化，就如同碟子一樣淺淺的沒有深度。這種一窩蜂的性格，造就了一些生命週期很短的產品。參閱孔小惠著，〈美國文化對臺灣文化發展的影響及對兩岸文化差異的思考〉，刊載於《中國評論月刊》，2010年，第12月號。

86. 轉引自王治河著，〈論後現代主義的三種形態〉，載於北京：中國社會科學院信息情報研究院，《國外社會科學》，1995年，第1期，頁106。

87. 參閱斯賓諾莎（Baruch Spinoza）著，賀麟譯，《知性改進論：並論最足以指導人達到對事物的真知識的途徑》，北京：商務印印書館，1960年，頁18－20。

88. 敬文東著，《牲人盈天下——中國文化的精神分析》，頁208-209云：「天下的分崩離析，大多的死屍白骨，總是傾向於逼迫那個年代中敏感的知識分子思考自己的險惡處境和立身之本，強迫他們為『究竟什麼樣的生活才值得一過』貢獻出穩固的答案，以便捕捉到那個『特定的時刻』。」桂林：廣西師範大學出版社，2011年。

89. 拉茲洛（László Ervin）著，王志康譯，《決定命運的選擇》，頁78曰：「思想和價值觀念和信念並非無用的玩物，是在世界上起著重要作用的催化劑，不僅產生技術革新，更重要的是為社會和文化的發展鋪平道路。」上海：三聯書店，1997年。

第四章 宋七力「本心」思想義理的淵源

　　任何一位哲學家的思想，必有其學術淵源。所謂淵源，實際上指的是事物的本源、根源。宋七力的學術思想雖然沒有具體的師承關係，但從其著作、演講等內容而言，宋七力「本心」思想義理的脈絡與中國方面的《易經》、孟子、老子、莊子、陸九淵、王陽明等；西洋方面則為蘇格拉底、柏拉圖、亞里斯多德、康德、黑格爾等，以及佛教的經典有傳承發展的關係[1]。本章即針對其本心思想淵源作一番爬梳，這不僅有助吾人掌握他對先哲前賢學術思想的抉擇及其所言皆有所本，誠非徒托空言或為蛇添足，從而更能一窺其對「本心」思想義理及實踐詮釋的全貌。分別探討以下：

第一節　　中國方面

壹、《易經》

　　《易經》素稱「群經之首」，是影響中國哲學、自然科學、社會科學、藝術等領域最重要的經典著作之一，凡涉及中國傳統文化等，莫不與《易經》有相關。宋七力的思想也不例外。他常說：「『本心』不生不滅，處在清淨無染，寂然不動，不被五官知覺之染識所污染。也就是所謂沾而不染。同體異用。」[2]這段話出自《易傳・繫辭上》：「

易無思也，無為也，寂然不動，感而遂通天下之故。非天下之至神，其孰能與於此。夫易，聖人之所以極深而研幾也。唯深也，故能通天下之志；唯幾也，故能成天下之務；唯神也，故不疾而速，不行而至。」

「無思」、「無為」，是指沒有人為造作的意思。「寂然不動」是儒家本心最大的特質，它指良知本具的虛靈明覺，隨時能寂能感的本心，故「易」的寂是能感的寂，它生機盎然、蓄勢待發的寂，此寂能感通天下，乃易體寂感一如的妙用，此妙用亦是「神體」的展現，故易體即神體，是萬物妙運之道。〈繫辭上傳〉亦云：「知變化之道者，其知神之所為乎。」由於此神體雖然是超越的道體，亦承認人有智直覺的可能，聖人由此極深而研幾，發明本心以體證天道，進而直透易道神體的妙用無窮，由此更能內外圓滿，其終極處則能通天下之志、成天下之務，而「不疾而速，不行而至」，則展現為神體即寂即感、寂感一如的意義[3]。

儒家擷取其義，寂然不動，是指本心無事而寂然，感而遂通，是指本心有事而感通。本心自身無事就無形無跡，有事就感通而具體現象化。心性本體沒分有事、無事，亦無分寂、感；動、靜。寂然乃就其心性本體來說，感通乃就其活動來說。心性貫通有與無、動與靜、顯與隱的真幾。此心寂然不動時，無處可見，但感應於事物而展示特殊的現象時，就隨時隨地可見。換句話說，一寂一感，是由本心自身的內因而決定。寂感是創造的妙

法身觀

用，而此創造不外是指心性本體的自我實現，這即是純粹道德理性的立法活動[4]。

宋七力說明「本心」顯發的特點，《本尊道全集・心道》曰：「不動本性！每一樣都保持你原有的，它不會給你破壞。人性若能將之保留，則佛性也一樣通達如故。」他應用「寂然不動，感而遂通」之理，說明「本心」亦無分寂、感；動、靜，但在感通之後，在應當分身或放光時，就能自覺自發地開顯出「分身」與「放光」。故宋七力闡明：「法身一動一靜與你互應感通，相同步調。」[5]又說：「自性本心仍處於無動的狀態，靜者本心，動則法身，靜動自如。」[6]可見他的「動靜觀」與《易經》的關係，只不過是兩者的出發點相異而已。無論如何，《易經》是他思想最早的淵源。若我們主張，他所說的「分身」或「放光」脫胎自「寂然不動，感而遂通」，亦實不為過。

〈易經・繫辭下〉云：「易之興也，其於中古乎？作易者其有憂患乎！」有此意識，才能由悲苦的生存經歷或處境中悟出生命的道理[7]，生命自然就會顯得更有意義和價值。這種哲學，首先是反思人的生命存在或生存的問題，同時確立存在的價值，甚至更進一步將生命提升至宇宙世界的本源和本質；要把握這種生命的價值，最需要的不是純然的了悟，而是一種躬身的實踐。宋七力自始至終就是如此秉持及深懷《易經》的「憂患」意識，總是憂患人生

命存在的價值和意義，他如斯屹立不搖、堅韌不拔的精神、積極的生活態度、遠大的人生目的，正好是《易經·乾卦·象》所言「天行健，君子以自強不息」[8]最佳的註腳。

貳、孟子

中國哲學的本心思想起源，可推至《尚書》所云：「人心惟危，道心惟微。惟精惟一，允執厥中」《書經·大禹謨》。而儒家「心學」思想濫觴於孟子。徐復觀即明言：「人的道德意識，出現得很早。但在自己心的活動中找道德的根據，恐怕到了孟子才明白此自覺。」[9]

而「本心」一詞，亦由孟子啟其端。他將人的「心」約分為二，「鈞是人也，或從其大體，或從其小體，何也？」（〈告子上〉）他曰：「耳目之官不思，而蔽於物；物交物，則引之而已矣。心之官則思，思則得之，不思則不得也。此天之所與我者。先立乎其大者，則其小者弗能奪也。此為大人而已矣。」（〈告子上〉）

心之官即「大體」，謂「大人」。「思」，指有自覺心。「小體」，耳目之官也，不思，即失其「本心」而役於物。故曰「小人」。孟子所講的這個「心」就是「本心」，如果能夠認知自己「本心」的真實存在，繼而以「本心」為主，其功能自然流露，臻於明心見

法身觀

性之境。見性了，自然知其性，所以能知天命，因此才能事天。所以孟子曰：「學問之道無他，求其放心而已矣。」(〈告子上〉)

「放心」，就是以肉身意識起動「本心」的根源[10]。孟子有追求自然社會背後本心的意識，提出「性善說」的系統理論。他把修持的完善、道德的自覺、功能的發揮，作為認識真理或現象本體的起點，即以「本心」的主體意識為起點，從而作為理境與實踐進路，從孔子的「踐仁」到孟子「良知」的體現，即恢復人類本來自有存在的「本心」。宋七力說明，學道就是要找到自己，顯發自己，最終每一個人要能顯發本心，認識自己，找到自己，「觀自身實相」[11]，就是回歸自己本來面目。這一在顯示其理論源自孟子的「本心」思想。宋七力曾針對孟子所說解釋如下：

> 孟子亦說：「萬物皆備於我，……上下與天地同流。」這種「天地我立，萬化我出」的意境，活生生地表露天人合一境界。我以「本心」為尊，以「法身」為主。不立外在偶像，「法身」直接統攝外在宇宙地、水、火、風、空而形成精神宇宙[12]。

宋七力以上所言，乃根據《孟子・盡心上》說的「萬物皆備於我，反身而誠，樂莫大焉」[13]、「君子所過者化，所存者神，上下與天地同流」。所謂的「上下與天地同流」，旨在說明作為道德理想極高的君子，

不但自身德行圓滿，進而亦與天地同參，與萬物合一。盡天地所賦予人的重責大任，這是生命的無限可能與圓滿，亦即程明道所言「仁者渾然與物同體」[14]的理想世界。因此，「君子所過者化，所存者神，上下與天地同流」，包含了道德主體的「成己」、「成物」[15]，為孟子「天人合德」理境的開展與完成。宋七力以上所言：「『法身』直接統攝外在宇宙地、水、火、風、空而形成精神宇宙。」不僅明示孟子「天人合德」的理境，也說明「本心」能與「上下與天地同流」的宇宙精神。

至於孟子所謂「萬物皆備於我」，並非本體論和認識論的意義，我所具備的一切，也不是指外在的事物。他不過是說，人的一切，包括求仁等道德行為以及按「本心」作出道德行為時的內在快樂體驗，都是出於自我，只要以誠敬的態度反省自己，就會達到理想的道德境界。至於做一個仁人君子、大丈夫，只是將「本心」的仁與義的良知良能，擴充至天下而已，外王事業即是親親敬長實踐的完成，這就是所謂的「人皆有不忍人之心，先王有不忍人之心，斯有不忍人之政矣。」(〈公孫丑上〉)[16]。

孟子說的「反身」，就是要將心神從與外物相接觸後，被引向迷途的種種千纏萬繞中掙脫出來，找回失落的「本心」，從而回歸到真實不虛「誠」的存在狀態，這與宋七力一再強調回歸「本心

」的意旨相似,而在勉人為善及提高人存在的價值這兩方面,也皆收到同樣良好的效果。

可知,宋七力讀《孟子》而透過自身生命活動的深刻自覺,跨越時空直契孟子。但若要成立「分身」,「本心」必須具有「超越義」、「絕對義」、「先驗內具義」、「普遍律則義」。而孟子曾說過「天之所與我者」(〈告子上〉)、「我固有之」(〈告子上〉)、「人皆有之」(〈告子上〉)、「仁義禮智根於心」、(〈盡心上〉)、「盡其心者,知其性也;知其性,則知天矣。」[17](〈盡心上〉) 這些都表示上述「本心」的四種意義。本心有「實有」和「實感」兩種意義,前者是指「有根源」及「本有」,「天之所與我者」,乃表示本心「有根源」,「我固有之」(〈告子上〉),則表示「本心」、「本有」;後者是指「有內容」及「感通」。「仁義禮智根於心」(〈盡心上〉),就是以仁義禮智做普遍律則的具體內容。由於「本有」是「有內容」的,故有事情就能感通而實現自身。宋七力「本心」所具有的「超越義」、「絕對義」、「先驗內具義」、「普遍律則義」,皆可在《孟子》中找到印證。

其次,孟子〈告子下〉所言「人皆可以為堯舜」的理論根基在於其「性善論」。他認為:「人皆有不忍人之心,無惻隱之心,非人也;無羞惡之心,非人也;無辭讓之心,非人也;無是非之心,非人也。惻隱之心,

仁之端也;羞惡之心,義之端也;辭讓之心,禮之端也;是非之心,智之端也。」(〈公孫丑上〉)這些基本的「人性」,其實就是人類社會道德倫理的根基,人生來既然具有仁、義、禮、智四端,自當具備了達到這個標準的可能性。在天性和人格上,聖人和凡夫俗子是生而相平等的,故他說:「聖人與我同類」(〈告子上〉)。又說:「舜,人也;我,亦人也。」(〈離婁下〉)「我」就是與「聖人」和堯舜同位。正因為人人都具有善良天性及良好品德,只要不斷努力發展自己的「四端」,也是善性和道德像堯舜一般「歸潔其身」(〈萬章上〉)。「從其大體」(〈告子上〉)。則任何人亦可成賢成聖[18]。其實,「堯舜之道,孝弟而已矣。子服堯之服,誦堯之言,行堯之行,是堯而已矣」(〈告子下〉)。

這是將理想扎根於現實之上的現實主義的生動體現,故在孟子的心目中,聖人也非遙不可及的,就人的本性而言,人人皆可以成為堯舜,這是多麼令人興奮,多麼令人鼓舞和激動,亦即「可能」必定能轉變為「實現」[19]!宋七力指出:「非獨聖賢有『本心』,人皆有之。聖賢之道強調人人有『本心』,人人皆可成聖,人人皆可成堯舜。」[20]無論在其著作或演講中,亦經常不斷地強調:「我有的到最後你們都會有」、「人人有本心」,「人人皆可成聖、成大道」。由此可見兩者之說實不謀而合,也可證明宋七力此論的根源是有所本的。

法身觀

叁、老子

　　《老子》對中國乃至世界的影響都是無與倫比的[21]，它對中國傳統文化有著深遠而巨大的影響，就中國思想史來說，幾乎沒有任何一位哲學家不受其沾溉，它的地位是難以取代的。宋七力在詮釋「本心」的思想時，也曾大量援引《老子》的概念和思想。宋七力說：「『合一』是學道者的終極目標。印度教強調『梵我合一』，道家有『抱元守一』的修練工夫論、『合一』的說法，這就是在當下與『本心』合一，當體即空，當下能合一，就進入永恆。」[22]老子曰：「載營魄抱一，能無離乎。」（〈第十章〉）就是指你的肉體能和靈魂每天都在一起而不分開嗎[23]？

　　宋七力以為「守元抱一」，以及「萬物將自賓」（〈第三十二章〉），就是告喻世人，如何才能守住「本心」？他說：「重視本心！『萬物將自賓』！萬物像賓客一樣陸續來找你。不是我們去找。腦海中不能只想到利益。有道之人的『心』不動、『無所得』，沒想要得到什麼，而萬物就將自賓，像國王那樣，賓客自然會來。」[24]從上述而言，宋七力把《老子》的「一」比喻「道」，「守元抱一」就是「抱道」，也就是與「本心」合一，進而能自見其身。其實，《老子》共有八章包含「一」，分別是：

「載營魄抱一，能無離乎」（〈第十章〉）。「三十輻共一轂，當其無，有車之用」（〈第十一章〉）。「此三者不可致詰，故混而為一」（〈第十四章〉）。「是以聖人抱一為天下式」（〈第二十二章〉）。「域中有四大，而王居其一焉」（〈第二十五章〉）。「昔之得一者，天得一以清，地得一以寧，神得一以靈，谷得一以盈，萬物得一以生，侯王得一以為天下貞」（〈第三十九章〉）。「道生一，一生二，二生三，三生萬物」（〈第四十二章〉）。「我有三寶，持而保之，一曰慈。」（〈第六十七章〉）[25]。

「道」和「一」是老子哲學的核心，殆無異議。但對於這兩者的關係，歷來眾說紛紜，莫衷一是。宋七力的本心思想自非探究「道」和「一」的關係，或一是否道的問題。他只是借用〈第十章〉的「載營魄抱一」，及〈第二十二章〉的「聖人抱一」，以說明信眾應緊抱著「一」，也就是「道」，亦即「本心」。宋七力結合這兩個概念，明示「抱一」，就「萬物將自賓」，能合一就能進入永恆，亦能「分身」與「放光」。可見老子對他的影響是多麼的深刻。

宋七力又引用老子〈第十六章〉所言：「致虛極，守靜篤。萬物並作，吾以觀復。夫物芸芸，各復歸其根。歸根曰靜，是謂復命。復命曰常，知常曰明。不知常，妄作凶。知常容，容乃公，公乃王，王乃天，天乃道，道乃

法身觀

久,歿身不殆。」提出他個人的看法:「復命」,就是與道冥合在圓滿的寂靜中,與道冥合,即實現了「知常容」、「道乃久」,與道同在,從而「歿身不殆」。萬物是實相的內容,「大象」是實相義,「大象」無形,實相中的萬物飄來飄去又「歸根曰靜」,「靜」是「道」居住的地方,它呈現真空的狀態,也是「畢竟空」。故「靜曰復命」,「復命曰常」如此即可進入永恆之道了[26]。宋七力又說:「『歸根曰靜,是謂復命』。靜下來就恢復本來的樸素狀態,『本心』本來就是樸素的。它靜靜地在你的心中,很樸素地在你的心中。『復命』就是回歸到其本來的狀態。」[27] 宋七力進一步地說:

> 老子說「歸根曰靜,靜曰復命」。萬物芸芸。實相的萬物,諸如花、山河、大地、人、事、物等,「萬物將自賓」中的萬物,就是「道」,從萬物中見「道」。「孔德之容,惟道是從」,就是你的「本心」,萬物從「本心」顯發和呈現出來,所以老子才這樣說。自然流露的萬物,形成了實相實體化。有實體始可言「實相」,若無「實體」,則是「天眼」的境相。實相實體化,實相生活化、實相理想化。實相統攝萬物,「大道」在實相萬物表現出來而進入人的生活中。萬物與生活合一,即豁然開朗地還歸「本心」。從你的「本心」,即能顯示人生的意義和價值,把短暫的生命轉換成永恆[28]。

第四章 宋七力「本心」思想義理的淵源

「虛靜」作為一種修道的方式,最早是由老子提出的「致虛極,守靜篤」(〈第十六章〉),這種「虛靜」乃指本心的特性,本質上就是不生不滅,遇緣起作用,而非頑空的死寂。海德格爾（Martin Heidegger）說得好:「作為寂靜之靜默（das Stillen der Stille）,寧靜（Die Ruhe）總是比一切運動更動盪,比任何活動更活躍。」[29]老子真正渴求的,是精神的自由、自在,以及心性的寧靜與淡泊,也就是「歿身不殆」(〈第十六章〉)的境界。這種帶有濃厚理想成分,在一定程度上就是與道合一,這也是宋七力真正冀盼的。具體而言,虛靜的「心」、「身」、「知」俱泯、物我兩忘,精神就能達到與「道」冥合而通達無礙的境界。因此,萬物若能持守「虛靜」,則自然能與道合一。「各復歸其根」即指歸於「道」,人必須透過「虛靜」的工夫才能達到「萬物並作,吾以觀復」的境界。牟宗三云:

> 道家重觀照玄覽,這是靜態的,很帶有藝術性的味道,由此開中國的藝術境界。是靜態的、觀照的境界。……在靜的工夫之下才能「觀復」。由虛一而靜的工夫使得生命虛而靈、純一無雜、不浮動,這時主觀的心境就呈現無限心的作用,無限心呈現可以「觀復」,即所謂「夫物芸芸,各復歸其根,歸根曰靜,是謂復命」。這些都是靜態的話頭,主觀的心境一靜下來,天地萬物都會靜下來[30]。

宋七力借「觀復」以言「自現分身」。「分身」具有生命復歸的含義，「分身」亦象徵老子所云：「歿身不殆」。(〈第十六章〉)的理想生命價值。總之，如果每個生命主體皆能「歿身不殆」，則自己的生命便得以復歸「道」的源頭，還歸本心了。即使身死，亦歸根——「道體」，而入於永恆之境。這與〈第三十二章〉所言的「不失其所者久，死而不亡者壽」異曲同工。宋七力又說：「當與萬物與道合一成實相時，在實相中運行無礙，通往宇宙與人生，很平安的邁向永恆之境（法界）。」如老子所言：『執大象，天下往，往而不害，安平泰』，宋七力再指出：「達到最終的目的——永恆的法界，始能說『歿身不殆』。」他接著又說：「老子也有向你提起『執大象，天下往，往而不害』，不會受害，心極為太平。『安平泰』，你的心會非常安定，達到『無』的境界，亦即『本心』的境界。」[31]可見老子所言與宋七力的「本心」思想是相通的。

宋七力再說：「莊子說與道冥合。老子則說：『淵兮似萬物之宗。』也就是萬物似乎都從它那邊出來的，道生萬物之意。『湛兮似或存』，湛兮意指很清淨、很深遠，似乎不存在；不生不滅。例如真如本心，它在哪裡？寂兮寥兮，窈兮冥兮，視之不見，聽乎無聲，不知要如何才找得到？如何安住？如何安身立命？」[32]宋七力沿著老子所言「淵兮似萬物之宗」、「湛兮似或存」(〈第四章〉)來描繪「道」的玄妙莫測、若有若無，但若能緣起萬

法，萬物流露，則「畢竟空」亦能轉化成不空。因此，又說真空妙有。

妙有真空出，自性法身就在「真空妙有」中顯現出來，你就能自見其身，「應念而至」，任你遨遊宇宙間。所謂萬化我出，萬物我入，這實源自於真如本心的法性起作用。猶如程顥言：「至誠贊天地之化育，與天地參。贊者，參贊之義，『先天而天弗違，後天而奉天時』之謂也，非謂贊助。只有一箇「誠」，何助之有？」（《二程集・程氏遺書》）其言正切合老子的說法。

老子說：「道之為物，惟恍惟惚。惚兮恍兮，其中有象；恍兮惚兮，其中有物。窈兮冥兮，其中有精；其精甚真，其中有信。」（〈第二十一章〉）宋七力分析曰：「『象』，形成萬物的『形式因』，『物』則是亞里斯多德所說的『質料因』，萬物即是萬有存在的質料因，在亞里斯多德的哲學體系中，『形式因』與『質料因』源自第一因。」[33]

第一因為動力因，故老子的道生萬物，「其中有精」的「精」，可稱為動力因。有精始生精力，它是一種推動萬物的能動力，依此動力，展現和流露「道」的作用，使萬物實現各自的理想。老子說的「精」與「真」，「其精甚真」，就是「精」在圓滿完成理想後成「真」，實現了而言「有信」。所以宋七力認為：「『其中有信』、

法身觀

『恍兮惚兮』、『惚兮恍兮』，其精有動力；『動力因』使之『其精甚真』。『真』直接可以展現出萬有、萬象、萬物。這種神妙不可預測的『動力因』，原來是『本心』在『畢竟空』中所彰顯的空性張力。」[34]由此可見，宋七力的「本心」思想義理與老子有密切的關連。宋七力又說：

> 天眼觀萬物，從萬物中看到源頭，由源頭的「道」見萬物，或是老子所說的『以閱眾甫』。迎之萬象，想迎接「道」，卻辦不到，想跟隨「道」，也跟隨不了，不知它往何處去？『迎之不見其首，隨之不見其後』，迎之與隨之，終歸於「無」，無狀之狀在哪裡？它旋轉之後又消失於「樸」的狀態中[35]。

老子云：「道常無名，樸。」（〈第三十二章〉）宋七力以為，樸是樸素，處於純真的狀態。「道」；相應於不生不滅的「畢竟空」。「道」；本來就處於「畢竟空」中，「道」；本身是無為的、如如不動的，也是「無為而無不為」（〈第三十七章〉）的，這些正是「道」的特性。老子的「道」像宇宙的本體，又彷彿是人的本心，宇宙本體與本心的體性相同，兩者有連結的關係。從先天地之先的「客體」，連繫到人的「主體」，主客合一，體性相融，始可「歿身不殆」（〈第十六章〉）。概而論之，宋七力的「本心」思想與老子確有密切的關連及相通之處。

肆、莊子

莊子實在是千古難得一見的奇才,《南華真經口義》作者林希逸引用陳同甫之言:「天下不可以無此人,亦不可以無此書。」[36]可見他的思想雖然「大而無當,往而不返,……大有逕庭,不近人情」[37],但對後世的重要性及影響力,鮮有人能出其右。陳氏之言,誠非過譽!宋七力也藉莊子寄言托意,以印證或申論自己的「本心」思想。方魁燦曾引宋七力之言:

> 心體(本心)能統攝萬有,所以稱大方廣法體。真心的相互相攝性,是華嚴境界無礙與圓融的最高法則。分身不受任何障礙,其精神自由任運自在,絕對自由,像《佛經》所云:『身遍十方,而無來往,一切佛土,所有莊嚴,悉令顯現。』又彷彿如《莊子》在〈逍遙遊〉中所形容逍遙自在,超脫世俗之外,人可以任天地運行無窮,上下與天地同遊,與萬物合而為一。「本心」一旦顯發,法性起動後,分身便立即展現出來;以一變多,以小身化大身,無量分身[38]。

宋七力所言的「本心」,指「道」或真如本體,能統攝萬有,可與《莊子》中所描摹的逍遙境界一般超脫世俗之外,當法性流露,即是「法身」。「法身」於《成唯識論》名為「自性法身」,亦是佛教教義的總目標。佛教在大乘經典中,處處強調「發阿耨多羅

法身觀

三藐三菩提心」，也是為了顯發「法身」。有了「法身」，當下即可實現莊子的逍遙而遊，也實踐了老子的理想——「歿身不殆」（〈第十六章〉）。同時法身亦完成宗教的終極究竟。法身象徵生命永恆具有的超越性、神聖性、連續性。《維摩詰經》云：「法身無病，肉身如夢幻泡影，故；當樂法身。」宋七力論「法身」，亦引用《莊子》廣成子對黃帝所說的「人其盡死，唯我獨存」來說明。他曰：「這個『我』，『真我』，就是你內在的本心，道心；道心圓成『道體』就是『法身』。對道體而說，法身『歿身不殆』。此為法身的超越性、神聖性、連續性。」[39]惟此；宋七力又說：「與道冥合就『歿身不殆』，與道『合一』了，合一即隨時出離，與天地精神往來。出離，是解脫義。法身（道體）出離肉身，法性與意識形成意識流，由此『意識流』始能完成所謂『對看』。分身（自見其身）就是你，你就是分身，以『意識流』而互相交流而實現天人合一。」[40]

　　至於出離後，人的意識相合於「分身」的法性，轉換成「宇宙意識」，邁向一切時空。這就如莊子在〈天下〉中自述出離後：「芴漠無形，變化無常，死與生與！天地並與！神明往與！芒乎何之？忽乎何適？萬物畢羅，莫足以歸。」所以能「上與造物者遊[41]，而下與外死生、無終始者為友」、「獨與天地精神往來」，與萬物合為一體，這正是「天人合一」。

122

宋七力亦引用莊子所言「天人合一」境界，表達「分身」後精神的自由自在，並能「與道冥合」的現象，同時亦展現出「道」的超越性、神聖性與永恆性。造物者本身就是「道」。因為在老子思想中，道生萬物，萬物隨「道」而呈現；萬象畢露[42]。當你出離之際，你就親證「萬物畢露」，萬物中每一條都是大大小小變化無窮的大路，令你感到「**萬物畢羅，莫足以歸**」。此時此刻，你已隨著「分身」出離，入於「法界」了，這或許也是莊子所要表達的「上與造物者遊」。莊子的「道」以「造物者」稱之，這是很容易理解的，宋七力以「分身」取代「道」；「分身」是「道體」、是「法身」，其理也是不難理解的，因此「分身」能顯現萬物成「相」。莊子在所言的「出離」，宋七力於平常聚會時，以「心念口演」暢演「出離」，出離之前必須「自見其身」。自見其身者懸於空中，與地面上的自己「對看」。「自見其身」者見到此情此景，不禁震撼不已，接著可以運行活動於任何虛空、山河大地中，簡言之；「自見其身者」可以無所不至。

　　宋七力還說《莊子》所描述的「出離」是意識出離，只有視覺，沒有形體的出離，莊子的視覺在虛空遨遊所顯現的「**無何有之鄉**」（〈逍遙遊〉）[43]、「**六極之外**」（〈應帝王〉）、「**無極之野**」（〈在宥〉），這些境地，盡是莊子「體道」的感受和經驗，也是法性起作用的心靈作用。此作用仍是一種形而上的境界，亦為大道的跡象。宋七力則以分身「實體出離」取代「意識出離」，「意識出離」是

法身觀

實體出離的前兆,也是連續性的意識出離,若「意識」攝受到宇宙光明體的「體性」,法性緣起作用了,則立即轉換成「實體出離」。宋七力又以為,「實相」必然是「實體」,始言「實相」。因此,他強調「實相實體化」,實體化則自然成生活化。「實相」若無實體化,則是所謂「天眼」[44]。它不能觸,不能嗅,只能見,像觀賞電影一般。莊子訕笑列子云:「御風而行,泠然善也,旬有五日而後反。彼於致福者,未數數然也。此雖免乎行,猶有所待者也。」(〈逍遙遊〉)

宋七力明確地指出:「出離不需等待,出離隨時隨地依『法性』與意識出離。意識必定與法性結合,連動宇宙光明體的體性,使之實體化。實體化的『自見其身』,此時已共享宇宙的光明體性。」[45]故順其自然相應於地、水、火、風、空、見、識。其中的「風」自然生起順勢而運行「出離」。

宋七力從〈逍遙遊〉中的「乘雲氣,御飛龍」解說「意識出離」與「實體出離」的差別。概言之;意識本身缺乏能量。能量必須依「法性」的功能才起作用,相應於外在地、水、火、風、空、見、識。「龍」在現代人心目中只是神話,在多張顯相照片中,宋七力在雲端上「御飛龍」;分身的「御飛龍」,正是神話的現代化,實相理想化。

要言之,「分身」與「龍」皆是宇宙光明體所化身[46]。至於信

眾具有的「自見其身」，屬各自「法性」的所流身。只要「遇斯光」就可「自見其身」。莊子的自見其身，屬「天眼」的現象，而非實相境界。主因在於以「守」待「相」。「守」是禪定、止觀，只能現天眼。《莊子》中有一位女偊，依「守」，「叁日而後能外天下；已外天下矣，吾又守之，七日而後能外物；已外物矣，吾又守之，九日而後能外生；已外生矣，而後能朝徹；朝徹而後能見獨。」(〈大宗師〉)。「見獨」就是見到自己。此仍是天眼的境相。莊子提到，「見獨」之前先要「朝徹」，因為先有朝陽的「光」，後始能「見獨」。朝陽的「光」化成自身，有「光」而「見獨」，就能實體化。「朝徹」就是指修道者疏離塵垢世界和自我身形軀之後，內心達至的澄澈光明的精神境域，此過程如同透破黑夜而見到明徹的朝陽，這種內在光明與〈人間世〉所說的「虛室生白」是相互貫通的。若未經由「光」的體性轉化自身，只言意識變現自身，稱「識變」。不論如何，能「見獨」者，必能「歿身不殆」[47]。

　　黎惟東也有近似的析論：莊子的哲學肯定了死亡的自然性與必然性，人的形體雖然總在腐爛之後化為枯骨，但可以通過「心齋」、「喪我」、「坐忘」等工夫，在精神上與「道」或「世界整體」合而為一，達到個體生命的永恆，〈大宗師〉所云：「已外生矣，而後能朝徹；朝徹，而後能見獨；見獨，而後能無古今；無古今，而後能入於

法身觀

不死不生。」人一旦能忘掉肉體生命的存在，便能大徹大悟，內心就像朝陽一樣清新明澈，達到對「道」的認識，從而可以跨越時間，及肉體生命，獲得生命的永恆，「倒懸」之苦自然不解而解[48]。

宋七力並引莊子所謂「莫若以明」而說：「莊子告訴你『莫若以明』之道理也是主客互相暉映，『光明』取代諸子百家的爭論。」[49]他再次指出：

> 莊子〈齊物論〉中的「明」，宋七力藉著莊子的「莫若以明」來說明「顯發本心」，本心之法性光流露就「明」；明心見性。心明即見法性。法性轉化成「法身」，必須透過宇宙光明體之光來照明；照見法身；「見獨」。非語言所能表達，祂不可思，不可議[50]。

宋七力綜合而論的說「以本心為主」，本心「明」，照見五蘊皆空。「明」即自見其身；「見獨」。自見其身者，則「明」大道之真義。實踐大道之「行」。中國哲學將大學之道，在明明德（《禮記‧大學》），「大」具有「本心」之意。本心「明」，「德」隨「本心」明。中國哲學亦以「顯諸仁，藏諸用」體用不二為題，含有天人合一之意。莊子講真君、真宰，也有「本心」之味，並以天人、神人展現「用」，形成體用不二，天人合一思想。那麼？佛教之

126

「發阿耨多羅三藐三菩提心」，使菩提心「明」，而生實相，見如來，皆有同工異曲之妙[51]。以「本心」為主而緣起「體用不二」；「天人合一」，由於本心之「法性」啟動時，流露法性即是「顯體發用」，因此說：「顯諸仁，藏諸用」。至於老子不言「以本心為主」，但〈第二十章〉所說的「貴食母」，就有以「本心」為主之意。「貴食母」意指生命的源頭，人的生命本源正是「本心」。所以老子言「貴食母」為本，「歿身不殆」（〈第十六章〉）為終。與莊子之「達生」、「全生」相互輝映。

縱觀莊子的一生，無論他陷入人生什麼阻厄困頓的境況中，他皆能隨遇而安、甘之如飴，他任情率真，始終秉持對人生的認真和熱衷。宋七力在面對人生的困境時，他的態度、心境與莊子的表現恰似同出一轍。總括而言，宋七力受莊子的沾溉，實不言而喻，但更值得一提的是，宋七力透過對「本心」的詮釋，進而透顯了《莊子》中隱而未發的思想。

伍、陸象山

宋七力的「本心觀」依自然流露法性作用而與天地合其德，突顯了出中國哲學「天人合一」思想的體系。陸象山則以「吾心是宇宙，宇宙是吾心」[52]建立「天人合一」思想總論。「宇宙是吾心」是現代量子力學的「意識宇宙」、「精神宇宙」。意識宇宙是經由「本

心」的功能起作用，就是法性所展現的「諸法實相」。所謂「真如緣起」，無盡緣起，緣起宇宙與人生。宋七力說：「陸九淵曰：『萬物森然於方寸之間』，在你眼前的方寸間，可以容納萬物，『滿心而發』——從本心發出來。」他再接著說：「『充塞宇宙，無非此理』，『理』指『本心』！『宇宙在吾心』的普遍定律，必然從『本心』說起。......陸象山說：『吾心是宇宙，宇宙是吾心』，奠定中國哲學『天人合一』的理想目標。」[53]

陸象山又說：「學苟知本，六經皆我註腳。」（〈第三十四卷，〈語錄〉）意謂人應當尊奉德行，並在做學問時若要探本溯源，有所收穫，就不要拘泥於對古代經書的刨根究底，而應多挖掘本心、認知本心，進而要能夠與本心合一。他認為孟子所言的「人之所不學而能者，其良能也；所不慮而知者，其良知也」（〈盡心上〉），「此天之所與我者」，「非由外鑠我也，我固有之也」（〈告子上〉），故象山曰：「萬物皆備於我矣，反身而誠，樂莫大焉，此吾之本心也」（〈卷一，書〉）。他所言的「本心」，與宋七力以「本心」為主，兩者可說相印互入。

「心即理」雖然是象山所提出，但其義理的根據來自孟子。依象山而言，心是不安、不忍的心，仁義禮智四端的心，是良知良能，乃創造道德的原理或實體。孟子雖然沒有直言「心即理」、「心即天」，而他即心言性，並說「仁義禮智根於心」及「萬物皆備於

我」(〈盡心上〉)。表現「心、性、天」通而為一的義理,由此可推測孟子已確立「本心」的基本原則。由於「本心」能先驗統覺良知、良能的作用,故「心」能展開無限的心,超越時空的限制,宇宙內的萬物皆屬於它所統攝的範圍,無限心的超越性,樹立其神聖性,永恆性。故象山曰:

> 四方上下曰宇,往古來今曰宙,宇宙便是吾心,吾心即是宇宙,千萬世之前有聖人出焉,同此心,同此理也,千萬世之後有聖人出焉,同此心,同此理也。東南西北海有聖人出焉,同此心,同此理也(〈卷二十二,雜著〉)。

所謂「宇」與「四方上下」,乃表示「心」為超越空間的無限者,所謂「宙」與「往古來今」,則表示「心」為超越時間惟一的普遍者,「心」即超越時空的本源。仁義的理遍佈在天、地、人之間,使吾人的本心與宇宙的存在意義皆彼此連貫,毫無間隔,此外,主體在「本心」上努力地所作的工夫,致使主體的價值意識貫通而遍在於天地萬物之中[54]。而象山其後又言:「宇宙內事,乃己分內事。己分內事,乃宇宙內事。」(〈卷二十二,雜說〉)。顯見他立論的重點,其實旨在要求人人用功地成聖成賢。因為吾心之理同於宇宙遍在之理,也就是人應關注遍及整體存在界所有的仁德事業,故以宇宙內事與己分內事同為一事。陸九淵所言,此心同、此理

法身觀

同，心與理是同一的，並且超越時空、超越個體的同一。這些說法皆正契合宋七力言「本心」與宇宙的深層關係，與他提出的「人人皆可分身、成道的看法」亦不謀同辭。

因此，宋七力對「本心」與宇宙關係的論述，可說是間接地源自孟子、老子、莊子等，而直接地相應陸九淵。象山復云：「後世言道理者，終是粘牙嚼舌，吾之言道，坦然明白，全無粘牙嚼舌處，此所以易知易行也。」（〈卷三十四，語錄〉）。宋七力在言理說道時，亦沒有「粘牙嚼舌」，故其論「本心」之道，同樣是「易知易行」，這也與象山近似。總之，宋七力與上述的先哲前賢的思想可說是互相發明的。

陸、王陽明

心學由明代大儒王陽明所開創，是宋明理學研究中早被反覆探討的重要論題，如牟宗三、勞思光等，皆視陸王心學直承孟子，而為宋明儒學發展最終完成的階段[55]。陸王心學既然直承孟子，則宋七力對王陽明論本心的部分，自不會有所遺漏。他嘗言：「王陽明說：『聖賢教人知行，正是要復那本心』。」宋七力又說：「如來所藏的無量寶將祂實行出來，像王陽明說『良知良能』，都在你的本心中呀！」[56]王陽明云：「孟子所謂『是非之心，人皆有之』者也。是非之心，不待慮而知

，不待學而能，是故謂之良知。是乃天命之性，吾心之本體，自然靈昭明覺者也。凡意念之發，吾心之良知無有不自知者。」[57]良知者，是所謂是天下之大本也（〈書朱守乾〉）。可見宋七力的說法，實與王陽明上述之理相似。

作者以為，王陽明的良知、良能學說是來自於孟子良知說的啟發與創見。孟子說：「人之所不學而能者，其良能也。所不慮而知者，其良知也。孩提之童無不知愛其親者，及其長也，無不知敬其兄也。」（〈盡心上〉）。而王陽明說：「心自然會知，見父自然就知孝，見兄自然就知悌，見孺子入井也是自然知惻隱，此即是良知，不假外求。」（〈傳習錄上、中〉）。是相類似的。蓋「惟天下之至誠，然後能立天下之大本。」（〈傳習錄下〉）。此處所謂的「大本」，即是就良知是天理的「大本」而言。良知乃廓然大公，寂然不動的初心。王陽明關於自身內在良知、良能的體悟，皆是他真實工夫論的敘述，王陽明以自問自答的方式說：

寂然感通，可以言動靜，而良知無分於寂然感通也。動靜者所遇之時，心之本體固無分於動靜也。理無動者也，動即為欲。循理則雖酬酢萬變而未嘗動也；從欲則雖槁心一念而未嘗靜也。動中有靜，靜中有動，又何疑乎？有事而感通，固可以言動，然而寂然者未嘗

有增也。無事而寂然，固可以言靜，然而感通者未嘗有減也。動而無動，靜而無靜，又何疑乎？無前後內外而渾然一體，則至誠有息之疑，不待解矣。(〈答陸原靜書〉)

王陽明又云：

以良知之教涵泳之，覺其徹動徹靜，徹晝徹夜，徹古徹今，徹生徹死，無非此物。不假纖毫思索，不得纖毫助長，亭亭當當，靈靈明明，觸而應，感而通，無所不照，無所不覺，無所不達，千聖同途，萬賢合轍。無他如神，此即為神；無他希天，此即為天；無他順帝，此即為帝。本無不中，本無不公。終日酬酢，不見其有動；終日閒居，不見其有靜。真乾坤之靈體，吾人之妙用也。(〈與黃勉之〉)

王陽明的「理」，皆為對《易經》所言：「寂然不動，感而遂通」之理解，宋七力則將之概括說：「宋明理學就是『本心』之學，講良知良能只是一個名詞而已，良能良知——『知』是靜態的，『能』是動態的。」[58]可見兩者之見是同根同源的。王陽明云：「所以為聖者，在純乎天理而不在才力也。故雖凡人而肯為學，使此心純乎天理，則亦可為聖人；猶一兩之金比之萬鎰，分兩雖懸絕，而其到足色處可以無愧。故曰：『人皆可以為堯舜

第四章 宋七力「本心」思想義理的淵源

』者以此。」(〈傳習錄〉) 宋七力亦屢言同樣的義理。兩者在學術上的關係，於此可見一斑。總之，王陽明思想體系的重要一環就在於「知行合一」，他曾說：「知之真切篤實處即是行，行之明覺精察處即是知。」(〈答顧東橋書〉) 宋七力對本心亦是知行合一，兩者對自己思想的態度及方式，皆如同一口。

綜合而論，宋七力與上述哲學家的關係，正合乎陸象山所言：「千萬世之後，有聖人出焉，同此心，同此理也。東南西北海有聖人出焉，同此心，同此理也。」(〈卷二十二，雜著〉)

第二節　西洋方面

宋七力的「本心」思想義理除了淵源自中國的哲學家之外，亦有淵源自西洋的哲學家，現擇其要者論述之。

壹、蘇格拉底

梅洛-龐蒂指出：「為了將哲學的根基置於地球之上，需要的恰恰是蘇格拉底這樣的哲學家。」[59]可見他在西洋哲學史上崇高的地位。蘇格拉底之前的哲學家大都是探索萬物本質的相關問題，但當理性外

法身觀

觀自然、追尋宇宙存在的奧祕時，人作為思想萬物的主體及宇宙的組成部分，必然追尋到人的自身上。希臘德爾斐的古老神廟前石碑上鐫刻的「認識你自己」的名言，即是人類主體意識對自身的詰問與反思。阿倫特（Hannah Arendt）說：「每個人在探究過程中只與自己進行無聲的對話。因此在『認識你自己』的過程中，特殊問題被迫敞開自身，從每個可能的視角、所有不同方面顯示自己，直到最後被類理解力洞悉全部，光芒覆蓋和照得透亮。」[60]

蘇格拉底作為古希臘的哲學大師，他把哲學從天國帶到塵世，「把人對『命運』的執著引向心靈，在反觀中的『境界』追求」[61]，並以卓越的智慧和高尚的品格，引領後人把哲學明確地從物質的自然界劃分出來，轉向人文主義的研究科目。由此，人不再僅是單純地研究外部的自然界，毫不顧及它與人類的事務和人類利益的關係[62]。

哲學開始進入人的本心及其精神生活。尤其是他提出的「認識你自己」，影響後世極為深遠。宋七力的「本心」思想義理並沒有直接受蘇格拉底的影響，但宋七力演說中常引用蘇格拉底所宣揚的「認識你自己」。宋七力說：「蘇格拉底強調『認識自己』，認識自己是至善的靈魂吧！不認識自己就『不識本心』，即佛教所謂的無明。」[63]《法身顯相集》亦指出蘇格拉底曾經說過：「你要拋棄神的觀念，回歸到『認識

你自己』。」可見蘇格拉底所言,與宋七力所言「自己是至善的靈魂」是共鳴的。而至善的靈魂就是「本心」。本心既然是至善的,也就能開顯出無限的功能。而「認識自己」,必須懂得審視自己內在至善生命的意義與目的,同時實踐自省的工夫,回歸至善的本心。保羅‧吳爾夫(Robert Paul Wolff)指出:

> 蘇格拉底認為我們每個人都應當用批判分析與疑問來審視自己,當然,他從未建立任何理論(事實上,他從未把任何事物制定下來),但根據柏拉圖所記錄,我們可以重新建構出蘇格拉底內心的想法。這個基於他特殊的教學風格與哲學思考而足以顯示其名望的理論有四項基本原則:一、未經審視的生活不值得活(《柏拉圖‧申辯篇》)。二、如果我們想要真摯的幸福與真摯的美好生活。三、就必須遵循某些適切的思想與行動的準則。四、這些準則必須是客觀的對所有人而言都是真的[64]。

遺憾的是,人並沒有真正地認識自己,更沒有認識到生命的精髓,故一生沒有什麼幸福可言[65]。

柏拉圖的《對話錄》記錄了蘇格拉底的思想內容,也記載了他遭受不公平審判的過程。蘇格拉底最重視的兩個課題就是「認識你自己」跟「關心你的靈魂」。可是,他被指控「不信奉城邦諸

法身觀

神」和「腐蝕雅典青年思想」，結果被判處死刑。他如果能夠妥協，不再堅持自己的說法，就或許可以逃過死劫，但是蘇格拉底寧願接受死刑，也不願意放棄自己的信念，最後欣然地服毒自殺，以身殉道。這明白地彰顯他的基本信念：熱愛哲學的人會愉悅而無愧地面對自己的死亡，在死亡後可以在另一個世界享福[66]。哲學家不重視物欲的滿足，他們重視自己的靈魂，使其趨於完善。這明白地彰顯蘇格拉底是個熱愛生命、熱愛哲學的人。

宋七力也強調哲學要探討靈魂的問題，因為輪迴以靈魂為主體，所以蘇格拉底提出靈魂的問題。《本尊道全集・皈依法身》說：「蘇格拉底不敬神明，他認為內在有一個聲音，那是靈魂的聲音，他相信有靈魂，所以柏拉圖繼承他的學說。」此靈魂應該是指「本心」而言。《本尊道全集・意識宇宙》談到：「佛教的終極究竟理想目標即『實相』、『法身』。解脫的思想，必以『靈魂』為前提，提升靈魂！喚醒靈魂！解脫靈魂！靈魂與本心『合一』，始能成立法身。靈魂藉著真如的清淨無漏種子轉識成智。」

宋七力所主張的，便是人應將外放的心回歸到「本心」，也就是多關照自己的靈魂，如此才能成就自己永恆的生命。於此可見，宋七力的「本心」思想義理與蘇格拉底的觀點是遙相契合的。

貳、柏拉圖

自柏拉圖開始，理念的問題才啟其端，所謂的理念就是某種超越現實的東西，它包含理想和無限的超越，這是西方哲學的一貫傳統，對任何一個時代皆有至為鉅大的影響，以至於懷特海（Alfred North Whitehead）認為：「通常對構成歐洲哲學傳統最可靠的描述就是，它是對柏拉圖學說的一系列註腳。」[67]宋七力最推崇的西洋哲學家非柏拉圖莫屬，他經常援用柏拉圖的思想來佐證自己的「本心」思想。以下即從宋七力的論述中論析其受柏拉圖思想的影響如下：

《本尊道全集‧心物合一》宋七力中提到：「柏拉圖哲學的型相論，柏拉圖的神就是他的本心」。柏拉圖的型相或（理念或理型），既不是思維所把握到的客體對象，也不是意識所塑造出來的某物，而是他透過睿智與辯證來通觀存有的本質所獲得的。理念是自本自根的存有，自成一個理念王國。世界上所有的真實存在都必須參與、分享或模仿理念，而一切感覺世界的存在物都有一種傾向理念的動力，以補足其在感覺世界中所未能具有的形而上的完美[68]。

故宇宙中的任何一物，皆參與、分享或模仿理念世界，才能呈現其形式。是以人也應參與或模仿人的型相，以呈現其本心或

法身觀

（實相、法身）。這看法與宋七力「本心」思想一致。因此，宋七力認為柏拉圖講的「神」以「型相」為模型；物質作原料；模擬後放置於「空間」，近似佛教所講的「諸法實相」。因此，宋七力說：「畢達哥拉斯、蘇格拉底、柏拉圖等，畢生探討靈魂，發揚靈魂理論，必與『本心』有關。」[69]無論如何，宋七力對柏拉圖也曾加以論述，認為柏拉圖專門針對「靈魂」來說，因而排除經驗世界的知識，只一味談「理型界」、「觀念世界」，與意識連結，始能夠成就宇宙與人生的實相。畢竟；實相必須以意識為背景[70]。如果柏拉圖能夠親身驗證實相的境界，就能夠更進一步地詳細闡述「實相」的廣博內涵，宋七力在《本尊道全集・真如法身》中詳述：

> 「靈魂」上層是「法性」，仍須依法性去接近觀念世界，柏拉圖建立型相，亞里斯多德責罵他。柏拉圖被排斥仍堅持有理型、有「觀念世界」和「感官世界」之差別，「觀念」與「感官」的「宇宙二元論」、人與靈魂之「人生二元論」，所以柏拉圖的二元論就是宇宙與人生相分。宇宙中分線一直無法解決二為一如何統一成「一元論」？這是柏拉圖的問題，也就是中國哲學的論題：如何「天人合一」？合一就化解了柏拉圖的二分法[71]。

宋七力說：「柏拉圖一生要追求的就是善的實體，柏拉圖所謂的真、善

138

、美是指型相世界，把理型、觀念轉化變成實體，以理性親見善的實體，見實體，則為實相實體化了。」他再接著說：「柏拉圖重視靈魂，認為人生的目的是要追求至善的靈魂；善的實體。古希臘哲學家心中尚未有『上帝』的觀念。」[72]「靈魂」上層的「法性」若要一直流露出來，則要經過意識[73]。

柏拉圖的理念論，受奧爾弗斯教的影響[74]，這是他的二元論和彼岸思想的主要來源。這兩種思想是從無中創生世界的觀念。他最高善的理念、理型、觀念世界，在〈蒂邁歐〉中所表達的是神造世界說，似乎認為在神之前已存在著質料，但這些質料漫無秩序，神不過是從中創造出井然有序的世界而已[75]。約翰希克（John Hick）曰：「正是柏拉圖這位最深刻最持久地影響西方文化的哲學家，系統地發展了身心二分的學說，第一次致力於證明的不朽。」[76]

在柏拉圖的思想中，「善」是整個邏各斯體系中最高的原則，是宇宙自然萬物存在的根據和動因，也是所有事物共同追求的終極目的。他還徹底地將具體事物與普遍本質分離開來，形成一個「摹本」──「理念」世界。《古希臘羅馬哲學》中亦談到：「我們說有多個東西存在，並且說這些東西是美和善的，另一方面我們又說有一個美本身、善本身等等，相應於每一組這些多個的東西，我們都假定一個單一的理念，假定它是一個統一體而稱它為真正的實在。」[77]

法身觀

宋七力又說:「柏拉圖的觀念世界,也是『本心論』、解脫觀。觀念世界是從法性流露出型相,柏拉圖以狄米奧格代表『本心』,代表『善』的實體。而善的實體象徵『本心』,象徵『法性』。本體法性常住,隨著柏拉圖的『觀念』而流露。常住的法性隨緣而起,由靜態法性化為流動法性,法性流轉,透過『觀念』而呈現各種形相。」[78]宋七力另外指出,耶穌只有上帝、主、天父觀念,強調上帝就在你心中,與「佛在心中」、「道在心中」及「人人心中有本心」有何差別?耶穌口中的「上帝」是客體?還是主體?主客二分了與老子言「道」是「先天地生」,是客體,後轉為「道」在人心中,主客於是合一了。宋七力說:

> 耶穌的「上帝」與柏拉圖的「神」顯然差異。耶穌的「上帝」能創造萬物,包括耶穌自己的肉身。道成肉身後,耶穌成了上帝的化身。而柏拉圖的「神」,不能像上帝般創造萬物,只能摹仿宇宙萬物搬運「形相」落在眼前的空間,轉運宇宙萬有為人生的理想價值,將宇宙萬象重複拷貝而成現實的「自然宇宙」[79]。

據以上所述,自可明白柏拉圖的「神」是主體,有「本心」的意味。耶穌的「上帝」為主客合一。宋七力思想的內容——「實相」、「法身」,正可統攝主客合一觀。

叁、亞里斯多德

　　宋七力以「道之為物，惟恍惟惚。惚兮恍兮，其中有象；恍兮惚兮，其中有物。窈兮冥兮，其中有精；其精甚真，其中有信。」解說：「『象』，形成萬物的『形式因』，『物』則是亞里斯多德所說的『質料因』，萬物即是萬有存在的質料因。在亞里斯多德的哲學體系中，『形式因』與『質料因』源自第一因。第一因為動力因。」[80]宋七力以亞里斯多德提出的「四因」來詮釋老子的思想，兩者在思想的關聯，這是無庸置疑的。宋七力再指出；亞里斯多德的「上帝」，與《聖經》的上帝顯然不同，他認為：

> 亞里斯多德的「上帝」無質料因，故無能力創造世界。亞里斯多德的「上帝」只是永恆不變的質料，毫無生氣，亦無生生不息的形上原理。因此，亞里斯多德的「上帝」非崇拜，不像耶穌教立上帝做為人格神崇拜[81]。

　　亞里斯多德強調任何個別事物都是原料與形式的統一，同時認為兩者是相對的，對於低一級的事物是「形式」，對於高一級的事物則是「質料」。整個宇宙就形成了一個從質料到形式交替上升的統一序列。高一級事物不僅構成了低一級事物的形式，而且也是推動或吸引低一級事物向自己發展和上升的動力和目的。這個

序列的最下端就是沒有任何形式的純質料,而最頂端則是不再構成任何事物原料的「純形式」或「形式的形式」,也就是「第一因」。它是一切事物追求的終極目的,也是推動一切事物向其發展運動的「第一推動者」,其自身不動卻推動萬物,因而是「不動的動者」。鄧曉芒等人指出:「亞里斯多德又把它稱為神。因此,他的第一哲學或第一因也被稱為神學。」[82]

由此可見,宋七力的「道」、「本心」、「實相」、「法身」等概念與亞里斯多德「第一因」的關係似乎懸於空間,無法銜接。亞里斯多德的「上帝」不能被崇拜,因為他的上帝指是一個思維體,不是一位人格神的創造主,可供人膜拜。宋七力的「分身」亦非像上帝般的崇拜,而「分身」是針對人的個體彰顯出生命的意義和價值;從短暫的生命,透過分身轉換成永恆。就如《聖經》所寄之重生、復活、再生人。由此對宗教式的崇拜與大道之行作出區隔,他示現「分身」已三十五年,從未進行宗教式的崇拜。他全程以「大道之行」與同道交流,把自身親證的「分身」,經由「本心觀」表達出實相與法身(分身)。

從西方哲學史來看,早在亞里斯多德思想體系中就已出現了「分析」的概念,而且他自覺地使用分析的方法,他的前後《分析篇》規定了邏輯推理的一般性質和形式,並對科學知識給出了明確的規定,雖然它並沒有對「分析」這個概念作明確的解釋,

但根據他的論述,「分析」就意味著定義,也是對包含在前提中的結論的揭示過程,「定義就在於把複合的觀念分析為它們的組成部分」[83],這是一個具有必然性,而排除任何偶然性的過程。亞里斯多德說:

> 我們必須從觀察一組類同的個體出發,並審察它們所共有的因素。我們又把同一程式用於另一組屬於同一個種、並在類方面而不是在種方面與前一組相同的個體。當我們確定了這第二個種的一切分子的共同因素之後,我們還要審察所得的結果是否相同,並一直堅持到我們獲得某一個公式為止。這就是有關事物的定義[84]。

宋七力認為,相較於柏拉圖,亞里斯多德執著於分析、判斷,所以在形下學的部分雖然多有建樹,但是在形上學部分顯有不足之處。在〈真如法身〉中,宋七力再指出亞里斯多德的哲學:「他偏重於以五官意識,知識性地分析,從物質現象分析,與小乘的《阿毗達磨俱舍論》分析法『五位七十五法』,《異部宗輪論》的『五位六十四法』略同。」宋七力接著說:「亞里斯多德論的分析層次分明,而且很透徹。他分析出一系列的理論,使他成為倫理學之父,而政治學、經濟學、歷史學、邏輯學、動物學、植物學差不多都是亞里斯多德發起的。」[85]

由此可見,宋七力對亞里斯多德的專長及其對後世的影響,

法身觀

確有其敏銳而精審的觀察,而他對《阿毗達磨俱舍論》的看法,也與亞里斯多德有相當密切的關連。

宋七力在《法身顯相集》中,說明柏拉圖的大弟子亞里斯多德是沿著其師的思想體系而建立形上學的「實體論」,他指出:「亞里斯多德的觀念認為宇宙萬有透過『實體』化成,而成實體統一宇宙萬有。把宇宙萬有變成自身的實體,實體與宇宙萬有統一而聯繫起來,主體即成為宇宙萬有本體。猶如『三位一體』論,以『法身』為基準論『宇宙光明體』。」[86]宋七力進一步解釋亞里斯多德的「實體」有三種:「形上實體」(屬於不可感覺且永恆的實體)、「獨立存在的實體」、「常駐不動的實體」,這三者含有神性,包括「神學」的內涵。因此,在亞里斯多德《形上學》的卷四中,規定「存在自體」之學,是形上學研究的主要對象[87]。

依亞里斯多德看來,目的論中的「神」是亙古不變的,其本性就是思想的本性。故他認為:「思想由於分有了思想的物件,思想思維著它自身,所以,思想和思想的物件同一。因此,神就是思想。」[88]

從以上對希臘三哲所言而論,蘇格拉底的「認識你自己」、柏拉圖的「觀念」、亞里斯多德的「第一因」,與宋七力的「本心」思想義理是不謀而合的。

肆、康德

宋七力指出：康德體悟了形上存在的事實是形下知識所不能探測的。他在《法身顯相集》中以為：「康德說：『靈魂是一常存而不可破滅的人格性之單一實體，今生與人之形體同在，脫離形軀亦仍獨自永恆存在』。」宋七力接著指出：「康德只能表明超心理學假設的靈魂（主體或心），有四性期能證明：一、純一性。二、實體性。三、人格性。四、不滅性。宋七力再指出：「古希臘哲學家與柏拉圖等也是如是主張『靈魂不滅說』。經由形上真我的提升與顯揚，亦可由虛幻而轉化成真實的永恆價值。而『分身』正是實現康德與古今中外形上哲學家的永恆理想象徵。」[89]宋七力以上的引文乃出自康德《純粹理性之批判》的原文。此外，康德所說的「脫離形軀亦仍獨自永恆存在」，與柏拉圖所言相像[90]。可知宋七力的「分身」與希臘三哲及康德「靈魂不死」的思想有互相契入的關係。而熊十力對康德的靈魂觀提出批評：

> 康德所謂神與靈魂、自由意志三觀念太支離，彼若取消神與靈魂、而善談自由意志。豈不妙哉。同時也批評叔本華之意志乃無明也。無所謂習氣也。康德的自由意志、若善發揮、可以融會吾人大義生生不息真幾（此就宇宙論上言）。可以構成內在的主宰。（此可名為本心）。通天人而一。豈不妙哉[91]。

法身觀

　　《本尊道全集・以無住為本》說：「『空』不是『虛無』，『空』是『絕對』的『從相對中去求取絕對的存在』。從相對『否定相對』，『從相對求取這絕對的真實』。這是康德『二律悖反』的道理。」康德在認識論上竭力地揭示理性的矛盾，認為理性在越出現象而探求「物自體」時，必然陷入「二律悖反」，這就為信仰留下了地盤。《本尊道全集・守元抱一》指出：「物自身是『道體』，可以從萬物、萬象、萬有中看見『道體』。所以『道體』是萬物、萬象、萬有的『自身』。」在康德看來，由於理性的知識都起源於經驗，能否在嚴格的經驗範圍內說明或劃定理性的認識，就是衡量形而上學的真理體系的標準。根據對現象和「物自體」領域的劃分，他所給出的知識體系確實是理性的認識體系。無論如何，在這套認識理性之外，康德承認，認識理性無非切中「物自體」的領域。這也就是說，它的領域本身不是人經驗的領域。因此，傳統意義上的真理體系就不是人經驗的事物，而從屬信仰和道德的領域。宋七力認同康德「物自體」的說法，因為「物自體」也類似他自己所言的「本心」。「本心」透過自然流露而實踐，體現其功能與作用。故康德的意見與宋七力類似。

　　宋七力在《本尊道全集・皈依法身》中開示說：「要把『觀念』變成『存在』，這是哲學家要實施的目標！康德《純粹理性批判》的『先驗統覺』有三個步驟，第一個是『先驗的感應』、『先驗的分析』、『先驗的判斷』，

第四章 宋七力「本心」思想義理的淵源

但『先驗統覺』要透過理性來塑造一個觀念世界,把它變成存在。」[92]《本尊道全集·六根見性》曰:「康德否定『知識論』和『經驗論』,就是理性和感性,他皆加以否定。他的『先驗統覺』,是以阿賴耶識的觀點超越理性和知識論。」康德在《純粹理性批判》中論述何謂「先驗的自我意識」?他說:

> 我把它稱之為純粹統覺,以便將它與經驗性的統覺區別開來,或者也稱之為本源的統覺,因為它就是那個自我意識,這個自我意識由於產生出「我思」表象。而這表象必然能夠伴隨所有其他的表象、並且在一切意識中都是同一個表象,所以決不能被任何其他表象所伴隨。我把這種統一叫做自我意識的先驗的統一,以表明從中產生出先天知識來的可能性[93]。

先驗統覺的內涵,不僅是真正理解康德《純粹理性批判》的關鍵,也是把握其整個批判哲學的一個重要前提。它所具有的自發性、必然性與整體性等特徵,對於批判哲學中其他的概念,如知性、判斷力以及理性等都有極強的說明意義。此「先驗的統覺」所分析的事物,就是意識的先驗結構。康德的感性、知性、理性概念,以及「先驗構架」、「先驗統覺」等,在其「自我意識」或意識主體中,皆占有一個核心的位置。在宋七力精闢透澈的見解中,他說明此「先驗的統覺」是「意識流」。「法性」與「阿賴耶識

法身觀

」交流後,便成為「意識流」[94]。由是觀之,康德對宋七力的「本心」思想義理是有一定影響的。

伍、黑格爾

有關「物自體」的問題,宋七力較接受黑格爾的意見,因為後者明確地指出「物自體」是一種抽象的對象:

> 從一個對象抽出它對意識的一切聯繫、感覺印象,以及特定的想像,就得到物自體的概念。很容易看出,這裡所剩餘的只是一個極端抽象,完全空虛的東西,指可以認作了表象、感覺、特定思維等等的彼岸世界。而且同樣簡單地可以看到,這剩餘的渣滓或殭屍,仍不過只是思維的產物,只是空虛的自我或不斷趨向純粹抽象思維的產物。這個空虛自我把它自己本身的空虛的同一性當作對象,因而形成物自體的觀念。這種抽象的同一性作為對象所具有的否定規定性,也已由康德列在他的範疇表之中,這種否定的規定性正如那空虛的同一性,都是大家所熟知的。當我們常常不斷地聽說物自體不可知時,我們不禁感到驚訝。其實,再也沒有比物自體更容易知道的東西[95]。

宋七力所言的「本心」與「分身」這類「物自體」的思想,

本來就是「更容易知道的東西」，這與康德的說法截然不同。其次，宋七力認為黑格爾所謂的精神實體化，其實就相當於愛因斯坦（Albert Einstein）所言「質能互換」（能量物質化）的概念。黑格爾說：

> 精神是這樣的絕對的實體，它在它的對立面之充分的自由和獨立中，亦即在互相差異、各個獨立存在的自我意識中，作為它們的統一體而存在：我就是我們，而我們就是我。意識在自我意識裡，亦即在精神的概念裡，才第一次找到它的轉捩點，到了這個階段，它才從感性的此岸世界之五色繽紛的假相裡並從超感官的彼岸世界之空洞的黑夜裡走出來，進入到現在世界的精神的光天化日[96]。

《本尊道全集・皈依法身》指出：

> 黑格爾的「精神實體化」，就是康德的「觀念轉變成實在」，在透過存在的照明後，一切存在、理型等皆能觸摸得到，可是皆沒有實現出來，只是停留在「認識論」的範圍中。像「理型」是柏拉圖追求的目標，也就是追求「善的實體」，可是他並沒有實現出來[97]！

宋七力的「本心」思想就是要「進入到現在世界的精神的光天化日」之中。《精神現象學》展示的就是哲學的理想、智慧追求者的理

想,「任何以之為理想的人都賦予自我意識以最高的價值,確切地說,這一自我意識就是對於自身的而非任何其他東西的意識」[98]。這「自我意識」與宋七力「本心」思想說法符合。

　　黑格爾的論證無疑是具有典型意義的。眾所周知,他是通過精神現象的辯證發展來證明哲學選擇的必然性的,也就是說,精神通過「外化」自身,通過生命自身的活動,通過在自身物件化的事物中認識自我意識,顯然地「意識」在量子力學中即扮演重要的角色。物理學家詹姆斯·金斯（James Jeans）說:「知識之流目前正朝著非機械現實的方向走;宇宙的存在目前看起來更像是巨大的思想而非巨大的機械。對物質領域來說,心靈不再是偶然出現的入侵者。我們反而應該將其視為物質領域的創造者以及領導者。」[99]方魁燦又指出:「人的意識轉變成智慧——轉識成智,人性轉換成光明體性,以此光明體性維繫著生命的永恆性;過去、現在與未來,都存在於『當下』的本心。因此,『當下』就是『永恆』!現代量子粒子學與宇宙意識學亦是如是說。」[100]

　　黑格爾的「絕對精神」理念確定了人在自然界中的主體地位,從而發展為絕對主體理念,這種「絕對精神」借助生命意志的熱情燃燒,以實現精神,「自己二元化自己,自己乖離自己,但卻是為了能夠發現為了能夠回復自己。」[101]此「絕對精神」與宋七力「本心」思想在意義上是相互貫通的。因為此時的「本心」已從個體過去固

有的存在中逐漸汰除，以人的自身最終極欲求為人性之本，只向自身生成。生命意志是由人的需要和欲望構成，擁有強力意志「本心」的「絕對精神」，則是對生命的擴展、支配、轉化與超越，「自己二元化自己」，進而「能夠回復自己」[102]。這正如黑格爾所言：

> 時代的艱苦使人對於日常生活中平凡的瑣屑興趣予以太大的重視，現實上很高的利益和為了這些利益所作的鬥爭，曾經大大地佔據了精神上一切的能力和力量以及外在的手段，因而使得人沒有自由的心情去理會那較高的內心生活和較純潔的精神活動，以致較多優秀的人才都為這種艱苦環境所束縛，並且部分地被犧牲在裡面。因為世界精神太忙碌於現實，所以它不能轉向內心，回復到自身[103]。

由宋七力與西方哲學的淵源而言，從蘇格拉底的「認識自己」到黑格爾的「回復到自身」，宋七力的「本心」思想可與上述的西方哲學家遙相呼應。

法身觀

第三節　佛教方面

　　有關佛教經典的數量，可說是汗牛充棟，而宋七力對「本心」的論述，實是佛教的核心。尤其是大乘經論，主軸揭示「發阿耨多羅三藐三菩提心（本心）」。他強調《維摩詰經》講入正位者，不能復發菩提心，不能解脫，若沒有「發阿耨多羅三藐三菩提心」，何來真如本心觀？於此，不難窺見他與佛典的關係匪淺。

　　依照三十多年來體道過程，作者知悉，宋七力除了飽讀中西主要的哲學經典和名著外，對佛教的經典也同樣多所涉獵和深入研摩。因此，他引用佛教經典對「本心」的申論時，頗能得心應手。他親證的「天人合一」境界，藉著佛教語言表達大道之行。當宋七力閱讀第一本佛經《維摩詰經》時，產生了濃厚的興趣，於是他明白了體會的「天人合一」境界與佛教相關。接著他研讀《大日經》。《大日經》云：「佛言菩提心為因，悲為根本，方便為究竟。」又〈卷一〉云：「祕密主，云何菩提？謂如實知自心。」宋七力指出「一切諸佛，一切天女，皆自心出。」有關這段話，宋七力加以解說：

　　你心中會出現，像人間看太陽那樣，法界大日將從心中出，轉移到額頭上，由大變小，形成「額頭放光」。若大日停留在眉心上，形成眉心放光。法界大日是客體，為何從本心出？因體現「本心」之體

性（法性）與法界「大日」同一體性。「眉心放光」，只針對「大日」而說。本心之法性放光，出於額頭放光，非眉心放光[104]。

大日與「本心」同在，由於「大日」、「本心」相應，法性立即流動，並與阿賴耶識結合，形成意識變現，識變大日形象，所以《大日經》言：「大日從心出。」心中所呈現的大日是本心「識變」，非客體的大日。只是主體與客體合一的現象。宋七力所創立的大日宗協會的「大日」之名，非來自《大日經》，而是他從童年就遇到了不知名的大太陽，取名「大日」。《大日經》與《維摩詰經》啟發了宋七力對自身經驗境界的了解。從童年到中年，其境界自然流露，但他不知所以然，到了老年，豁然還歸「本心」。

宋七力無狹義的宗教信仰，亦缺乏狹義的宗教概念，他只是喜歡《維摩詰經》整篇闡論實相與法身，實相法身是他實現「天人合一」的大道之行。實相法身亦是《維摩詰經》的主題。所謂「觀自身實相」，以實相見法身，法身即如來。真如自性本心所顯發出來者名為如來。《金剛經》正題；是「生實相，見如來」。宋七力指出，實相與法身一體兩面。所以可說「實相法身」，能生實相，就可自見其身。自見其身於《觀無量壽經》云：若能「自見面像，如執明鏡」，當下消除五萬億劫生死罪。」也就能解脫生死的問題。

法身觀

　　宋七力又舉出《大涅槃經》來證明本心,「我就是如來」。「我」指「本心」,若能把「我」轉入「諸法有我」,人生便可在宇宙中暢通無阻。宋七力又說:「心顯『法身』,必定能發阿耨多羅三藐三『菩提心』。」生實相,見如來(法身),是根據「本心」而來。《維摩詰經》等大乘經典,篇篇不離開菩提心(本心),無「本心」,則無實相法身,也無經典上的諸佛如來菩薩與淨土。《維摩詰經》是以法身和淨土來開拓眾生的本心。故曰:「欲得淨土當淨其心,隨其心淨則佛土淨。」欲得淨土,就必須顯發本心。「心」指本心,菩提心(本心)是大乘佛教的基本精神,也是佛教的命脈。維摩詰所示現的不可思議解脫境界,皆是「本心」的功能起作用。《維摩詰經》影響了聖德太子、白居易等人的學道,也啟示了密宗的「即身即佛」、「即心即佛」。「自觀身實相」,就彷彿是宋七力的「自見其身」,猶如金剛界菩薩所說:「我看一切如來,就好像看自己一樣。」所以自身成就;自身就是「曼陀羅」[105],觀一切就是自己——觀自身實相,即見如來。自身成就「即身成佛」[106]。

　　宋七力以「自見其身」來說明「本心」。禪宗所謂「明心見性」,恢復本來面目。直接了當,開門見山,從「本心」自見其身,生實相,見如來。綜合本章從三方面論述宋七力思想,由「本心」思想所延伸開展出的「天人合一」顯相照片,全以實相與法身實證境界來表達「本心」的思想。他歷經六十多年的體

證,證出大道之行,以自見其身(分身)呈現「本心」思想義理的體系。宋七力對先哲聖賢的思想皆有所取、捨、從、違,以致他的論述獨樹一幟,而且論述及實證「天人合一」的境界,皆有其所本。宋七力完全依著實證境界圍繞理論,其結論以本心實相法身延續生命。奧德嘉・賈賽特(Ortega Gasset)曾說:

> 哲學史上最大的進步,就是誠心誠意地去承認我們並不瞭解遠古的思想家。一旦我們承認不瞭解他們,便會開始真正去瞭解他們,這就是說,便開始瞭解他們是用一種與我們不同的方式從事思想的,然後去尋找那種思想方式的主要公式[107]。

宋七力就是抱著這種態度,誠心誠意地向遠古的思想家學習,並謙虛地承認自己不瞭解他們,因而成就了今天的自己。

法身觀

【註釋】：

1. 本論文之所以提出這些哲學家及佛教經典作為宋七力「本心」思想義理的淵源，除了這些哲學家及佛教經典頻頻地出現於其論述中之外，也有恰當的理由推測其「本心」思想的脈絡與上述的中西哲學家、佛教的經典有傳承發展的關係，而宋七力的言行舉止、學術風格、生活態度、人生目的及抱負等，亦與他們近似，這些也可作為判定宋七力「本心」思想義理是否與之有思想淵源的參考。以上有關判定某一位哲學家與另一位哲學家在思想是否有學術淵源的條件，參閱簡光明著，〈莊子思想源于田子方析論〉，載於《鵝湖月刊》，1994年，卷19，第226期，頁30。

2. 宋七力著，《天人合一實證境界・生命之統一性》，頁68。

3. 張載言：「神，譬之人神，四體皆一物，故觸之而無不覺，不待心使而後覺也。此所謂『感而遂通，不行而至，不疾而速』也。物形有小大精粗，神則無精粗，神則神而已，不必言作用。」見其所著，《張載集》，臺北：漢京文化事業公司，1983年，頁200。

4. 參考黃甲淵著，〈從心具理觀念看朱子道德哲學的特性〉，載於《鵝湖學誌》，第23期，1999年，頁47。

5. 《本尊道全集・照見五蘊皆空》，頁28－29。

6. 《本尊道全集・照見五蘊皆空》，頁8。

7. 佛洛姆云：「如果我們要想知道作為人是什麼意義，我們必須準備著，不要在人性的諸種不同可能性中去尋找答案，而得在人類的生存基本處境中去尋找，就是從這個基本處境中，人的諸種可能性才作為可能發生的事情而發生出來。我們之認知這些處境，不是由形上學的思考所得的結果。」見其所著，孟祥森譯，《人類新希望》，臺北：志文出版社，1978年，頁77－78。

8. 熊十力對這兩句話有深刻的解說：「古之言天，本指彼蒼而目之，即星體也。天一日一夜，過周一度。其行至健。故乾以之取象。然鑿乾者果何物歟。曰：乾，不可以物求之也。乾，非物也。乾之為言健也，其生生不已之勢能歟。此其運行不息，神化難思。故象之以天，形容其健也。」見其所著，《讀經示要》，臺北：廣文書局，1960年，卷3，頁62。

9. 見其所著,《中國人性論史・先秦篇》,臺北:商務印書館,1994年,頁173。

10. 袁爾鉅著,〈孟子論人格的自我價值〉,頁 188-189 曰:「這裡說的『求』,即『求其放心』之求。孟子認為,人心雖有仁有良心,然心來去活動無定時定處,有可能迷失方向,心一放逸則難免步入歧途,人有雞犬走失了,知道去尋找,而至為重大的良心放逸了不去尋求,是貴小輕大,豈不讓人為之痛惜!孟子強調『求』肯定了修養的必要。」收錄於《孟子研究》,第1輯。

11.《本尊道全集・意識宇宙》,頁6。

12. 宋七力著,《法身顯相集》,頁387。

13. 孟子對「萬物皆備於我」的認定,可以說在某一個方向上開啟了後世儒家一條至關重要的理路。這在宋明儒學中尤為明顯。程明道、陸象山、楊慈湖、陳白沙、王陽明等不同儒者的某些論說,皆與之一脈相承。參閱陳來著,《有無之境——王陽明哲學的精神》,北京:人民出版社,1991年,〈附錄〉。

14. 程顥等撰,王孝魚點校,《二程集・程氏遺書》,北京:中華書局,1981年,卷2上,〈二先生語二上〉,頁16。本論文引用《二程集・程氏遺書》的文字,皆根據此版本,只註明書名,不另加註。

15.《中庸》云:「誠者,非自成己而已也,所以成物也。成己,仁也;成物,知也。性之德也,合內外之道也。」

16. 參閱王邦雄等著,《孟子義理疏解》,新北市:鵝湖月刊雜誌社,1983年,頁253。

17. 唐君毅說:「盡其心者,充盡其心之表現,知其性者,由此表現,而知此心能興起生長之性也。知天者,知為我之此心性之本原天也。」見其所著,《中國哲學原論・原道篇》,臺北:臺灣學生書局,1986年,卷1,頁246。

18. 孟子認為「人皆可以為堯舜」,這顯然是從可能性和應然性的意義來說的。它的內在根據只能源於道德的普遍性。他還有另一種說法,即「心之所同然者何也?謂理也,義也。聖人先得我心之所同然耳」(〈告子上〉)。「同然」的「心」通過「己所不欲,勿施於人」(〈顏淵〉)而得以朗現。在孟子看來,聖人不過是通過自覺的道德反省把它顯示出來而已。從應然的角度看,亦即從潛在可能性而言,他所謂的「惻隱之心」、「羞惡之心」、「辭讓之心」、「是非之心」等「良知」、「良能」,是「人皆有之」的。這都是在強調道德的普遍性。

19. 參閱張奇偉著,《亞聖精蘊——孟子哲學真諦》,北京:人民出版社,1997年,頁117–118。

20. 宋七力著,《法身顯相集》,頁387。

21. 雅斯貝爾斯以為:「許多輝煌大事都在這段時間中產生。在中國出現了孔子、老子,一切中國哲學的各種流派於是興起,然後是墨子、莊子以及其他不勝枚舉的諸子百家。」「這個時代,產生了那些我們至今仍然在其範圍之內去進行思想的『範疇』(categories),同時也創立了那些我們至今仍然賴以生活的世界性宗教」,「直到今天,人性仍然以這些基礎為寄託。」見其所著,周行之譯,《智慧之路》,臺北:志文出版社,1972年,頁116、118。

22. 《本尊道全集·照見五蘊皆空》,頁11。

23. 《本尊道全集·彼岸即實相》,頁23。

24. 《本尊道全集·實相生活化》,頁9。

25. 以上這些「一」有兩種含義:作為數詞的「一」:〈第十一章〉、〈第二十五章〉、〈第四十二章〉和〈第六十七章〉;作為實詞的「一」:〈第十章〉、〈第十四章〉、〈第二十二章〉和〈第三十九章〉。其中,〈第十一章〉、〈第二十五章〉、和〈第六十七章〉中的「一」,很明顯是指數詞,並沒有特殊含義,也與「道」無涉。

26. 《本尊道全集·守元抱一》,頁2。

27. 《本尊道全集·彼岸即實相》,頁11。

28. 《本尊道全集·萬物自賓》,頁2。

29. 見其所著,孫周興譯,《在通向語言的途中》,北京:商務印書館,1997年,頁19。

30. 見其所著,《中國哲學十九講》,臺北:臺灣學生書局,1983年,頁122。

31. 《本尊道全集·法性如是》,頁15。

32. 《本尊道全集·萬物自賓》,頁2。

33. 《本尊道全集·真空妙有》,頁11、12。

34. 《本尊道全集・守元抱一》，頁 2。

35. 《本尊道全集・彼岸即實相》，頁 11。

36. 林希逸著，周啟成校注，《莊子鬳齋口義校注》，北京：中華書局，1997 年，〈莊子口義發題〉。

37. 郭慶藩編輯，《莊子集釋》，臺北：大明王氏出版公司，1975 年，〈逍遙遊〉。本論文引用《莊子》的文字，皆根據此版本，只註明篇名，不另加註。

38. 見其所著，《審判宋七力分身》，香港：香港七力國際出版公司，2001 年，頁 72。

39. 《本尊道全集・守元抱一》，頁 1–2。

40. 《本尊道全集・守元抱一》，頁 3。

41. 關永中認為：從「道」的造物性與內在性來看，可見「上與造物者遊」，正具有與萬物合一之意，是以可歸屬為「自然論」，又從「道」的超越性而言，可見「上與造物者遊」，正表現出與超越本體同一之意，是以又可與「一元論」相通，而從「道」又以「造物者」稱之，隱約透露出「道」應具位格性，可見「上與造物者遊」，正表現出與上帝結合共遊之意，是以又可與「有神論」相契，又由於「道」或說「造物者」的概念，亦即莊子所謂與「道」冥合。參考其所著，〈上與造物者遊──與莊子對談神祕主義〉，載於《國立臺灣大學哲學論評》，1999 年，第 22 期，頁 171。

42. 《本尊道全集・與天為徒》，頁 1。

43. 葉海煙著，《老莊哲學新論》，頁 126 云：「無何有之鄉，道體乃無為精神所開拓出來的廣大的生活空間，它已不是客觀意義的自然界。無為而自由，無為而逍遙，並非現實社會的實踐行動所能達成，而是吾人心靈世界中無所依傍無可企求的自足狀態，它超乎任何實用的意圖，並因此得以自全自保，而擺脫任何之危險與災難。」臺北：文津出版社，1997 年。

44. 「天眼」概分為三個階段，天眼的發生，絕對在於人神智清明時。第一是「偶發性的天眼」：突然發生，剎那消逝，人處於被動全然無知狀態，難於掌握、突然而發的現象變化。第二是「連續性天眼」：人自行主動隨時隨地順思想意識帶動變化，像觀賞電視螢幕，予取予求地觀賞。臻此「連續性天眼」，則可同享聖人之

樂,或與上帝神遊之樂!第三是「功能性天眼」:天眼對於人的宇宙生命永恆觀具有特殊的蘊義,參閱宋七力著,《「天人合一」實證境界‧天眼》,頁 46-50。

45.《本尊道全集‧自然之道》,頁 16。

46.《本尊道全集‧萬物自實》,頁 3。

47.《本尊道全集‧道法自然》,頁 13。

48. 參閱其所著,《莊子「保形存神」思想探究》,臺北:五南圖書出版公司,2017 年,頁 145。

49.《本尊道全集‧莫若以明》,頁 10。

50.《本尊道全集‧出離達生》,頁 3-4。

51.《本尊道全集‧出離達生》,頁 5。

52. 陸象山著,《陸象山全集》,據明嘉靖江西刊本校印,臺北:世界書局,1962 年,〈卷二十二,雜著〉。本論文引用《象山先生全集》的文字,皆根據此版本,只註明卷數及篇名,不另加註。

53.《本尊道全集‧真如法身》,頁 11、33。

54. 楊祖漢說:「象山感到宇宙的無窮,便馬上要效法此無窮之宇宙義,又馬上反省到當下要效法這無窮的心願自身,便是無限至大之實體,所以言『宇宙便是吾心,吾心即是宇宙』。簡言之,象山由宇宙的無窮義當下證悟本心的無限至大性。心既為宇宙,就找不到心外另一個絕對普遍而又無限之實體,故言『心同理同』,如此,就肯定人與宇宙皆是在同等的地位上,皆是無窮無限之存在,這樣便徹底解消了天人的間隔,而肯定人的超越之地位與無限之價值。」見其所著,《儒學與康德的道德哲學》,臺北:文津出版社,1987 年,頁 115。

55. 牟宗三著,《心體與性體(一)》,臺北:正中書局公司,1988 年,頁 54。勞思光著,《新編中國哲學史(三上)》,臺北:三民書局公司,1990 年,頁 50。

56.《本尊道全集‧萬法唯識》,頁 1。

57. 王陽明著,吳光等編校,《王陽明全書》,上海:上海古籍出版社,2006 年,〈大學問〉,頁 64。本論文引用王陽明的文字,皆根據此版本,只註明卷名,不另

加註。

58. 《本尊道全集・道在心中》，頁 6。

59. 見其所著，楊大春譯，《哲學贊詞》，頁 24。

60. 見其所著，王寅麗等譯，《過去與未來之間》，南京：譯林出版社，2011 年，頁 225－226。

61. 黃克劍著，〈從「命運」到「境界」——蘇格拉底前後古希臘哲學命意辨正〉，載於《哲學研究》，第 2 期，1996 年，頁 4。

62. 參考霍蘭・薩拜（George Holland Sabine）著，盛葵陽等譯，《政治學說史》，共上下冊，北京，商務印書館，1990 年，冊上，頁 50。

63. 《本尊道全集・意識宇宙》，頁 4。

64. 見其所著，郭實渝等譯，《哲學概論》，臺北：學富文化事業公司，2001 年，頁 5－6。

65. 佛洛姆著，陳學明譯，《逃避自由》，頁 322 曰：「首先認識自身，這是為了使人們變得強大和幸福而向人類提出的一個基本要求。」

66. 「死亡是給予哲學靈感的守護神和它的美神，……如果沒有死亡問題，恐怕哲學也就不能成其為哲學了。」叔本華著，陳曉南譯，《愛與生的苦惱》，北京：中國和平出版社，1986 年，頁 149。艾溫・辛格（Singer, Irving）認為，「有意義的行為，恰恰來源於我們對死亡的超越」，死亡使「我們能夠通過創造和表現價值而克服死亡，這些價值不僅顯示了生命的意義，而且推動我們進入更新的生存狀態。」見其所著，郜元寶譯，《我們的迷惘》，桂林：廣西師範大學出版社，2001 年，頁 66。「在死亡的光亮照耀下，生命的黑夜驅散了」。福柯（Michel Foucault）著，劉北成譯，《臨床醫學的誕生》，南京：譯林出版社，2001 年，頁 165。宋七力以類似道成肉身的方式，表現神聖真實的豐富內涵，同時賦予死亡不同面向的意涵。

67. 見其所著，李步樓譯，《過程與實在》，北京：商務印書館，2011 年，頁 63。

68. 柏拉圖承襲畢達哥拉斯學派，認為這世界最顯著的特色就在於它有秩序的美，人的靈魂是理性的，它能變化成為一小宇宙。在世界中的規律和秩序是它神聖起源的證明，這一神聖的起源正是人所分享的，故人的真正目的就是相似神。W.K.C. Guthrie, *In the Beginning : Some Greek View on the Origin of Life and the Early State of*

法身觀

Man, Ithaca : Conell University Press, 1957, p.108.

69. 宋七力著，《法身顯相集》，頁 395。

70. 《本尊道全集・皈依法身》，頁 12。

71. 《本尊道全集・真如法身》，頁 2。

72. 宋七力著，《法身顯相集》，頁 383。

73. 《本尊道全集・真如法身》，頁 16。

74. 羅素云：「奧爾弗斯教徒與奧林匹克宗教的祭司不同，他們建立了我們所謂的教會，即宗教團體，不分種族或性別，人人可以參加；而且由於他們的影響，便出現了作為一種生活方式的哲學觀念。」見其所著，何兆武等譯，《西方哲學史》，卷上，頁 49。奧爾弗斯教相信靈魂輪迴，認為按照人在世上的生活方式，靈魂可以得到永恆的福祉或永遠遭受痛苦。現世生活就是痛苦與無聊，人被束縛在永無休止的生死循環的輪子上；他們的目的是要達到「純潔」，認為人一部分屬於天，一部分則屬於地，真正的生活是屬於天的，生活越「純潔」，屬於天的部分就越增多，屬於地的部分就越減少，最後達到與天合而為一的境界。

75. 參閱羅素著，何兆武等譯，《西方哲學史》，卷上，頁 190。

76. 見其所著，何光滬譯，《宗教哲學》，北京：三聯書店，1988 年，頁 215。

77. 北京大學外國哲學史教研室編著，《古希臘羅馬哲學》，北京：商務印書館，1961 年，頁 178－179。

78. 《本尊道全集・真如法身》，頁 32。

79. 宋七力著，《法身顯相集・分身》，頁 389－391。

80. 《本尊道全集・守元抱一》，頁 4。

81. 《本尊道全集・真如法身》，頁 29。

82. 見其所著，《西方哲學史》，北京：高等教育出版社，2014 年，頁 60－61。

83. B.Russell, *A Critical Exposition of Philosophy of Leibniz*, London：George Allen and Unwin, 1937, p.18.

84. 見其所著，李匡武譯，《工具論》，廣州：廣東人民出版社，1984年，頁246 - 247。

85. 《本尊道全集・真如法身》，頁14。

86. 宋七力著，《法身顯相集》，頁395。

87. 《本尊道全集・真如法身》，頁7。

88. 苗力田等編，《西方哲學史新編》，北京：人民出版社，1990年，頁88。

89. 宋七力著，《法身顯相集》，頁384 - 385。

90. 柏拉圖著，郭斌和等譯，《理想國》，頁426曰：「不管怎麼說，願大家相信我的如下忠言：靈魂是不死的，它能夠忍受一切惡和善。讓我們永遠堅持走向上的路，追求正義和智慧。」北京：商務印書館，1997年。

91. 見其所著，《十力語要》，頁327 - 328。

92. 《本尊道全集・皈依法身》，頁11。

93. 見其所著，鄧曉芒譯，《純粹理性批判》，北京：人民出版社，2004年，頁89。

94. 《本尊道全集・六根見性》，頁11。

95. 見其所著，賀麟譯，《小邏輯》，北京：商務印書館，1980年，頁125 - 126。

96. 見其所著，賀麟等譯，《精神現象學》，上下卷，上海：上海人民出版社，2013年，卷上，頁122。

97. 《本尊道全集・皈依法身》，頁13。

98. 科耶夫（Alexandre Kojève）著，姜志輝譯，《黑格爾導讀》，南京：譯林出版社，2005年，頁339。

99. 轉引自R.C.Henry編，〈The Mental Universe〉，《Nature》，2005年，第436期，頁29。

100. 見其所著，《審判宋七力分身》，頁22。

101. 見其所著，賀麟等譯，《哲學史講演錄》，第1卷，頁28。

102. 可見宋七力的「本心」思想具有本體論的意義。

103. 見其所著，賀麟等譯，《哲學史講演錄》，第1卷，頁1。

104. 《本尊道全集・照見五蘊皆空》，頁31－32。

105. 《大日經》以為：「自身就是曼陀羅。」能達到觀一切如來，就是看到自己。《金剛頂經》也講「入曼陀羅」，就是入實相，是最高的如來成就悉地果，祂涵蓋十法界。觀想法是密宗的密續，就是「本尊瑜伽」。「自性成就」就是成就「自性曼陀羅」，「觀自身實相」的意思。生起次第，看到就形成圓滿次第，看到千手觀音是表達「入我、我入」。事實上是你的真如自性展現出來的。(《本尊道・密續初學》)，頁4-6。

106. 《本尊道全集・照見五蘊皆空》，頁38。

107. 見其所著，劉大悲譯，《哲學與生活》，臺北：志文出版社，1993年，頁207。

第五章 宋七力對「本心」思想義理的詮釋

就詮釋者本身而言，任何的預設都不是預設，而是他所確認的理論基礎。任何一種理論都是立基在某種預設上，特別是在某種為立論者所堅信的形上預設上。故任何一種預設都有詮釋者的主觀信念參與其間，也都直接地反映了詮釋者作此詮釋的時間性。換言之，詮釋者在詮釋的當下，不僅是將他對人類未來遠景的規劃提前到當下作考量，同時為此規劃而將人類的終極根源拉回到當下來做思辨。

因此，人對人類終極根源的定位，即已涵攝了他對人類當下現況的理解，與對人類未來遠景的設想，從而也塑造了某種可能性[1]。宋七力對本心的詮釋，正是他自身的體驗、學養、抱負的折射。故他這種道德情懷，卻含著進步的感受，這種感情是一種向前運動的熱情；道德通過這種熱情先贏得少數人，然後再傳播到全世界去[2]。讓世人對他本心的思想及抱負有更深的理解和體驗。

人的一生中，「本心」的自然性會順應人的生存環境偶然起動，瞬間出離於虛空。「本心」法性起動出離，所謂真如（本心）緣起，是凡人偶有的自然現象之一。因此，現代人必須先認證「本心」，本心起動出離，復活了「法身」，法身復活始可邁向永恆的生命，實現人類思想家的終極目標。此終極目標的連續性也

法身觀

必依「法身」復活而說，因此，復活「法身」正是宋七力思想的重點。

　　宋七力思想的核心在於反觀內在，如同熊十力釋「本心」為：「求諸己者，反之於心即是。豈遠乎哉？不過，提到一心字，應知有本心、習心之分。唯吾人的本心，才是吾身與天地萬物所同具的本體，不可認習心做真宰也。」[3]宋七力所言與熊十力相吻合。是以「本心」是生命與天地萬物所共同具有的本體。宋七力指出，自古帝王將相、英雄好漢，人人有生必有死。倘若想開展出生命永恆不滅之路，就唯有從「本心」入門了。因此，探究宋七力思想，首要建立「本心觀」，顯發「本心」，當下解脫出離[4]，當下即是永恆。

　　本章首先論析宋七力詮釋「本心」思想義理的方法論，據此說明宋七力對「本心」的詮釋，以掌握「本心」的體性、特質，以及宋七力對顯發「本心」所提出的方法論，如顯發與安住的體證、意識的「起動」與「出離」等等，期能全盤了解顯發「本心」及顯發過程的現象，並論述宋七力對「法身」功能與價值的詮釋。

第一節　宋七力對「本心」思想義理的詮釋方法

　　科學與宗教的共同起點，在於兩者都試圖探尋事物的原因。它們的不同之處主要在於兩者提供了關於事物真實原因的相互說明。科學要追溯事物的自然原因或理性的原因，宗教則訴諸事物的超自然原因或者非理性的原因。換個角度來說，科學是對事物原因講究方法（methodical）的探究，宗教則是對事物原因講方法（unmethodical）的探求[5]。由上述所言，即可略窺吾人對宗教議題詮釋和研究的困難。牟宗三曾說：

> 象山之學並不好講，因為他無概念的分解，太簡單故；又因為他的語言大抵是啟發語，指點語，訓誡語，遮撥語，非分解地立義語故。在此種情形之下，若講象山學，很可能幾句話即完，覺其空洞無物，然亦總覺此似若不能盡其實者[6]。

　　勞思光也說：「象山立說之趨向固甚明顯，其用語立論每每亦不甚嚴格，俾非對所關之哲學問題能確定掌握，則讀象山語錄或他文，處處皆易生誤解。」[7]牟宗三及勞思光所言雖然是就陸象山之學而言，但此評論亦可適用於宋七力之學，因為他對「本心」義理和實踐詮釋的方法頗多，包括書寫、講述、對話等，但他的書寫並非要建立嚴格的哲學系統，而講述、對話等也大多是「啟發語」，「指點語」，「訓

誠語」，或自述其親身體驗，故要完全地掌握宋七力對「本心」思想義理詮釋的方法，這是一件不容易的任務。本論文只能就其思想內容發掘其相關的方法，述說如下：

壹、演說法

　　講述是宋七力詮釋「本心」思想義理的方式之一，也是他撰寫論文或發表意見的一種方式。它足以建立一個更具宗教意識及提供更豐富而多元的層次。因為宋七力將「本心」作為一個關注生活、社會及提升人精神層面的討論面向。更重要的是，講述可以顯示其獨特的記憶和敘述其生命故事，並賦予他自己更多彩多姿的個人形象，因為無論在群眾或電視前講述時，他說話的抑揚頓挫、臉部豐富的表情、身體的肢體語言，使他的講述生動、活潑及幽默，態度散發的熱情與真摯，使現場所有的聽眾，有些低頭不語，狀似反思；有些雙手合十，狀似祝禱；有些念念有詞，狀似懺悔；有些嘴角含笑，狀似認同；有些兩眼濕潤，狀似感動；有些則擊掌頓足，狀似稱讚。無論如何，在場的聆聽者皆如沐春風，受益無窮[8]，這就如《維摩詰經》所言：「佛以一音演說法，眾生隨類各得解。」因為演說者宋七力的品格具有最重要的說服力量[9]。宋七力透過講述，把「本心」抽象的義理，化為所有在場傾聽者具體的感受。這便是宋七力詮釋「本心」思想義理時動人的景象。此外，透過信眾採集和記錄他第一手的個人口述義理與密契

第五章 宋七力對「本心」思想義理的詮釋

經驗，同時記錄了他現場不同情境多元而非單一的聲音，最後轉成文字，這些文字，不僅展露他生命的節奏，也直接形成文字的節奏[10]。宋七力從而重新地理解「本心」可以建構一個宏大的生命觀，以及宗教經驗的主脈絡，又能將「本心」象徵意義的客觀性優點，真實地運用於信眾諸多無常且偶然的事件中。

貳、對話法

加達默爾（Hans-Georg Gadamer）認為，意義總是通過理解一個事件而湧現出來，同時意義會因一個事件而聚集。對話始於雙方自由地發出問題，到訴諸語言，到對話持續推動，最終讓該事件的意義在對話中顯現出來，讓對方理解和折服。語言向我們撲面而來，他同時指出：「我們總是早已處於語言之中，正如我們早已居於世界之中」[11]，因為「語言包容一切。沒有任何東西可以完全被言說的領域中排除出去」[12]。自我唯有通過在群體之中生活，與他人交往、溝通、對話，才能逐漸形成具體且豐富的自我意義，故查爾斯・泰勒（Charles Taylor）曾說：「自我只會存在於我所說的『對話網絡』中。」[13]大衛洛海（David Lochhead）云：「對話的目的是在了解而不是同意！」[14]宋七力在與信眾或聆聽者的對話中，可表達自己的理念和思想，在互動的主體之間形成一個統一的、多層次的群體存在。此外，對話可讓參與和經驗分身的實踐者誠心地吐露自己的心聲或觀

點，其生活智慧與宗教意識，同時使他更了解信眾對自己的了解、仰慕、祈求及支持等，並可以藉由雙方的對話而使自己的思想更趨完善。

宋七力之所以樂於以對話的方式在信眾面前詮釋「本心」的思想義理，因為書寫與對話大相逕庭，作者在書寫時，會全神貫注地把自己的思潮，湧現於筆尖，這是他本人單向的活動，但在對話時，作者將面對信眾，進行雙向的溝通，「而在大多數情況下，同樣的詞或同樣的概念，當處境不同的人使用它時，是指很不相同的東西」[15]。因此，宋七力在與信眾對話時，「本心」將會獲得更多不同的意義和解答。

叁、直覺法

人類任何重要的思想或偉大創舉皆不可能單靠純粹的理性即可奏效，事實上，人類的任何活動皆有直覺的參與。高舉理性的大旗是人類文明一日千里的表徵，但若貶損和遺忘直覺的作用，則是人類的淺陋與悲哀。湯川秀樹（Hideki Yukawa）曰：「某種本質性的東西必須從我們豐富的然而多少有一點模糊的直覺圖象中抽象出來。」[16]古德哈特（Goodheart Eugene）亦以為：「日常生活經驗中的自我是一個自然的事實，我們能直覺地和本能地經驗到一種自我身分的感覺，（至少是

不同身分之間的連續性）。假使失去了這種天然的感覺，就會神經錯亂和被極度分裂、斷裂和空虛的感覺所折磨。」[17]因此，博爾諾夫（Otto Friedrich Bollnow）認為，「理智是永遠不能瞭解生命的，只有直覺才能有所領悟地把握生命。」[18]就其本質而言，生命是深不可測的，不僅是因為理智無法探查到達其底層，而且生命根本就沒有這種底層[19]。然而，直覺可以補足思辨性邏輯思維的對象化、客觀化與支離化所造成理解不足，「直覺者」的能力是另有超越的外力，或者是通過主客合一的感通作用，使直覺者有來自「本心」力量的協助，以致全面地領悟，而有超越性的整體把握[20]。

宋七力對「本心」思想義理的詮釋亦非由純粹的直覺而獲得，而是理性精神和體驗兩者結合的結果。

> 他是一個自己的篩子，可以篩檢各種來源的證據；徹徹底底地進入成為自己、與自己合一的過程，且因此發現它具有健全而合理的社會性；他更能完全投入此刻的生活，他知道，這才是在任何時刻中最健全的生活方式。這種方式變成更充分發揮功能的有機體，而同時又由於他對自身的知覺能自在地流動、貫穿於他的體驗，他也就變成了更充分發揮功能的人[21]。

故宋七力所言的「分身」，除了凝聚直覺及理性智慧的結晶，

體現當代科學思維的新趨向,並且從整體動態的角度來概括世界的統一性。他對分身的詮釋,就是以直覺來進行。斯比爾金也說:

> 思維過程不總是以展開的和已被邏輯證明的形式進行的。經常出現這種情況,有人異常迅速地,幾乎剎那間就抓住複雜的情勢和找到正確答案。有時,在穩心靈深處,好像雲集一樣,突然出現以恍然大悟的力量令人驚奇的印象,這些印象大大超過了系統性思想。用直接裁定真理的方法,沒有靠辯論來論證就獲得真理的能力叫做直覺[22]。

柏格森認為在直覺中認識主體和客體相互融合,最後達到主客兩忘的「合一」境界,主體才能把握和認識到真正的「實在」即意志和生命衝動。所謂直覺,就是一種理智的交融,這種交融使人把自己置身於物件之內,以便與其中獨特的、從而是無法表達的東西相符合[23]。宋七力也就是以直覺法用於著述、講述、對話中,以詮釋「本心」思想義理的要妙。

肆、親證法

上述的方法,不外乎是透過寫作、演說及對話來對「本心」,以至分身和放光加以詮釋、解說或論述,然而,不論宋七力論述

得如何詳盡、深刻、直入人心，聆聽者由於個人受到自己的思考模式、學習背景、成見等主觀因素，加上在現場時專注的程度及當時氣氛等客觀因素影響，故不見得所有人皆能理解、認同或接受他的內容，尤其重要的是，他們認為這些論述只不過是理論而已，即便他的分身和放光已有清晰的圖像或照片，但仍然陷於「信者恆信之，不信者恆不信之」的境地。這時最能折服在場的所有人的方法，莫過於使在現場的每一個人皆親眼目睹宋七力的「分身」和「放光」。是以他有時候會看其必要性、隨興或順勢而顯現分身和放光，在眼見為憑之下，人人皆會心悅誠服和讚嘆。此外，宋七力在與信眾對話時，會應其所求而施以神通，使他們親自身歷其境，雖然別人無法加以體驗，但大家看到他們當時洋溢出滿意的神情，更會深信不疑。當然，親證法並非目的而是手段，宋七力使用此法，只是讓他的詮釋完全體現出來，從而使他們皆能得救。總之，親證法是最能令人為之信服的方法之一。

第二節　宋七力對「本心」思想義理的詮釋意涵

宋七力思想主要是研究人的「本心」，因為個人的生命主體就是「本心」[24]。「天既生我（肉身），必有所用。『本心觀』義理；旨在闡明生命的意義與目的，也在於『三位一體』的聯合與統一，開拓出宇宙繼起的生

命（本心），完成生命永生的實質目的與意義。」[25]其實，生命的意義因人而異，也因時空而異。因此，我們不是問生命的一般意義為何，而是問在一個人存在的某一時刻中，其特殊的生命意義為何。每個人都有他自己特殊的天職或使命，此使命是需要他本人具體地去實現的[26]。

荀子〈正名〉云：「性者，天之就也」。〈儒效〉云：「性也者，吾所不能為也，然而可化也」。這說明人的本心、本性，皆與生俱來，而且像天一樣廣大無邊與清淨無染。原始佛教稱之為「清淨心」，大乘佛教則稱為「菩提心」，與中國哲學各家的心性論可說殊途同歸。故「本心」思想可以說是中西哲學最有價值的重點，亦是各大宗教教義的核心，甚至可以說如果沒有建立本心觀，那麼宗教跟中西哲學都只是富麗堂皇、雄偉壯觀的空殼而已。

「本心」本來就具足了無窮無盡的功能與作用[27]，只是人從未認知「本心」。「本心」順應肉身意識，只能如如不動。如果肉身意識能夠認知「本心」的真實存有，「本心」也會有所回應，進而能夠與「本心」合一。此「本心」微妙浩瀚，本來具足無量法，同時含藏宇宙意識，亦代表宇宙真理。以下即分別加以論述。

壹、本心的意涵

就現今的世界而言，人必須承認一個基本的事實，這就是每

個人都是一種獨立、特殊「個體」[28]。「本心」是每個人心中各自都有最原始的生命，也是每個人獨一無二的生命之主。「本心」雖然存在人心的意識中，但人經常沒有認知其存在。《阿含經》曰：「如來出世不出世，法性常駐。」《法身顯相集》云：「法性永恆不滅，法性光亦無生無滅，超越生滅地永恆存在！『自性』如如不動，自心的『法性』流動，出離肉身，流沛於外，立即呈現光明，名『法性光』，又稱『放光』。」[29]。

「本心」隨人的無知而如如不動，偶有自發性的自然流露，但不時因為肉身意識缺乏認知而寂然不動。徐復觀認為：「『本心』既在人的生命之中，則任何人隨叫隨到都有『本心』的作用。」[30]其實，「本心」有無限和無上的特性。[31]如《法華經》曰：「人人皆可成佛，因為人人都有法性。」《壇經》也曰：「不識本心，學法無益。若識自本心，見自本性，即名丈夫、天人師、佛。」《本尊道全集・緣起性空》宋七力指出：「有真如、有法性，即是佛子，全都可以成就。」舍利弗等大弟子恍然大悟：『今日乃知，真是佛子』。包括大迦葉、須菩提也感慨地云：『我等昔日以來，真是佛子。』」宋七力才會說：「生命依靠『本心』來主宰，人人皆可成就自己，成為佛子，因為人人都有『自性涅槃』。」[32]《五燈會元・七佛・釋迦牟尼佛》云：「吾有正法眼藏，涅槃妙心。」又《觀無量壽經

》亦云:「諸佛如來是法界身,入一切眾生心想中,是故汝等心想佛時,是心即是三十二相、八十隨形好,是心作佛,是心是佛。」可見「本心」就是佛,故「本心」如何顯發,實為信眾首要之務。龍樹《中觀‧第十八品》云:「法身,法性所流身。」這裡所言的法性,指的是「本心」。「本心」靜時,如如不動,名「如來藏」;動時則攝受大日光明,緣起時稱「如來法身」。何謂「如來藏」?宋七力詮釋曰:「凡夫身還沒有顯發叫如來藏。」[33]「如來被你藏住」[34]。他復說:「出世間藏就是智慧,所以『本心』有藏如來、藏正法、藏法身、藏法界以及藏出世間,出世間就是無漏種子,無漏種子又藏自性清淨,『本心』自性清淨。祂的體性清淨、永恆,裡面藏無量的世界。」[35]

《本尊道全集‧諸相非相》又說:「顯發了就是脫纏如來,否則說在纏如來。真如自性本心開啟,三界唯心,萬法唯心。」[36]《解深密經》云:「阿陀那識甚深細,一切種子如瀑流,我於凡愚不開演,恐彼分別執為我。」張立文說:

> 世界萬物離不開生死、幻滅,但「心真如」(如來藏)無生死、幻滅、無有變異、不可破壞、離法相、離妄執,自性清淨、清涼自在的最高精神實體。它超越萬物千差萬別的現象,與「一切染法不相應」,因此,它是無污染、「無虛妄心念」的純淨[37]。

第五章 宋七力對「本心」思想義理的詮釋

宋七力自認為：「尊敬自己的心，以心為尊，……你常尊敬祂，到一定程度，想到『本心』，祂就出現。」「本心」涵括「常」、「樂」、「我」、「淨」等「四德」。每個人的內心都有一個「我」，人人必須尊敬這個「我」。宋七力在《本尊道全集‧自性光明》說：「將『本心』的常、淨、我、樂表達出來，流露於生活間，這樣生命就顯得圓滿，就無限的喜悅、快樂，明心見性的意義凸顯出來，確立人性的尊嚴與崇高。」[38]康德說：

> 所謂崇高，不是任何自然物件的屬性。而是主體自我的心意能力，亦即理性以道德的絕對性為內涵的無限感和超越意識。所以崇高不存在於自然界的任何物內，而是內在於我們的心裡，當我們能夠自覺到我們是超越著心內的自然和外面的自然——當它影響著我們時[39]。

「常」、「樂」、「我」、「淨」等「四德」。宋七力詮釋：「『常』；真如自性永恆不滅。『淨』；清淨光明，祂本性就是清淨（煩惱不沾）。『我』；自由自在，自主生死，隨心所欲[40]。『樂』；光明，喜樂。」[41]謝獻誼亦說：「《大般涅槃經》有『常』、『樂』、『我』、『淨』四德。在諸多論題當中，值得注意者為『常、樂、我、淨』的概念，經文在〈哀嘆品〉中曾指出四者的內涵：「『我』者即是佛義，『常』者是法身義，『樂』

法身觀

』者是涅槃義,『淨』者是法義。」[42]此說法不但可以補充宋七力的解說,也可了解宋七力對佛經別出心裁的詮釋。

《法身顯相集》指出,「菩提心」是大乘佛教的基本精神,「菩提心」;本心。《本尊道全集・大手印》提到,密教進入「曼陀羅」[43],就是「大手印」,直入菩提心的意思是:「大手印『直觀法性』,然後『安住法性』。達大圓滿境界,明心見性。」《本尊道全集・回歸本心》提到:「諸佛出世、不出世,法性常住」,本心起變化名「法性」。本心又稱為「如來」、「真如本心」、「自性本心」等。《本尊道全集・如是性、如是相》指出《法華經》云:「一心流布此法。」還是回歸菩提心。釋尊依據菩提心化無量諸佛國土、十方世界。進而開發出各大經典,並以發「阿耨多羅三藐三菩提心」為主題。但後世佛教徒只能看到經典文字,有誰見過諸佛國土?有誰遇過百千萬億菩薩?還是先顯發「本心」,見到本心,觀自在(自見其身),你就能見到經典上的無量佛菩薩。

《本尊道全集・彼岸即實相》提到《法華經》記載,龍女怎麼能一念之間成道呢?《本尊道全集・照見五蘊皆空》直言:「一念間成道,與三大阿僧祇劫成道,繫於『本心』之顯發與無明。」[44]《法華經》提到,三大阿僧祇劫成道,宋七力認為針對迷失「本心」的無明者而說:

第五章 宋七力對「本心」思想義理的詮釋

三大阿僧祇劫與一念之際,都在「當下」決定。「本心」明;則一念間成大道。若「無明」;三大阿僧祇劫也不能成道。本心處於真空狀態(零次元空間),無時間亦無空間,與人間的時間概念,顯然不同,既然「當下」本心無時空限制,生實相即可見到實相中的菩提行,而菩提行也可以見到實相。當下「劫」與「一念間」平等行,平等行也是菩提行[45]。

故宋七力主張,「劫」只是時間的錯覺,猶如愛因斯坦的時間觀念;時間是人類的錯覺;過去、未來都是現在的「當下」。他說:

《華嚴經‧入法界品》善財說:「能知覺億萬年存在於一剎那間,三世存在於當下,人就住入實相中。」因此,安住實相,就永恆在「當下」了。一剎那即永恆,一念間等於三大阿僧祇劫。這就是《金光明最勝王經》所謂的「平等行」及「菩提行」[46]。

宋七力指出《華嚴經》所云:「每個眾生裡面都有個金剛身。」此「金剛身」[47]即是「本心」,體性光明,其內涵不受限制,無限、無量、無窮、無邊……。不受任何束縛、侷限,隨意變現,自由自在。在《本尊道全集‧意識宇宙》中指出「本心」無所不在,超越時空而存在,不隨人死而輪迴,仍然如如不動,常駐於宇宙

法身觀

時空[48]。宋七力認為釋迦與耶穌的光明智慧融合相應，正是「三位一體」、「天人合一」的具體實現。耶穌死後顯相升天，單元性的顯相，啟發了人類內在生命的永恆性。釋尊放光與分身，開發了宇宙與人生的真相，示現永恆的真理大道。宋七力指出宇宙光明體以釋迦與耶穌的方式表達，雖然生前與死後各異，但共同的主題都是永生，且充份地顯現出人類「本心」的存在與價值是超越與永恆的。

因此，宋七力強調若能見「大日」，「本心」則成「法身」，存在於永恆中。能合一「大日」，就能自見其身，成就自性法身。分身永遠存在，因為分身不存在於人類的時間與空間，卻超越時空與我成了生命共同體。分身是真正永恆的生命，分身確實存在。「分身」是自性法身；「大日」的分化身，不受時空的限制[49]。「分身」將生生不息地與「大日」同在，不斷滅地顯相於未來。不會隨宋七力肉身消失而消失，後世的人將同樣看見「分身」。作者仍將碩論中「本心」的內蘊概略總結出三個向度，再次說明如下：

一、在時間的向度上具有永恆性：進入了沒有時間差別的境界，達到無始終，超越過去、現在、未來的區別；「當下」即弭平所有時間上的分別，一剎那包含三世，剎那即永恆[50]。

二、在空間的向度上具有廣大性：在空間上超越了遠近、大小、內外、古今、無始終……，更沒有「這裡」與「那裡」

之分。充分顯示「本心」的體大、相大、用大。

三、在數量與種類上具有無限性：超越「一」與「多」的分別，能隨著意念分化出多位分身，心念口演分出多位分身、無量億分身，表達「一」即「多」，還能分化出其它種類的事物。其「無限性」含兩層意義，第一層是說明數量上的無限，另一層則言明種類上的無限，亦即宋七力所表達的「一即一切」。因此，能以一身分多身，一本散萬殊；無量「分身」分化十方，遍布虛空法界而不失其本質[51]。

歸根結底，人類的「心」自行劃開了思想的界限，在無我、空的狀態中不斷擴張、放大其精神範疇。心的原點沿著思想的向度轉移而連接宇宙時空，構成了陸象山的至理名言：「吾心是宇宙，宇宙是吾心」的境界。人的「心」隨其思想無限的擴大，躍升進入宇宙光明中，其思想空間瞬間被宇宙光明所充滿，融化而流露出後便形成「放光」現象。隨光明運思，意念成相。就在此光明交融的會合中成立顯相。

從古至今，中西哲學、神學、各宗教的核心議題皆離不開「本心」。「本心」是各大宗教教義的核心，中西哲學的論點。宋七力的「本心」思想義理是繼承先哲既有的理論基礎，進而將「本心」功能開展和實踐出來，以臻於天人合一境界。宋七力思想的「本心」解脫、放光，成就「分身」，以「分身」論本心，他

法身觀

的「本心論」就是「分身論」。這是從「天人合一」至「三位一體」實證的延伸而論。宋七力不是傳統意義上的哲學家或神學家，但他實證了「分身」是一套「本心觀」的學說。如果我們把傳統本體論叫做「理論」的本體論，則作者以為宋七力所印證出「分身」的創見，稱之為「分身」本心論或「生命實相」的本心論是合情合理的。

宋七力「本心」思想可以說是向光明的生命回歸復命，從無明到融入，只有自知不隨他。「本心」，通過生命境界的提升，達到與宇宙光明體的合一，把本心論從一種理論過程重新回歸到一種宇宙人生實相的轉化過程，進而具體化、理想化地實現而存在於永恆虛空中。宋七力以境界取代理論，主張向內找「本心」，如《維摩詰所說經‧文殊師利問疾品》所說：「諸佛解脫，當於一切眾生心行中求。」《六祖壇經‧頓悟入道要門論卷上》云：「問：『其心似何物？』答曰：『其心不青不黃、不赤不白、不長不短、不去不來、非垢非淨、不生不滅、湛然常寂，此是本心形相也，亦是本身。本身者，即佛身也。』」《六祖壇經‧行由品第一》云：「自古佛佛惟傳本體，師師密付本心。」此「本體」與「本心」名詞雖異而義實同，兩者如出一轍，同樣是指每一個人與生俱來自有、本有、永有的佛性。

貳、本心的重要性

　　《本尊道全集・純素之道》以《莊子・列禦寇》所云:「夫造物者之報人也,不報其人而報其人之天。」說明顯明「本心」的重要性,所謂「報其人之天」;「人之天」,是人的「本心」。而〈天運〉所謂的「中無主而不止,外無正而不行」的「無主」,是指心中沒有靈魂。因此;宋七力指出:「若沒有『本心觀』,大道就不棲息在你身上。」「心中無主」的話,就看不到實相,沒辦法實現法身。又言:「外無正而不行」,不肯定有本心,大道也就施展不出來。因此,顯發本心,就先「以本心為主」吧!宋七力認為釋尊開示的「自熾燃、自歸依」[52],即回歸本心之意。宋七力以為:

> 當本心自然流露,即能自覺、自明、自悟、自證真如本心,是謂自力修正行,是以自熾燃即正法,藉自然流露而能進入法界、實證「諸法實相」即為正法[53]。如果靠他力,靠拜偶像,則是指「他熾燃,他歸依」[54]。靠他力即「攀緣心」,這樣因「顛倒想[55]」而有妄見的心,根本難於進入實相正法,更無法究竟涅槃[56]。

　　現代的宗教向外崇拜偶像是信仰。但信仰歸信仰,信仰與解脫不同,信仰是宗教的方式,解脫則為宗教的目的,有關這方

面,宋七力說:

> 釋尊成道的主因,是自悟、自證內在「真如本心」的覺醒,所謂的「覺者」,絕非拜偶像方式而成道。眾所皆知,釋尊未曾拜偶像,只是「真如本心」的啟發;始言「天上天下,唯我獨尊」,臨終以「自熾燃、自歸依」。獨尊「真如」(自性本心)。立下「明心見性,見性成佛」之論,對於超脫輪迴的永生道,具有深遠廣大的生命意義[57]。

因此,宋七力說:「二十一世紀的宗教,欲求解脫,必反求諸己,回歸自心。以『本心』為主!由外轉向內,當生即可解脫!」又言《維摩詰經》的文殊師利問疾品:「諸佛解脫當於何求?」答曰:「當於一切眾生心行中求。」而且,王龍溪所言,與宋七力的說法並行不悖。因為:「吾人今日之學,若欲讀盡天下之書,格盡天下之物,而後可以入道,則誠有所不能。苟只求諸一念之微,向裡尋究,一念自反,即得本心。吉凶趨避,可以立決,人人可學而至。」[58]

一般人認為涅槃、解脫是與世間、生死截然對立二分的,也就是雜染煩惱與清淨涅槃是有差別的。但在中觀看來,只要能通達緣起性空的道理,自然就能從紛雜的事物萬象和世間中解脫。

所以對修行者而言，斷滅煩惱業行固然必須，但更重要的是能體認到「實相」和「性空」的內涵——並非另有依清淨、甚妙的涅槃可求，而是現象界和所接觸的事物面，便可達到涅槃的境界[59]。換言之，能了解「本心」的內蘊，即可隨心所欲地達到涅槃的世界。

《六祖壇經》云：「眾生是佛，故知萬法盡在自心。」《大般涅槃經・卷二十六》亦云：「一切諸法性本自空。何以故？一切法性不可得故。」「本心」的顯發是自然流露的，不是求來而得的。其中的重點是在於所知量的多寡，意識本身有時阻礙了「本心」法性的自然流露，若意識融合法性，則轉「意識」成「般若」，如《唯識論》所云：「**轉知成識，轉識成智，轉智成法。**」想要圓滿佛道，進入諸法實相，仍須回歸「自性本心」。人如果不明了「本心」的真實存有，卻冀望能夠接近諸神、佛或上帝，無異是緣木求魚。原因是；諸佛、天神與上帝，存在於「光」中，為「光」所化。故必依「本心」的法性光始見諸神佛。至於《維摩詰經・佛國品第一》曰：「**隨成就眾生智慧（般若）淨......。隨智慧淨則其心淨；隨其心淨則一切功德淨。**」隨其心淨的「心」正是本心，依「本心」而顯諸神佛與佛國淨土。所以世尊開示隨其「本心」而得佛國淨土，還是要回歸自性本心，若菩薩欲得淨土，當淨其心，隨心淨則佛土淨。徐復觀指出，佛教與禪最大的不同，在於佛教認為通過對「佛」的信仰

法身觀

可以超越生死輪迴，升天成佛，他說：「這是通過信仰向上、向外的追求，以滿足人的宗教要求，但到了禪宗出來，認為『明心見性』、『見性成佛』；這實際是認為『本心』即是佛，不應向外、向上追求。」[60]

換言之，佛教在中國發展到禪宗，即把人的宗教要求也歸結到人的「心」上，所以禪宗又稱為「心宗」。這個意思在印度也有，但到中國後才發揚光大。禪宗演變到呵佛罵祖，只在心上下工夫，便完全沒有宗教的意味。因而有許多大德，主張以淨土救禪宗的流弊。淨土即西方極樂世界，這是人現實生活之外和之上的。但是他指出淨土宗發展下來，又以為：淨土即在人心，心淨即是淨土。這說明了中國文化立足於「本心」是明確的。

《增一阿含經‧卷一‧十念品》有十個念佛法門，第一條就是念佛，念佛念到成為神通，〈卷二〉云：「逮沙門果，自致涅槃。」意即自己達到涅槃境界。涅槃「不生不滅」，就是不接受輪迴，永遠「法性常住」。「涅槃性」就是「法性」，故宋七力才會說：「一切真善美的世界都是自性涅槃性起的，就是要找到自性涅槃。若沒有回歸『本心』，豈有自性涅槃，更不必言永恆的生命了。」[61]

《般舟三昧經》所言的「三昧」，就是「定」。「念佛三昧」是：「持名念佛」、「觀想念佛」、「實相念佛」。《本尊道全集‧法性常住》指出，天台智者大師的「常行三昧」是結合持名與觀想，而

186

「常坐三昧」,就是「實相念佛」。作者體悟到宋七力所說:「念佛唸到『佛』站在面前時,馬上變成自己,不能執著,要用意念馬上將『佛』轉變成自己。」他說明的重點是,念到「佛」立於面前,不能執著於「佛」,要把祂看成「緣起性空」,是「意念所作」,表達出般若學的「空」——性空。《本尊道全集・以本體為主》就提到《長阿含經》,能見到緣起,就是見性、見佛[62]。如《雜阿含經》云:

> 如來出世及不出世,法性常住。彼如來自知成等正覺,顯現演說,分別開示。所謂是事有故是事有,是事起故是事起,緣無明有行,乃至緣生有老、病、死、憂、悲、惱、苦。如是苦陰集;無明滅則行滅,乃至生滅則老、病、死、憂、悲、惱、苦滅,如是苦陰滅。(854經)

> 若佛出世,若未出世,此法常住,法住、法界,彼如來自覺知,成等正覺,為人演說,開示顯發,謂緣生故,有老、病、死、憂、悲、惱、苦。此等諸法,法住、法定、法如、法爾,法不離如、法不異如,審諦、真實、不顛倒。如是隨順緣起,是名緣生法。(296 經)

> 從十二因緣(無明、行、識、名色、六入、觸、受、愛、

取、有、生、老死）緣起，人人必經過阿賴耶識緣起。《本尊道全集・中道緣起》指出，阿賴耶識緣起，是指內緣起與外緣起的中和。

在阿賴耶識未得「轉依」[63]之前，仍然會輪迴、流轉，而不能還滅，進入涅槃。宋七力解說：「『本心』顯發後，自然有自性清淨法身，自受用身與他受用身與種種變化身，此變化身，剎那生滅。」[64]舍爾巴茨基（Th.Stcherbatsky）曾說：

> 在佛的理性目光下顯現的世界圖景，因而只是剎那生滅的，數目為無限多的分離各別之本心，它們無始以來便處於一種不安的狀態，但它們會逐步地趨向寂靜和一切生命絕對之消滅，從而所有的構成元素就逐一地歸於停止。這一理想目標可以有很多名稱，其中最能適切地表達「止滅」一意的便是「涅槃」了。這個術語也許在佛教之前已經有了，而且它也適合於婆羅門教的「個體之我」消融於宇宙全體的理想（brahma-nirvana 梵涅槃）[65]。

以上的精闢的解說，正好作為宋七力對「本心」思想義理的附加說明。《本尊道全集・自性光明》主張，「佛法就是心法，是心作佛、成佛，『本心』覺照清明圓滿就是佛。『佛』只是個尊稱，『佛』指覺者。覺明本心，無明是凡夫，覺明就是佛。」[66]《本尊道全集・諸法皆空》

說:「每一個人裏面含藏萬有,只是你也不知道,向外面拜,浪費很多時間。」[67]如來藏和「阿賴耶識」[68]同樣能攝也能藏。無漏種子如何因遇緣而起現行?《本尊道全集・唯心識變》說:

> 名言種子是屬於無漏種子的。聽我講完一段時間以後,自然可以從我的言語中出現,這是名言種子起現行。顯發「本心」功能,必經由法性起作用。無漏種子隨行法性作用而顯發流露。此時「有漏種子」消除無作用多重煩惱隨行消失。法性所流露盡是法喜充滿,當下見性,明心見性[69]。

宋七力指出:「法性流露萬物名:『見性』。見性又名『見相』;性相一如,性相源出『本心』。」《楞嚴經》言:「見性周遍」。法性所流出萬象,遍佈十方,無所不在,無古今、無遠近、無內外、無大小。宋七力又說:

> 「本心」功能所展現的境界,無法言語形容,只能說不可思議。法性功能緣起作用時,挾著意識合流,形成「意識流」穿梭流行於宇宙時空中。「意識流」是「自見其身」者所具備,因「自見其身」出自「法性」,自見其身憑著「意識流」流行於宇宙時空中。此時的「自見其身」者的「意識流」已轉換成宇宙意識。透過「意識流」與

地面上的五官意識連接，人的五官意識覺知「自見其身」的時空活動。這種意識流是法性自然組合意識，非人的修練可成[70]。

《本尊道全集‧實相頓禪》提到《楞嚴經》的「見性周遍」，亦必須依「意識流」而成立。只是《楞嚴經》不談「自然流露」，而言修四禪定、四空定，或者滅、受、想、行、次第定至九禪定[71]，各種禪定、止觀、三昧亦難生出意識流，最簡易的方法先顯「自見其身」。宋七力不認為《楞嚴經》云：「離開妄想、執著、分別心，就是如來。」故宋七力在《本尊道全集‧諸相非相》說：「釋尊說去我執（所知障），先去我執，執著心就是第七意識，把五、六、七意識遏止掉，法性就自然流露出來，『意識流』始成立。」[72]《本尊道全集‧涅槃法身》說明：「平時思想安住本心，一旦法性緣起，自然『自見其身』，自然生出『意識流』。」[73]

《本尊道全集‧實相頓禪》解說《大般涅槃經》的「彼貧女不求梵天，梵天自應」，指自然而然；「人不求梵天，梵天自然現」。人從未意識到諸法實相，實相自然呈現在眼前。人未知解脫，解脫自然臨，就像貧女，不求梵天，梵天自應。無求而得[74]。因為大道本來存在於「本心」中，只是人無「本心」觀，忽略了「本心」，不明「本心」，所以生命難於銜接「本心」，連續性就不存在了。如果再持續我執，更難顯發「本心」。直接契入本心，繫緣法界，法界實

相以一念繫住。繫緣就是止,止一切的言語、概念,使得法界(實相)圓滿即完成生命的連續性。直入「本心」,正符合釋尊教誨的「中道觀」。釋尊苦修無成,始悟「行中道」。中道本空、中道空、畢竟空。即是直入「本心」之意。因此宋七力以為:

> 「空」;在當體中,「當體即空」,當下以思維滲入「空」;中道空、畢竟空。「本心」不生不滅,存在於「空」中,直入「空」,亦在當下到了「彼岸」。所以,行中道入空是解脫的捷徑。若執著於苦修、持戒、忍辱、禪定、誦經、唸佛等,即使成功,勢必斷滅,因苦修是生滅法。所謂「生滅法」;透過感官知覺與心志,以身軀為主,故苦修而成亦必隨肉身而滅[75]。

因此;修行者必以「本心」為依歸。生實相見如來始言永恆不滅!生實相見如來源自「本心」,於空性中照見,依宇宙光明體照見。實相如來非屬五官意識的功能所產生,而是法性光之作用。不假借於苦修,只依「法性」相攝互入宇宙光明體。」《金剛頂經》云:「一切如來現證法性。」法性證成了,如何證成?依宇宙光明體之加被力。《本尊道全集・放光照見》指出:「實相法依據法性與意識而展現。」[76]宋七力再強調引量子力學說:「『實相以意識為背景』,指『法性』與『意識』融合而說『萬法唯識』和『萬法唯心』心識一體的『識

』，隨著法性流行，展現出廣大的實相境界。」[77]因此，法性與意識所結合的「意識流」，當法性光化出「法身」時，穿梭宇宙時空的當下，人的意識經由「意識流」傳遞「法身」而形成「宇宙意識」。此「法身」憑著「宇宙意識」於時空中展現出的無量無邊之「意識宇宙」。其超越性，已超越人的知識與經驗，只能以《維摩詰經》不可思議解脫境界而論。「法身」之「宇宙意識」竟成了「意識宇宙」的原動力。這是科學家百思不解的謎題。

現代宋七力的「本心」思想體系，也提到「宇宙意識」與「意識宇宙」。「意識宇宙」是現代宇宙學的的名詞。其宇宙與法身的「宇宙意識」直接關係，有法身（自見其身）自然呈現「意識宇宙」。與佛教法界同義，至於極樂世界與天國……皆屬「法界」，就是現代「意識宇宙」。「意識宇宙」「法身」的宇宙。唯有「自見其身」者能見，不僅能見，並生活於其中，這正是宋七力所開拓的「實相生活化，實相理想化。」

《中論》云：「自知不隨他，寂滅無戲論。無異無分別，是則名實相」。實相出自「本心」，從「實相」中見「法身」，也由「實相」中見「法界」，故《金剛經》云：「生實相，見如來」，從小生活在意識宇宙中的宋七力藉著《華嚴經》：『眾生虛妄故，是佛是世界。』、『若解真實法，無佛無世界』。宋七力說：

世尊所講的三世諸佛國土、十方如來世界，都是世尊的法身所變化的「意識宇宙」。因世尊有法身具有「宇宙意識」。分化身十方遍佈法界，瞬間或同時分身出現不同的諸佛國土、十方世界。十方世界有十方如來，「十方世界」就稱「意識宇宙」，而三世十方如來（法身）皆存在著「宇宙意識」。三千大千世界或三世十方如來世界，皆出自世尊的真如「本心」[78]。

由此可知；釋尊從「本心」中證出了宇宙人生的實相，所以成就大道！宋七力也閱讀過宇宙學，對於「宇宙意識」、「意識宇宙」，經由「分身」而了解；而親身經驗，故先提出法身與法界相提並論。宋七力提供學術界作為參考，但在百年後，以科學家所說為準。「本心」在宋七力思想體系中，亦是實相法身的根源，若無「本心」，則無實相法身，更甭談「意識宇宙」了。所以宋七力思想的主軸論「本心」，以「本心為主」，已成為不二法門。

叁、建立本心觀

宋七力「本心」思想，簡言之；就是建立「本心」觀。認知「本心」觀後，接著開啟諸法實相。同時意識開始發生「出離」現象，所謂「出離」現象，意識超脫肉身，存在於另一空間。「出離」另名「解脫」。解脫束縛，超越生死。「出離」先意識出離，

法身觀

後自見其身出離。自見其身一旦出離，其意識；立即轉換成「宇宙意識」。

宋七力「本心」思想論「出離」，必先自見其身。沿著自見其身（法身、分身）之宇宙意識，構成意識宇宙。因此；自見其身與「意識宇宙」息息相關。論述出離，自見其身與意識宇宙，仍依「本心」而成立。《法華經》亦如是認為：「善男子、善女人，有如是功德，於阿耨多羅三藐三菩提退者，無有是處。」與宋七力思想同。無本心觀，「無有是處」；無自見其身，無出離現象，亦無「宇宙意識」。又如《莊子・齊物論》：「終身役役而不見其成功。」楊惠南說：「若有『本心觀』，就會了解『本心』與你同時存在，你只要以『往內觀』，思想就會與『光』同在。」[79]《本尊道全集・自性光明》：「肯定你自己本心的存在。時時注意本心，思想掛住本心；守元抱一」。《「天人合一」實證境界・出竅與分離》也提及：「肉身具有實行『天人合一』的真實生命的價值，『本心』之法性本著肉身而出離。『出離』意識解脫轉依成宇宙意識」。沈清松認為：

> 如果說對身體的捨棄與剝落僅具有方法學的地位，那麼對身體的肯定與運用，不但可以成為達至密契經驗的手段，更可以突顯身心合一的存有學意義，並例證身體『顯聖』和『道成肉身』的神學意義。」[80]

194

因此，若無「本心」概念，無有是處，如何成道？《本尊道全集・如是性，如是相》引《法華經》言：「未得謂得，未證謂證，稱為增上慢。」[81]自以為已經成就阿羅漢「入正位者」。《維摩詰經》講：「入正位者」不能復發菩提心，不能解脫。指阿耨多羅三藐三菩提心退者，無本心觀者。

肉身心汙染，生貪、嗔、癡三毒，影響到修行，六祖惠能直接點出：「本來無一物，何處惹塵埃？」此意指「本心觀」，「本心」清淨無染，何來三毒？《本尊道全集・分身實相》指出：「煩惱自生，煩惱人自生嫉妒、排斥……。經常悶悶不樂[82]，第七意識我執、分別心作祟。」[83]所以《維摩詰經》云；「欲得佛土淨，心淨則佛土淨」，以表達「唯心淨土」的清淨。無我執，無分別心，自然無煩惱，心則清淨。《本尊道全集・性相一如》說：「肉身有正、有邪，是分別心，站在本心的角度來看則無正、邪。肉身與『本心』一分為二，總是很難『合一』。肉體短暫，本心永恆，肉體為生活的，言『本心』是生命的，肉體有是非，本心無是非，肉體有善惡，本心無善惡。如何「天人合一」？」[84]《本尊道全集・以本體為主》提到，「本心」空性含藏萬有，其無限性、超越性、永恆性是生命的內容[85]。《宋七力「天人合一」實證境界・出竅與分離》也指出，「本心」顯發，象徵生命邁向永恆。落實在人間世

法身觀

而言,忍耐生存的苦難人,導致他們去渴望另外一個的世界。唯一的方法是顯發「本心」。

雷金斯特（Bernard Reginster）說:「落實在人間世而言,就是對那些不能克服這種阻礙和『不想再意願』的人來說,煩惱和痛苦變得無法忍受,並導致他們去渴望另外一個世界,『一個在其中沒有痛苦的世界』。」[86]也是《心經》所云:「到彼岸。」釋尊於《阿含經》言:「苦是人生的事實」。加魯帕赫那亦說:「生是苦;老是苦;病是苦;死是苦。憂慮、悲傷、哀戚是苦;與令人不快者相接觸、分離是苦;得不到所期望的東西也是苦。」[87]人終其一生,雖然猶如在苦海中浮浮沉沉,歷盡千辛萬苦,但仍沒有獲得平靜的心境和安逸的生活。如叔本華以為:

> 人生在本質上就是一個形態繁多的痛苦,是一個一貫不幸福的狀況。這些人好像鐘錶機器似的,上好發條就走,而不知道為什麼要走。欲望和掙扎是人的全部本質,完全可以和不能解除的口渴相比擬。但是一切欲望的基地都是需要、缺陷,也就是痛苦,所以,人生來就是痛苦的[88]。

《阿含經》的苦、空、無常,就表達得很透徹。總之,執持於人的五陰——色、受、想、行、識——以為『我的自我』之所

以有即是苦,故「一個在其中沒有痛苦的世界」,當然是身心俱痛苦者最大的嚮往、期盼。

《莊子‧知北遊》說:「道不可聞,聞而非也;道不可見,見而非也;道不可言,言而非也。知形形之不形乎?道不當名」。宋七力對莊子所指的「道」,作出以下的註解:「自己的自性本心,『本心』的超越性是無法用言語形容的。」宋七力認為老子說得是:「做到三公天子,不如進入此道」。此「道」即「本心」。每個人各自存有獨一無二的,就是唯一的「真主」、「真神」[89]。能進入此道,真實地回歸自己的「真主」、「真神」。此時,道就可聞、可見、可觸⋯⋯。自證到彼岸了。自然渡過一切苦厄,痛苦自然可以完全消除。宋七力所言簡明扼要,突顯「本心」的尊貴。

人人對於自身所潛存的真實「本心」若有所體悟,則形上真我的存在亦成為真實。馬里旦認為,「本質既能物質地存於事物中,同時能非物質地存於心靈中,當心靈對某事物產生認識時,並非該事物面向皆能被認識,而是被領會的面向變成非物質性的存在。」[90]雅斯貝爾斯說:

> 再進而深入了解其內在形上生命的活動,經由形上真我的提昇與顯揚,即可把虛幻轉化成真實的永恆價值。人證明自己有能力,從精

法身觀

神上將自己和整個宇宙進行對比。他在自身內部發現了將他提高到自身和世界之上的本源[91]。

誠如宋七力所陳述:「蘇格拉底強調:『認識自己』,認識自己是至善的靈魂吧!不認識自己,就『不識本心』,即佛教所謂的無明。」[92]這裡的「自己」,是指「真如自性本心」,也是向道者思想堅不可摧的核心,更是人之所以為人的生命主題。故凱西爾以為:「『人的自我認識』,是哲學的最高目標,它已被證明是阿基米德點,是一切思潮牢固而不可動搖的中心。」[93]赫舍爾認為:「自我認識是我們存在的一部分」,又說:「認識自己和成為自我是分不開的。」[94]顯發「本心」才能展現生命的意義與價值。因此,《維摩詰經》之名言:「豁然開朗,還歸本心。」宋七力以「本心」為基石,開發出「實相法身」[95]。宋七力認為人人可以實現,當下實證,毋須再等待來生。他歷經了六十多年的體證經驗,本著『心念口演』,同道當場自見其身,簡單易行,突破傳統侷限,全歸於「本心」而論實相法身。直接顯現「實相法身」——自見其身。

第三節　宋七力對「本心」體性的詮釋

「本心」住在何處？如何接觸自己的「本心」？《本尊道全集‧以本體為主》開門見山，直接了當地說：「『本心』就住在你的六根之中。」宋七力說：「你無意中看到『光』，是你的法性光，顯現萬物即是你的法性光，法性光成了『本心』之體性。」法性攝取宇宙光明體性，產生相應而流行出「法身」、「法界」與天地萬象。本心具足萬法，法性遇緣則起，無盡緣起……。《大般若經》曰：「真如出來，名如來。法性亦名『實相』，以『實相』說如來法身。」「法身」從光中化出，見到「法身」即「自見其身者」，自見其身者若眉心放光，隨時共存在於宇宙光明體（大日、天冠光、漩渦光）。因此，宋七力論「體性」，以「法性」為體性。其體性與光明體共同存在。所以經由本心之體性銜融入宇宙光明體形成「天人合一」。「天人合一」是中國哲學的名詞。宋七力把「天人合一」者認定是「自見其身者」。以下分別闡析「本心」的體性特質。

壹、清淨無染

本心又名「清淨心」，與肉身相即相離，染和淨互依相存。染即煩惱身；淨即「本心」、真如自性。原始佛教稱清淨心。玄奘將維摩詰翻譯為淨名、無垢，即有清淨心的意味。維摩詰是「本心

」清淨的代名詞。「本心」若流露出法性光，煩惱身立即解脫為喜悅，離苦得樂。所以；《維摩詰所說經‧文殊師利問疾品第五》曰：「諸佛解脫，當於眾生心行中求。離開自性本心，即無解脫，亦無佛道」。故《本尊道全集‧自受法樂》宋七力認為：

> 六根清淨，則流露清淨光明心，清淨到極端就是光明。如老子之道：「淨則明，歸根復命。」清淨光明自然驅逐心中的陰暗，心中的煩惱。自然去除煩惱，呈現清淨光明充滿喜悅。《維摩詰經》提示：「本心」雖然與肉身同在，但「本心」猶如蓮花「出淤泥而不染」。因此曰：「善寂是菩提，性清淨故；無取是菩提，離攀緣故；無異是菩提，諸法等故；無比是菩提，無可喻故；微妙是菩提，諸法難知故[96]。

「本心」之所以清淨無染、無欲、無念、具足萬法、深廣微妙，與肉身緊密結合，卻又不沾染肉身的染識[97]。《維摩詰經‧佛道品》云：「譬如高原陸地，不生蓮華；卑濕淤泥，乃生此華。如是見無為法入正位者，終不復能生於佛法；煩惱中乃有眾生起佛法耳。」宋七力也以蓮花來譬喻染、淨不二之義。榮格說：「身體是一位靠不住的朋友，因為它生產我們不喜歡的東西；關於身體有很多很多的東西是不能被提及的，身體常常是自我這個陰影的化身。」[98]許志偉說：「身體在觀念上應屬於理性

應予擺脫的東西,即人越能使自己擺脫身體的束縛,人就越自由。」[99]因為我們時代的症候集中表現為人的自性消失,人並不知道要把自己安放在什麼位置上。他們顯然誤入歧途,從自己真正的地位上跌下來而再也找不到它。他們到處滿懷不安而又毫無結果地在深不可測的黑暗之中尋找它。

宋七力曾引《維摩詰經》:「煩惱即菩提,菩提即煩惱」。[100]且說:「本心寂然不動,沾而不染,同體異用。」[101]帕斯卡爾(Blaise Pascal)認為:

> 人既是物質的,又是精神的;人是由靈魂與肉體所構成,即物質與精神兩種混合品,如果我們單純是物質,我們就會什麼都不認識;如果我們是由精神和物質所構成的,我們就不能充分認識單純的事物,無論它是精神的還是物質的事物[102]。

對此,帕斯卡爾的結論是:「人對於自己,就是自然界中最奇妙的物件,因為他不能思議什麼是肉體,更不能思議什麼是精神,而最為不可思議的則莫過於一個肉體居然能和一個精神結合在一起。」[103]宋七力所言的「沾而不染」,就是支配自己的肉體欲望及本能的衝動。也就是對治習染或私欲,而使「本心」顯發其功用。[104]「沾而不染」,「本心」的本質和特性則可以轉染為淨。[105]舍勒(Max Scheler)即認為:

法身觀

人既是生物或生命的存在，又是精神的存在。作為前者，人受自己的肉體欲望或感性衝動的支配，並為環境所累，只能認識相對此在——或然之物。作為後者，人則能從環境的束縛中超拔出來，而以自由、純粹的目光擁有絕對此在——本質之物。因此，要達於與本質事實的直接交往，人首先必須學會控制自己的肉體欲望及本能衝動對知覺的支配，並對本質事實充滿積極的精神之愛。精神之愛是人通達純粹自身被給予的本質事實的先決條件，也是人朝向真正的存在領域的動力所在[106]。

「本心」的本質和特性可以轉染為淨。宋七力所謂的「同體異用」，亦對現代世界的二元分裂作出的評論[107]。宋七力認為西方各大哲學家們將「本心」主體性的存在演變成客體性的存有，形成主客二分，也因此才會產生爭論不休的本體論、宇宙論[108]。宋七力針對主客之爭的二元論進行說明說：

> 由於西方古今形上哲學家不能徹底地體現「本心」，實證「分身」，只是透過知識論的辨解，分析出產生「本心」的概念。只有概念而不能體現「主體」的本質、特性與功能變化作用，其結果亦是在狀態不明之下，把無法解決的形上、形下問題，仰望於虛無渺茫的天國上帝，虛幻空無的上帝天國竟是人類所寄託的理想世界，隨宗教

家的宣傳而日漸墮落、迷失、頹廢，成為呆滯、束縛、奴性的宗教[109]。

劉述先則認為；今日對人類最大的威脅，即是人生意義失落的感受。他認為這個世界內的一切都是曖昧模糊的，只有人通過信仰的飛躍，才能在基督和上帝那裡找到安身立命之所。人在科技分析之中找不到意義，但神學家又不能不訴之於信仰和神話的象徵，故二元分裂，莫知所從。在這樣的情形之下，我們重新發現中國哲學的傳統，⋯⋯既不必為客傾的科技、物質機械式世界所吞噬，也不必仰仗他世福音與救贖。[110]

「本心」彰顯發出來，體性平等；法性平等；因此，宋七力以《無量壽經》所言的「本無人天之別，惟順餘方，示有三界。」來說明達到無差別時，即六項圓融了，也就是「明心見性」；「見道」了。人和天無差別[111]，當下就是淨土，當下呈現極樂世界。《維摩詰經》所云：「隨其心淨佛土淨」，以「心淨」來表達淨土、蓮花藏界、極樂世界。因此「唯心淨土」。在實相中，仍以實相觀淨土。「實相」又稱為「法界」。法界在《華嚴經》為永恆之如來所。若人對肉體生命存在感到有意義時，「悅生而惡死」（〈人間世〉）。因為人執著自我存在，故對死亡感到恐懼、焦慮及不安，同時對生命本質的茫然[112]。

法身觀

　　宋七力認為,《心經》講得直接滲入「本心觀」;無生老死、無所得。在《本尊道全集・諸相非相》又說:「無無明、無老死,也無善惡、無是非,清淨無染,沒有分別,祂是『本心』。」[113]如此「本心觀」或者恍然悟到無所畏死與生。本心處在不生不滅寂靜狀態,老子所言:因此;寂而常照。「歸根曰靜」(〈第十六章〉)及莊子的「靜則明」(〈庚桑楚〉)。因此;亦如禪宗三祖僧璨大師的《信心銘》云:「歸根得旨,隨照失宗。」「歸根」即指真如本心,念念隨順真如,能所一如,超出體用,而得宗門妙旨。若仍有「能覺照之我」、「覺照的作用」、「所照的境界」,則失宗門妙旨。「本心」如如不動,共融於法性、恆寂恆照,無任何惑業煩惱,自得、自在、永恆。

　　有光就有相,看到光,也是法性所流出,光中化萬相,實相亦是從光中出。如《大般涅槃經》所云:「諸行無常,是生滅法,生滅滅已,寂滅為樂。」亦法性流動成實相,靜止回歸,「本心」寂滅狀態。處於彷彿《莊子・天道》所言:「夫虛靜恬淡,寂漠無為者,天地之平而道德之至,故帝王聖人休焉。」雖然寂滅、虛靜無為,但《本尊道全集・純素之道》接著以《莊子・刻意》所言:「感而後應,迫而後動,不得已而後起」來說明「本心」雖湛然寂靜,但遇緣啟動,透過「實相」展現「游心於物之初」(〈田子方〉)、「浮游乎萬物之祖」(〈

204

山木〉）、「出六極之外，而遊無何有之鄉」（〈應帝王〉），精神達到與「道」冥合而通達無礙的境界。這種「虛靜」的心境，由寂靜出現動態的無礙境界，實質上是對自由精神的體驗，也是「實相」境界之反映[114]。

貳、圓融無礙

「本心」一旦顯發，超越任何障礙叫無礙，何以無礙？緣起性空。空性的張力突破一切阻礙。因此說自由自在，無所不至。這針對法性流露法身而說圓融無礙。於圓融無礙中，無大小、無遠近、無古今、無內外，在實相中，易於明白莊子「游心於物之初」（〈田子方〉）、「浮游乎萬物之祖」（〈山木〉）、「出六極之外，而遊無何有之鄉」（〈應帝王〉），就在你眼前的實相空間。《本尊道全集・唯心淨土》點出「實相」出現於眼前的空間，所以當體即空。「空」在《心經》解實相。例如；色即空，空即色。色是物質，實相可由空性轉為實體化，成為物質，與物質無異無分別。又如；照見五蘊皆空。色、受、想、行、識經過「放光」照見皆可成為實相。如《金光明經》云：五蘊生法界。法界即實相義。實相、空相、非相、無相、無不相皆同義異名。比如靈山會上，大迦葉面向釋尊拈花微笑，釋尊說：「我有正法眼藏，實相無相，涅槃妙心。」[115]因此；說「空」，對著「實相」而言。諸法皆空，自由自在，實相本身

就是自由自在變化，無所不了。實相解「空」，是龍樹十八空之一，龍樹詮釋「實相」亦名「中道」，所謂「中道實相」，「中道空」與「畢竟空」同義。是「本心」如如不動，不生不滅之所。《心經》所云：「彼岸」。彼岸即實相，實相即法界！《本尊道全集・大圓鏡智》曰：「真如自性亦名中道，離開對錯、正邪，遠離是非、善惡，無對立、不二；中道。」[116]宋七力又說：「『行中道』，中國哲學有不偏不倚為之『中』，不勉而行，不思而中。『行中道』即已展開實相，實踐大道之行。」《華嚴經・法界緣起》：「『一即一切，理無礙、事無礙、理事無礙、事事無礙』。」[117]圓成四無礙境界。又如老子說：「執大象，天下往，往而不害，安平太。」（〈第三十五章〉）。老子言的「大象」有自然而然「實相」義。故湛然說：「一一有情，心遍性遍，心具性具，猶如虛空。彼彼無礙，彼彼各遍，身土因果，無所增減。」[118]宋七力也於《本尊道全集・照之於天》說明「本心」一旦顯發成實相，即自由自在，事事無礙：

事事無礙於天地萬物中，任你穿梭三世十方自由流行。成就實相、成就法身，自然而然圓融無礙，超越時空，不受侷限，所以一即一切，法身無任何限制。包括《聖經》記載耶穌顯相升天，行走海面如履平地，也就是無礙[119]。

緣起實相正是所謂「見性」；見到法性，「本心」明始能見到法性，因此說：「明心見性」。總而言之；萬法唯心，一心生萬法。天台智者大師的《摩訶止觀》，空、假、中一心三觀[120]，三諦圓融，一念三千，盡是實相範疇；圓融無礙，即隨心所流露之廣大、圓融、無礙、自在的變化。龍樹所作的《大智度論》專題解析「實相」，其結論定義出「中道實相」。中道實相回歸「本心」而論述。萬法唯心，統攝古今中外形上學與宗教哲學。百家齊鳴，各宗教派系林立，形式各異，還是回歸「本心」。方東美亦強調說：「宗教裡面的一切神聖境界，不是等待外力的貫注，而是要靠自己的生命、根據自己的心靈、根據自己的思想、根據自己的智慧、根據自己的精神，去實踐自己生命裡面的境地。」[121]

宋七力以自身的體道經驗，提供了直接的方法，開發「本心」的「如來藏」。如何開發？首先以六淨色根為主。眼根若能看到自己，如執明鏡，顯然已「自見其身」。此開發方法竟然與《維摩詰經》所提示的方法不謀而合。《維摩詰經》的不二法門[122]，正是「觀自身實相」，即是宋七力所說的「自見其身」。「觀自身實相」、「自見其身」，具有自我轉化成法身的意義；觀自身實相；觀佛與如來亦然。視己身為佛與如來；即身即佛。《觀無量壽經》說的是：「是心是佛，是心作佛。」在《莊子》的〈應帝王〉中，列子的老師壺子通過展示自身，透過身體找到生命自我更新的路徑，實現真

法身觀

正的「自我轉化」，也是「體道」的路徑[123]。宋七力說：「思想轉進與『本心』相應，自然融入地、水、火、風、空、見、識等七大中。沿著『本心』緣起法性功能起作用，照見五蘊皆空。此功能作用，勢必形成『不可思議』的實相境界。」《華嚴經》云：「法界心、佛心、眾生心平等，三無差別。」只差別在於是否顯發「本心」，「生實相，見如來」。見如來；見法身，即自觀身實相的彰顯。所以《維摩詰經》：「**觀佛亦然。如來、佛就在自心中。**」

《華嚴經》大意作為結論：「三世十方佛，唯有一法身。」釋尊以自身一即一切，一切即一示現各大乘經典。以一法身變多法身。形成「分身」千百億。因此；法身「出離」肉身為基地。也是自見其身者共有。《大藏經》記載；釋尊與弟子聚會，多聞第一的阿難問：「云何道場的目的？」釋尊答：「出離。」在經典上屢見釋尊「不動本處，遍佈十方」。即「出離」之意。「出離」非肉身離開地面，而是「法身」離開肉身，你的「自見其身」獨立於外在空間。佛教名「解脫」，即出離之意。現代名詞稱「超越」。超越；「本心」顯發始言「超越」、解脫、出離。

第四節　宋七力詮釋「本心」顯發、意識「起動」與「出離」

　　「本心」顯發的原動力——「遇斯光」，法性攝受「遇斯光」，直接流露出法身。先自見其身（法身），再說「出離」。否則是意識出離。《法華經》多寶塔上的多寶佛是釋尊的法身。《華嚴經》毗盧遮那如來是釋尊本相說法的「法身」。宋七力於《本尊道全集‧大道初探》開示曰：「本心相應到宇宙光明體（法界大日、天冠光、漩渦光），即法性攝受到『宇宙光明體』，立即自見其身。」海德格爾對「光」亦有類似的見解：

> 凡事必然在某種「光」中進行。唯有借助於光亮，顯現者才顯示自身，也即才顯現出來。但從光亮方面說，光亮卻是植根於某個敞開之境，某個自由之境；後者能在這裡那裡，此時彼時使光亮啟明出來，光亮在敞開之境中遊戲運作，並且在那裡與黑暗相衝突[124]。

　　宋七力說：「海德格爾所說的『光』，非法界之光。透過海德格爾之『光』來反映法界之光與『出離』、『解脫』。提出『遇斯光』當下『解脫』。『解脫』必須以自見其身為前提」。宋七力另外說：「愛因斯坦提到『出離』，曾問泰戈爾說：『人的神性可以獨立於外在嗎？』泰戈爾回答：『當然！』神性當

法身觀

然可出離獨立於外在。」宋七力又說：

> 「自見其身」者，親眼可看見身外身存在於外在。只要自見其身，人人皆可親證「出離」現象。「出離」穿梭時空，天上天下來來去去。肉身五官意識透過「意識流」得知「自見其身」的行動。出離之際，五官意識瞬間轉換成「宇宙意識」。與自見其身合一。「出離」內含有與道冥合、天人合一之意。「出離」顯示出法性與光明體性結合之現象[125]。

在《金花的秘密》中，榮格等即以為：「光不在身中，亦不在身外。山河大地，日月照臨，無非此光，故不獨在身中。聰明智慧，一切運轉，亦無非此光，所以亦不在身外。天地之光華，佈滿大千，一切之光華，亦自漫天蓋地。」[126]方東美說：「生命的崇高在於經驗範圍的拓寬，使我們的精神昇華，和道體合一，使我們把人世的快樂和大道的至樂打成一片。」[127]宋七力說：「就從自見其身與分身出離開始吧！」作者確實體會到宋七力所說：「你每天向內體察，『自觀身實相』不影響你的起居作息，以『本心』為主。『守元抱一』。」隨意念起動時，自然而然，『自見其身』，爾後出離現象。此自見其身出離現象，必先『遇斯光』而言。說來簡單，只因『遇斯光』，就這麼簡單！一旦出離，你目睹自見其身於眼前的空間，有時在天空，也在地面。自見其身之行動，你只能靜觀

與順勢,否則斷滅。『順勢』與『靜觀』是與自見其身交流的不二法門。

你的五官意識只適應人生,務必轉依為「宇宙意識」,生存於時空。宋七力諄諄善誘地告訴同道:「千言萬語說不盡,學道最初只是守著『本心』。依法性相應光明體,所謂千言萬語說不盡,你只要『遇斯光』,你自然見到光;承『光』的威力,實現「天人合一」與「三位一體」,就這麼簡單。」關於順其自然,楊惠南說:

> 順其自然就是順勢。每一個人的本心,都有一種自然的能力,可以自己起動出離而與宇宙光明體相感應,因此;任何一個與宇宙光明體相應而獲得實相境界的人,都是自然而有。全以自性本心作主,而自覺、自悟、自證、自度、自成、自然而然成道[128]!

宋七力的思想強調「本心」顯發自然展現實相,但主要的原因歸於「遇斯光」。與《金剛經》所謂「發阿耨多羅三藐三菩提心」而「生實相,見如來」同義。《華嚴經》等所說的「遇斯光」指「無量光」,宋七力自言「遇斯光」,針對法界大日、天冠光與漩渦光。大乘經典篇篇高唱;「發阿耨多羅三藐三菩提心」的目的只是生實相,見如來。《法華經》的主旨為「暢演實相」,「實相」中所展現的法身、淨土與無量無邊的廣大世界,你就恍然大悟釋尊臨終八年

法身觀

前為何開示《法華經》？不外乎教導重視「發菩提心」,「生實相、見如來」。與宋七力之「本心」觀、「實相法身」觀,不謀而合。

　　《法華經》中,多寶塔內的多寶佛是釋尊的法身,釋尊以「分身」平坐在多寶佛旁邊,表示平等。此時釋尊安坐在道場,不動本處。能見多寶佛與釋尊分身,必須以「實相」而見。非肉眼所能見。「所見」與「能見」依「本心」是否顯發而說。生實相始能見如來。見如來者則自見其身了。因此,「以實相觀法身」,這是宋七力常說的話。以「實相」觀「法身」,或觀萬象、萬物……必定實體化。猶如臨場感,真實不虛。所以說:「實相生活化。」宋七力說:「凡是實相境界者,必定有法身。依法性所緣起的法身,由於法性常住,實相世界亦常存。法身永在。」大乘經典論:「以實相見法身。建立生命永恆觀念」。所以《維摩詰經》釋提桓因對釋尊的開示作總結:「千經萬典,決定實相。」[129]

　　《維摩詰經》觀自身實相為方向,「決定實相」為目標。《法華經》的目的與《維摩詰經》同系列;論實相與法身。「開闡一乘法,暢演實相義。」「一乘法」即「實相法」,釋尊先從《阿含經》為小乘開始講道,此時期稱原始佛教。西元一世紀後,後世教徒集結成「大乘」經典。後期開展出實相法。因此:以「實相」為終

第五章 宋七力對「本心」思想義理的詮釋

極目標：與釋提桓因說「決定實相。」相互輝映。「實相」隱藏在「本心」如如不動中，由「法性緣起」而生實相。欲開發「實相」還是回歸「本心」。誠如《周易・繫辭上》：「易無思也，無為也。寂然不動，感而遂通天下之故。」由於「本心」具足無量藏，此潛藏故名「如來藏」。此「藏」猶如老子所描述「窈兮」、「冥兮」(〈第二十一章〉)、「淵兮」(〈第四章〉)，深不可測的無底深崖呵！

宋七力從童年不知內在有「本心」，卻自然流露生活化的實相，生活化勢必先由實體化而成立。可是他完全沒有「本心」觀念，談不上有理論了。歷經多年的實相生活化，至中年時從經典與中西哲學始明「本心」存在人心中。他說：「『本心』能統攝萬有，所以稱大方廣法體。『本心』的互攝性原理，是華嚴境界無礙與圓融的法則，『法身』不受任何障礙，其『宇宙意識』可以任運自在，絕對自由。」像《佛經》所云：「身遍十方，而無來往，一切佛土，所有莊嚴，悉令顯現」。又彷彿如《莊子・逍遙遊》中所言：「逍遙自在，超脫世俗之外，可以任天地運行無窮，上下與天地同遊」。同時宋七力由《莊子・天道》明晰地表述：「夫明白於天地之德者，此之謂大本大宗；與天和者也。所以均調天下，與人和者也。與人和者，謂之人樂；與天和者，謂之天樂。」與「本心」和者；「天人合一」。立即性展現法身，以一變多，以小身化大身，無量分身。

法身觀

　　《周易・繫辭下》曰：「天地之大德曰生。」其義與〈天道〉所言相同。〈達生〉又云：「天地者，萬物之父母也。」其意說；天地的根本屬性是「生」，此為人與天地保持和諧的最根本原理，以此原理來調和天下，便可使社會之中，人與人保持和諧，這是「人樂」；人與天地保持和諧，是「天樂」。〈天道〉曰：「故知天樂者，無天怨，無人非，無物累，無鬼責。」宋七力也同感《莊子》所言的「天樂」，「是人生的幸福，人與天地的和諧，可帶給人生無限的美哉至樂。」宋七力又說：「若是顯發本心，法性放光出來，揮除你的煩惱、分別心、執著心、妄想心……。你的法身立刻呈現，你立刻體會《維摩詰經》所強調的『當樂法身』了！」

　　《莊子・庚桑楚》亦云：「宇泰定者，發乎天光，發乎天光者，人見其人，物見其物」。「宇泰定者」指「本心」的顯發者。「發乎天光者」，已能「見獨」（自見其身），「見獨」知他人所不能知的「葆光」。而其「人」是自見其身，其「物」是指實相中的萬物。又云：「不可內於靈臺。靈臺者，有持而不知其所持，而不可持者也。」郭象云：「靈臺者，心也。」宋七力認為，「靈臺」像一面大鏡子，可照天地萬物。「靈臺者」即是「本心」已顯發而能發乎天光者，見「靈臺」，照天地。「本心」如明鏡台，本來無一物，能照出如「天地之鑑」。〈天道〉云：「天地之鑑，萬物之鏡。」照見五蘊皆空（實相）。宋

第五章 宋七力對「本心」思想義理的詮釋

七力顯相照片有《華嚴經》所敘述的獨特「寶鏡」。宋七力稱名「大日照明鏡」。《成唯識論》言的「大圓鏡智」，或者是此「天地之鑑」。然而，天光發，靈臺見；「靈臺」者有光，可見。但是不知如何掌握祂。就像現代人看到「光」，「光」顯現「天地萬物」，但不知所見之「光」與萬物從何而來？又消失於何方？「光」與「萬物」未明去向，如何融合為一？張立文指出：

> 人皆有心，莊子有憤驕的人心與知道的靈臺之心的分別，由人心之危而達道心之微，進而全其善性，他是經外心之以復性命之情及內反以心復心，而顯靈臺之心，兩者的進路形式有相似的地方[130]。

宋七力對於《莊子》所言：「墮肢體，黜聰明，離形去知」，及〈齊物論〉：「吾喪我」之方法，合一顯然有差異。如何融合為一？〈大宗師〉重「去知」，把你的認知、我執，去除掉。莊子用心齋、坐忘來表達。坐忘是禪定。〈齊物論〉的「吾喪我」、「坐忘」之意。「吾」是「本心」。「喪我」是將自己忘記、忘我。《金剛經》云：「無我相、無人相、無眾生相、無壽者相。」簡言之；法性湧出流行時，人的五官意識勿滲透自我觀念，以防止法性正在流行的萬有、萬象、萬法。以「無我」、「坐忘」等，使「本心」顯發，以致合一的狀態。宋七力採取「順勢」與「靜觀」融合為一。不認同莊子之「去知」、「坐忘」、「吾喪我」。合一使靈臺、靈府（〈德充符〉

〉現葆光，葆光照明中，萬化由葆光出，能「不出戶，知天下事」(〈第四十七章〉)。故馮友蘭曰：

> 因為要忘分別，所以要去知，去知是道家用以達到最高境界的方法。此所謂知，是指普遍所謂知識的知，這種知的主要工作，是對於事物作分別。知某物是某種物，即是對於某物作分別，有分別即非渾然。所謂渾然，就是無分別的意思。去知就是要忘去分別。一切分別盡忘，則所餘只是渾然的一[131]。

《老子》說：「為學日益，為道日損。」(〈第四十八章〉)馮友蘭又說，為學要增加知識，所以日益；為道要減少知識，所以日損，他曰：

> 「去知」的目的在於透顯真實自我，因為所有的認知活動皆不能使人接觸到真我，反而是自身層層封限的壓迫或桎梏。去掉「成心」之知，就能「大通」，也就是消解個體一切的執著，及知解的障礙，呈現出虛靜的心，身知俱泯、物我兩忘，精神達到與「道」冥合而通達無礙的境界[132]。

宋七力附言：「只要『自見其身』，即自然與道冥合，天人合一。一切執著、去知等理論已多餘了。」宋七力認為荀子有「本心觀」，「本心

」的功能自然顯發，自然有境界的展現。宋七力說：「荀子是有境界啊！『坐於室』，『而能見四海』，至少顯明天眼！『處於今能論久遠』，『疏觀萬物而知其情』，從所見的萬物，知道它的內容。『參稽治亂而通其度』從亂中，荀子可以找出秩序出來，從亂變成通。」[133]荀子如此文字境界，等同佛教所示神通力，此神通力在《維摩詰經・第十四章囑累品》記載釋尊囑語彌勒，「末法時期」，佛滅度後，以神力廣布流行，無令斷絕。

宋七力對於「本心」顯發的方法論，分為三點加以闡釋，「本心」如何顯發的方法？如何證明「本心」已經顯發，以及「本心」起動與法性出離的現象。分三小節說明：

壹、本心顯發與安住的體證

顯發「本心」擷取老子所云「守元抱一」[134]，與笛卡爾「我思，故我在」，並以「本心為主」作為信念。《大智度論》云：「佛法大海，信為能入，智為能度。」[135]《華嚴經・賢首品第十二之一》曰：「信為道源功德母。」尼采亦云：「人必須時時刻刻相信他知道自己為什麼存在。若是沒有週期性對生命產生信心、相信生命中的理性，則人類也不可能有如此繁盛。」[136]可見顯發「本心」在個體身上發展的可能性，必須靠「信心」才得以解決。

法身觀

「本心」本來就具足一切法；本有、自有、固有、永有。佛、上帝就在你的「本心」中，「道」不遠求，遠求非道，道也在「本心」中！學道向內非向外。孟子說：「人之所不學而能者，其良能也；所不慮而知者，其良知也」（〈盡心上〉）。「不學而能者」，本來就有，無需外求的，而是自然流露的。所以必須肯定自信「本心」的真實存在，以堅定的信心去認知、探討、重視「本心」自然而然地感而遂通；緣起功能與作用。自然而然依其攝受力而緣起。「生實相、見如來」。所以，「道法自然」；「法爾自然」。愛因斯坦說：

> 僅憑知識和技巧並不能給人類的生活帶來幸福和尊嚴。人類完全有理由把高尚的道德標準和價值觀的宣道士置於客觀真理的發現者之上。在我看來，釋迦牟尼、摩西和耶穌對人類所作的貢獻，遠遠超過那些聰明才智之士所取得的一切成就的[137]。

宋七力以「自然而然開啟六項」。山河大地草木瓦石等，隨著宋七力的「心念口演」，歷歷在眼前的空間，或者直接自見面相，如執明鏡。同道隨著口演音聲自然發生「自見其身」了。總合宋七力「本心觀」，重點「本心」顯發。別無技巧。自然「生實相，見如來」，與孟子學說相同道理。孟子言：「學問之道無他，求其放心而已矣」〈告子上〉。宋七力感言：「古之大化者，皆由『人』成聖

第五章 宋七力對「本心」思想義理的詮釋

。時代各異，人的形相不同？心同此心。古今人人都是人，皆有『本心』。」[138]釋尊成道後直言：「一切眾生皆有如來德性（法性）。」

宋七力本著人人法性平等而建立「本心觀」。明心見性，見性；「本心」必先「明」，見性即見法性，本心「明」，自然見性。自然自見其身。自古皆然，無一例外。全以自性「本心」為根源，自覺、自證、自悟、自明、自成。『自然而然』成道[139]！「自然而然」，意有不勉而行，不思而中之味。無為而為也要依據「法性」的攝受力，法性能攝受光，又如宋七力常說：「我的聲音針對你的「本心」暢演，景物全是法性所流露，所以，道生萬物，跟著我的聲音出現萬物，用法性直接攝受。」關於「心念口演」，是針對「本心」暢演，景物全是法性所流行，所謂道生萬物，隨著宋七力的聲音自然地出現萬物，是法性直接攝受。

因此；宋七力以「親證」直接攝受超越於自身的聰明才智，解脫境界需賴於法性的「攝受力」，強調以「攝受力」直接攝受。攝受宇宙光明體，直接從光中化萬物。比如說；宋七力在演說時，隨著聲音內容化出「相」，見「相」即見「性」。如此性相由「攝受力」所發生的現象。當你所見的「境相」連續性地呈現萬物，此時「天眼」境界開始，你從「天眼」中的萬物開展出「實相」。簡言之；自然顯現萬物，即「攝受力」的光化現象。苦修則是

經「苦其心志，勞其筋骨」（〈告子下〉）的意志力，「攝受力」與「意志力」的成果各異。宋七力說：

> 從真如（本心）的法性攝受，直接融入意像中，想像出你的形相，有時自然而然自見其身。猶如耶穌「顯相」是祂的靈魂攝受到「光」，「光」化耶穌的「相」，所以能「顯相」[140]。

法性本身是『光』；法性光乃中國哲學名詞，王陽明所說的形而上光明「本心」指法性光。法性光出自「本心」，所以王陽明稱「形而上光明體。」「形而上光明體」指「本心」的法性光。法性流露始見法性之光。法性光攝受相應宇宙光明體之體性就自然流出「法性光」。法性光出自「宇宙光明體」，所以法性與光體若融合為一，則圓成「三位一體」。人的頭部後面自然呈現圓光。宋七力的顯相照片，其法身幾乎每張皆有「圓光」。「圓光」表示法身圓滿，「圓光」象徵法性光與宇宙光明體相應，相融互入成立「三位一體」[141]。因此，宋七力對同道演說時，皆以「心念口演」而出現放光現象，放光化出萬象、萬物，使之實相實體化、實相生活化、實相理想化。

所以「心念口演」沿著法性光發生放光現象。放光使你所想的萬物從意念出現，萬物成了實相的萬物。由法性光顯現而見性，見性即見相。從法性直接化萬物，就如「心念口演」開啟實

第五章 宋七力對「本心」思想義理的詮釋

相生活化。宋七力心念口演時，善用熟悉的日常物品，例如杯子。在《本尊道全集・法性常住》中，記錄了一段有關宋七力心念口演的過程的談話：

> 現在就直接看杯子，不要介入五官分析，暫時放下你的知識與經驗，思想追隨我的聲音，喊杯子就出現杯子，這種導引在經典上或許稱為『引自性』[142]。而我認為是《法華經》：「心念口演」。隨著我的聲音；你就看得到實相、萬物，而且無異無差別；完整、清楚、色澤、彩度、速度、亮度與真實物質相同......。若看得到一只杯子，就會延伸出無量、無窮的萬象、萬物。《華嚴經》所謂：「一即一切。」[143]。

宋七力說：「先把一項通順，一項備六項」；《楞嚴經》云：「一根開六結」。《首楞嚴經》曰：「『一根反源，六根成解脫，一根得清淨，六根得圓通。』」[144]宋七力繼續說明：「『六根』是直接通本心合一法性的關鍵，六根斷滅時，法性仍然獨立外而存在，此時，名『解脫』。」宋七力提到：「般若妙用，從六根見如來藏性，當體即空，直接攝受是最有效的捷徑，法性自然地從六根中流露萬物、萬象。」[145]

從宋七力的「心念口演」而六根開啟生萬物，打破肉體的桎

法身觀

桔，使生命存在的方式獲得了開放的、應然的和生成的性質，從而超越自然事物的生存方式，承擔上天賦予人類偉大的使命[146]。這也是宋七力提出「本心」思想的主因，因「本心」處於《心經》所云：「不生不滅」的狀態，少有人感覺「本心」的存在，釋尊用無明形容迷失「本心」的人。如果你有「本心觀」，注意到「本心」，你將震撼「本心」的功能起作用，瞬間脫離五官知覺，飛逝千里，遍行虛空法界，歷經之境，廣廣乎無不容，淵淵乎不可測，行於宇宙天地萬物之間[147]。

因此，宋七力說：「人與『本心』交流以便顯發的過程中，『靜觀』、『順勢』，對於流露萬物成實相的進行是必要的」。通常「本心」在偶然間和無意中顯現；分別、執著與分析判斷是障礙、阻塞，使得無法暢行。佛教常強調去分別、執著是有道理的。只是為了發「阿耨多羅三藐三菩提心」。所以；還是要順其自然，若抱著優越感，自我意識反而適得其反。[148]宋七力的「本心」思想從體道過程，提煉出自然之道，順其自然地顯發真如本心。爾後，依「本心」之「法性」攝受宇宙光明體，從「天人合一」銜接契入「三位一體」[149]。《本尊道全集・諸法皆空》還談到「本心」自然流露萬物、萬象的種種現象，例如；聽到鼓聲、鐘聲等，看到香花、聞到香味，風吹草動，青青翠竹，藍天白雲，川流湧泉；隨時隨地都可能見到自己──「自見其身」──「法身」。若能隨宋七力的心念口演而應聲音的出現「自見其身」，即表示同道已「入道」了。聞

聲啟動法性現法身。宋七力的意識能隨音變現成相,如《觀無量壽經》所謂:「隨意變現,各作異狀。」

宋七力再進一步地說明,「心念口演」所顯現的萬物皆是法性流出的「相」。「相」與「性」同義,所以說:「性相一如」。性相歸屬既然人人都有「本心」,釋尊呼籲發「阿耨多羅三藐三菩提心」的目的,在於見性、顯相。宋七力又說:「有時候無意中,法性自動顯發;法爾自然。不等待,也不盼望,等待與盼望,阻擋『本心』的顯發。當『法性』緣起時,思想、觀念、知識摻雜進去,五官意識障礙了法性,易成斷層現象。」[150]《本尊道全集・大手印》以「無我」,避免斷層現象。即使本尊瑜伽,也是表達「無我」,這裡所謂的「本尊瑜伽」,是指觀自己的樣子出來。使之「自見其身」。「無我」能顯現瑜伽,瑜伽相應之意,相應自見其身,有心想身成,以瑜伽相應法看到自身。《阿含經》所云:「諸法無我,觀身無我。」因此,「無我」,法性才能順暢流露。《金剛經》有「無我」相(想),才能生實相見如來。

宋七力認為「『我』;自我意識、概念、知識。去我執就『無我』。」佛教特別重視「去我執」。「執」即是成大道的大障礙。《本尊道全集・照之於天》也提到我執,超越我執,直入法性。泰戈爾(Rabindranath Tagore)說:「我相信除了表面可見的存在,我們還擁有不斷

法身觀

變動的個別的自我（individual self），可是在我們內心深處，存在著人類永生的靈魂，那是超越知識所及的。」[151]可見他肯定內心深處存在著「靈魂」。宋七力也認同人類除了靈魂還存在「法性」。靈魂（阿賴耶識）與法性既然存在，以「無我觀」，順其自然領受一切緣起吧！

宋七力也藉「無我觀」開啟同道六項，幾乎皆能自見其身，「無我觀」開啟的方法，相似於經論上之「都攝六根」，即是封鎖六根，意指棄除自我知識、經驗。與莊子的「吾喪我」、「坐忘」相似。無我觀引發出現「法身」——自見其身。《楞嚴經》云：「令汝速證，安樂解脫，寂靜妙常，亦汝六根，更非他物。」意指從六根開發，是解脫之道，最快速而最殊勝的方法。宋七力談到釋尊苦修六年無成果，為何無成？很認真、很努力、堅定的苦修，反而成我執，更難發「阿耨多羅三藐三菩提心」。故此，釋尊親證苦修無成後，宣說行中道。何謂「中道」？不思善、不思惡、不偏不倚謂之「中道」，也就是無分別的「無我觀」。人類精神的領域極其廣闊，體現是多方面的，這種對生命本然狀態體驗所產生的寧靜心境，也不是唯一的寧靜，但人的欲求解脫、道德責任的建立，宗教信念的確立，都會給人的心境帶來持久的寧靜，也正是這種寧靜心境的形成，給審美境界的重建成為可能。把一切交由「本心」主宰，「忘我」、「無我」，順其自然。若執著自己擁有一切、產生分別相，絕非自然之道。不自然，則不可能超越。不自然即限制自己

第五章 宋七力對「本心」思想義理的詮釋

。限制自己的超越,極難成大道。楊惠南說:「靜觀,是靜靜體察『本心』,避免五官意識攪局,靜觀之後,『本心』流露訊息給你,你自然接到,接到之後,你自然知道進跟退。」[152]

貳、如何證明已發「本心」

《本尊道全集・解脫之道》指出;真如自性(本心)已顯發當下見『光』,所顯「本心」之光,稱名「法性光」。宋七力說:「能見到光,就能見到法身。法身光中出,《中論》名言:『法性所流身』。「本心」無形無相,以『光』示現,光中化萬象。所以法身光中出。[153]為什麼法性能放光?因法性承「宇宙光明體」之加被力令你能「自見其身」。原理;「遇斯光」。簡言之;本心「遇斯光」,法性始見發光。法身成立。古今中外苦修者,終生役役,不見其功,主因未「遇斯光」,故無法身,法身不立。終身勞其筋骨,苦其心志。法性依光能化法身,諸佛菩薩天眾……。亦從光中出。淨土、十方世界……亦如是!《本尊道全集・心道》也談到:

> 當法性光顯化法身時,超越肉身的侷限,超越物質,超越時空。法身與「宇宙光明體」渾然一體。五官意識立即轉化成「宇宙意識」。法身持著「宇宙意識」時空中流行穿梭於一切活動。法身雖然出離肉身,但其「宇宙意識」不在內、不在外、不住三界、不離三界、不住六根、不離六根,因果相依而存在[154]。

法身觀

　　法身既然與人的五官意識相依存在，人的生命根據法身而成立自證永恆性。人本著「法身」而說超越生死。從短暫生命轉換成永恆，實現了生命的意義與價值。法身是人的第二生命。為了生命的連續性，佛教以二千多年建立了「法身觀」，釋尊於各大乘經典，表達出「法身」於永恆世界的生命活動，教導人在生之年，人必以「法身」為生命的連續性。安住法身之「宇宙意識」。

　　《起世經》（〈卷一〉）云：「三千大千世界一時轉合，能轉合就能轉住，能轉住就能安住。」宇宙意識使得宇宙萬物凝聚、擴散、轉住、安立，安住。安住就是永恆。因此，宋七力認為宇宙變化萬象成立《華嚴經》之「法界」，皆由釋尊的法身變現，此「變現」即是法身之「宇宙意識」識變。也是現代量子理論正在積極探研的「意識宇宙」，而法身具有的「宇宙意識」正是構成「意識宇宙」之原動力，第一因。法身本著「宇宙意識」適應時空千變萬化；凝聚、擴散、轉住、安立。組合構成「法界」；「意識宇宙」。因此，釋尊能開釋出《起世經》所謂的三千大千世界一時的凝聚、轉合、安立，……轉住法界，皆依「法身」而成立。也是宋七力「本心觀」的內容實相理想化。一切理想、想像都可以識變而實現，所以佛教宣稱「萬法唯識」、「萬法唯心」。所以；《老子》的「守元抱一」涵蓋千古真理，守住本源，安住本心。自然有法身，十方如來淨土……三千大千世界……。唯有一法身。佛教所謂如來藏、法身藏、法界藏……。根據法身宇宙意識而變現種種藏……

226

，何止三千大千世界，萬有、萬象、萬物亦如是。[155]。因此，思想守住、安住，起居飲食，行、住、坐、臥⋯⋯。都和「本心」同時存在，如此即是「守元抱一」了，法性自然而然湧出。自然而然「依空滿願」。[156]宋七力詮釋《莊子・庚桑楚》所言：「以有形者象無形者而定矣。」這句話是指以「本心為主」之意[157]。

「本心」無形無相，又如何「以本心為主」？抱著「以本心為主」而「自觀身實相」。觀想自己的形象，在腦中的自身形象以意識移出眼前。見到自身，如執明鏡。正是所謂「自見其身」。亦是「自觀身實相」。「自見其身」必須實體化，實體「實相」，以「實相」觀「自見其身」。亦是與自身無異無分別，名「實相法身」，簡稱「法身」。實體化的法身能「觸」，比真實肉體更真實。周身帶有光亮。法身身內只有「光」，因為是「光」所化法身。「宇宙意識」超越五官意識無量倍，法身是「宇宙意識」，而肉身是「五官意識」。形容法身只能說「不可思議」、「真空妙有」。

「本心」的法性緣起而說「法身」[158]。因此，緣起或性起的法身皆能產生種種的法界內容；包括三千世界⋯⋯。釋尊根據「法身」開示出「三界唯心」，千萬佛佈滿十方世界。唯一「法身」，所謂「一即一切，一切即一。」「本心」所顯出的法身竟然統攝一切法，所以「法身」是佛教的終極目標。宋七力認為：「有法身就有極樂世

法身觀

界，十方淨土。法身與淨土是一體兩面。」同理，有「宇宙意識」，自然就有「意識宇宙」。因此；《維摩詰經》說：「隨其心淨國土淨。欲得淨土，當淨其心。」；此「心」正是顯發「法身」與「淨土」的「本心」。至於《聖經》所說的「上帝國非肉眼所能見」。上帝的國盡是「實相世界」、「意識宇宙」，自見其身的「宇宙意識」所能見之「法界」[159]。

因此；耶穌對法利賽人說：「上帝的國在你心中。」由此可知，上帝國從耶穌的心中所流露的「意識宇宙」。耶穌的顯相升天，正是「法身」。上帝國與佛國淨土、十方世界的……相同道理。盡是「意識宇宙」。「意識宇宙」超越時間和空間，由於無時間、無空間[160]。「當下」、「瞬間」就在眼前的空間，所以耶穌報出福音：「天國近了。」如《淨土經典》記載「自見其身」者，瞬間登上「極樂世界」。宋七力指出：「佛教往生極樂世界，基督教進入上帝的國，都是人類顯發「本心」的現象與結果。」所以大乘經典為何強調：「發阿耨多羅三藐三菩提心」。就如黑格爾所言：

> 本質必定要表現出來。本質的映現於自身內，是揚棄其自身而成為一種直接性的過程。此種直接性，就其為自身反映而言為持存、為質料，就其為反映他物，自己揚棄其持存而言為形式[161]。

也就是說，質料、內容與形式具有統一性，質料與形式都是事物的本質在處於變化中的一種呈現。質料或內容是事物相對於自身的持存而言的本質，形式是事物相對於其他物件所呈現出的本質，故黑格爾又曰：「內容非他，即形式之轉化為內容；形式非他，即內容之轉化為形式」[162]。也就明白「本心」如何顯發了。

叁、法性起動與意識出離

《心經》開宗明義曰：「觀自在行深般若波羅蜜多時，照見五蘊皆空。」所謂的「照見五蘊皆空」，宋七力以境界解色、受、想、行、識等五蘊經照見而圓成實相。色、受、想、行、識的五蘊延伸到地、水、火、風、空、見、識的七大，都包含在空性之中[163]。《金光明最勝王經》亦云：「五蘊生法界（實相），『照見』必先『放光』。」放光是「宇宙光明體」與「法性」合一的現象。《本尊道全集・照見五蘊皆空》指出，合一仍以「法性」與「意識」為前提。也是「生實相，見如來」的根本。五蘊中的「識」，是結合法性的動力，「識」是成立實相的基礎，量子理論與意識宇宙學說：「實相以意識為背景」，意識是一種能量，意識也是一種「量子現象」。意識物質化。「心念與物質」於現代量子科學家正積極探討中。

宋七力演說中，常以意識轉化實相使之實體化。例如，宋七

法身觀

力「心念口演」說蘋果,就出現蘋果,說咖啡就能喝到咖啡,一切食物,皆可隨著「心念」而實相生活化。同道參加宋七力的聚會,必先「自見其身」,凡是「自見其身」者都可見到宋七力「不可思議」的解脫境界!所謂「自見其身」者即是《心經》:「**觀自在**」,也是《維摩詰經》:「**觀自身實相**」。「觀自在」行深般若波羅蜜多時,到「彼岸」,已「自見其身」稱「觀自在」。彼岸即「實相」是宋七力的解釋。到彼岸?誰到彼岸?自見其身!

自見其身以「出離」方式到彼岸,此時自見其身已在實相中活動了[164]。楊惠南在〈光明的追尋者—宋七力研究〉中指出:

> 在各種經由法性與意識起動而出離後所顯現的光當中,漩渦光體特別值得注意。漩渦光體的中心位置即為天人合一的總交會點,宇宙天地時空的起點。當出離後,已和宇宙光明體合為一體的「宇宙意識」,起動了漩渦中心點,使漩渦中心點開始擴張延伸寬廣,旋天轉空。最後會旋轉出宇宙天地時空。當宇宙天地時空被旋轉出來時,也正是揭發宇宙生命萬物的真實玄理,開啟萬古神話的總開關之時,此時已在永恆中[165]。

《「天人合一」實證境界‧天眼》中談到:「以『順其自然』迎接『本心』所流露的自然現象,順勢而行地從自然現象的變化中認知、體會、印

證，自然形成般若智。依此形上般若智實證『天人合一』的境界。」[166]宋七力說；初顯天眼者對內容不解其意義時，應順其自然地觀賞美哉至樂的內容。提醒初顯天眼者必靜觀，暫止分析，切勿操之過急，否則「欲速則不達」（《論語‧子路》）。天眼境界斷滅後，鮮少重現或不再復發。

宋七力說：「般若『智』尚未歷練成熟時，切勿以五官的知識判斷，以自我的意念，導致歪曲偏差了天眼內容含義。保持對天眼內容靜觀其變，待『天眼』內容中流露出『般若智』。」[167]《本尊道全集‧法性如是》觀「天眼」內容之時，人已初顯「出離」現象。談到「出離」與「天眼」息息相關，依「天眼」而觀「出離」。即《華嚴經》的「應觀法界性，三界唯心造，萬法唯心。「出離」現象亦是唯心所造。」

如何臻於解脫出離的境界？宋七力說明：「就以法性斷定，出離非五官意識，而是本心之法性」。法性依據「宇宙意識」自由自在出離，遨遊於老子的「物之初」與莊子的「無何有之鄉」。所到之處屬於「宇宙意識」的領域，只要能出離就是解脫啊！出離分「意識出離」與「自見其身（法身）出離」。未見「法身」，僅是意識出離。自見法身即具有「宇宙意識」出離了。因此，有關「出離」現象，無論是科學、形上哲學或宗教，探討出離，必須從「本心」入門，即可找到出離是永恆生命的起步。[168]

法身觀

　　出離之前，必先法性緣起；法性遇緣而「起動」，其意蓄勢待發「出離」，自見其身者出離，其「宇宙意識」適應一切時空，法身的內涵沿此「出離」展現生命的神奇、奧妙。法身出離自證超越生死。且在自我解消之中融入宇宙天地萬物[169]，臻於「天地與我並生，而萬物與我為一」(〈齊物論〉)的境地。人與「十方世界」處在同一個層次上，也是「我在十方世界上，十方世界在我身上」，正是中國哲學的「宇宙在吾心，吾心是宇宙」。在《大藏經》中，阿難問釋尊：「何謂道場？」釋尊簡單地回答曰：「出離。」「出離」是法性的作用，法性如是！佛教所謂出家，出離之意，所以出家的目的——「出離」，即是發「阿耨多羅三藐三菩提心」之意。展現生命奇蹟的基本過程，宋七力說：

　　當法性與意識（阿賴耶識）融合時，法性挾著意識互相交流合一，形成「意識流」，透過「意識流」，法身之「宇宙意識」與肉身意識交流中發生「對看」。視覺對看，連線視覺。法身之「宇宙意識」與五官意識對看！視覺對流。人去世時，五官意識投入宇宙意識中，轉換成法身之「宇宙意識」。人類的生死過程，若能將五官意識轉換「宇宙意識」，始安住於永存的法界——「意識宇宙」[170]。

　　因此；阿難問釋尊：「道場的意義？」釋尊簡單回答：「出

離」。是有道理的。《本尊道全集・復活即法身》說明釋尊坐在金剛座，不動本處，不起於坐，是法身出離。「不動本處」，遍佈十方是法身出離之意。不動本處指「肉身」，出離針對「法身」而說[171]。《本尊道全集・實用法身》再詳加說明，「出離」分為「意識」、「實體」、「被動」及「主動」四種出離。現分述如下：

一、「意識出離」；如「天眼」所見，只見時空環境；山河大地、草木瓦石……。依視覺展現背景。也就是初顯的出離。二、「實體出離」；出離者目睹法身的一切時空流行……。法身隨「光」而行。出離者見法身周遍放光。出離，回歸肉身本處時，消失於光中。三、「被動出離」；出離時，還未形成意識流，人不知自己出離了，是法身「自動出離」，所以出離時你茫然未知，但有時別人反而看到你的法身。四、「主動出離」；則隨心所欲出離，「意識流」連結宇宙意識時，想出離就出離，屬於自見其身者主動出離。「法身」復活，獨立存在於時空與肉身保持不即不離、無內外、無遠近。法身出離是奠定生命延續的象徵，是自見其身者的生命意義與價值。自見其身者自知不隨他。自證、自明、自成！

出離發生的現象，仍依其「法性」的主動性、自然性、超越性啟動而出離。出離後，感攝宇宙光體而畢露宇宙人生萬象。彷彿《聖經》聖言：「上帝創造萬物。給於萬有。」[172]宋七力憑著「心念

法身觀

口演」的方式引導出宇宙人生的實相，從人的生活延伸至宇宙的天地萬物自然顯現在同道的眼前。宋七力在現場「心念口演」帶動同道說：

> 你的視覺在月球上看八大行星，來！你再另外分一個視覺，一眼俯視地球，甚至可以多重分化視覺，現在這個視覺保留，另外分一個視覺，看我在這邊喝茶與你們坐在這裡。柏拉圖說的；摹倣物質宇宙成精神宇宙。一眼望盡廣大的宇宙天地萬物。豈非宇宙在吾心，吾心是宇宙。「心」怎麼能裝一個宇宙？法身出離，於實相中活生生實證出來的啊，你只能感嘆「不可思議。」[173]！

宋七力再說明為何同道們可以在「實相」中見萬象畢露？一眼望盡九重山？一口吸盡西江水？因為你已「自見其身」（法身）。宇宙意識攝受到宇宙光明體。「遇斯光」自然如此，法性如是！那麼再問「光」從哪裡來？宋七力反問你：「釋尊所遇到的『無量光』從哪裡來？耶穌所遇到的上帝之光從哪裡來？」或者可引用《聖經》摩西在沙漠中遇到『光』，摩西問『光』，『你是誰？』「光」回答：「我是自有、本有、固有。」宋七力遇到「光」，與摩西環境和背景不同。「光」令摩西與法老王作戰！宋七力所遇的「光」，是展現生命的意義與永恆的價值。宋七力所遇的「光」：天冠光、法界大日、漩渦

光。《本尊道全集・彼岸即實相》說；「『遇斯光』，你必定立即顯現『自見其身』（法身）。」甚至親見自己的法身與「光」同在！他說：

> 你的法身與「光」同行，五官意識沒有脫離知覺，你瞬間隨光處在虛空，任你遨遊宇宙間。你將體驗生命的奧妙與神奇。宇宙意識使你暫時忘記人生……。法身隨「光」出離，自然出現「意識流」在你的眉心。你很驚奇。

這是宋七力指出的「意識流」，有了「意識流」，正是你進入開拓奇蹟生命的開始。以上境界是由宋七力「心念口演」，臨場開示所記載[174]。

《維摩詰經》以諸佛如來「出神入化」、變化自如，顯現不思議境界。顯示「本心」的內涵。前言已提到，千佛萬佛與十方如來，唯是一「法身」。佛只是個「覺」者的名號。「如來」是真如出來之意。如來、佛皆是法身的代名詞，「本心」所化。《維摩詰經》，玄奘譯為《淨名經》，也是「本心經」。本心若無「遇斯光」──宇宙光明體。「本心」亦不能成諸佛如來。簡言之；大乘經典所謂的諸佛如來就是──「法身」。法身變化無量諸佛如來。宋七力說：「這個『法身』。正是釋尊的法身。」《維摩詰經》亦云：「以一身變多身，變種種身，變巨大身、小身、……與千變萬化相。」《華嚴

法身觀

經》說明了：「無量諸佛者，唯是一法身。」因此，自見其身者，若眉心放光，則像釋尊分身千百億。同樣以一法身變多身，種種如來身、佛身，一即一切，一切即一。⋯⋯分化無量身遍佈虛空法界、十方世界，然後回歸「本處」。

《金剛經》：「若見諸相非相，即見如來」。如來；「法身義」。大乘經典篇篇「如來」、「法身」；真如出來名「如來」。「法身」；法性流露名「法身」。簡言之，如來法身就是真如法性的代名詞。名詞隨各大經典而名，總歸納為「本心」。⋯⋯自見其身者，表示已顯發「本心」，所以有法身。有法身即能「出離」，能出離則自然發生「對看」。對看僅是單元性的「出離」。如果見法身眉心放光，即能像釋尊如此多元性出離；無量分身，無所不至，你的見聞覺知皆一覽無遺[175]。

既然「若見諸相非相，即見如來」，《金剛經》為何又云：「凡是有相，皆是虛妄」，此「虛妄相」指的是有為法的「相」。虛妄相是變化無常，不能永遠存在。虛妄相前句，重點在後句「若見諸相非相，即見如來。」以上是宋七力引出經典「有相」與「無相」之論說。宋七力說：「如來法身屬非相；『實相』，超越『有無』，『實相』由「本心」緣起性空可有可無中道義。無中生有，有中化無。法無定法，相無定相。」
《勝鬘經》云：「如來色無盡，智慧亦復然，一切法常住，是故我歸依。」

236

一切有部說:「佛入無餘涅槃[176]，即灰身泯智，不可談有色有心。」上座部則云:「佛入無餘依涅槃，無色，但能斷煩惱的淨智，是有的。」這即是有心而沒有物質的相，與大乘近似的大眾部說:「如來色身實無邊際……如來壽量亦無邊際，如來遍在」。故入無餘依涅槃，不但有智，也還有色。這與大眾部和《法華》、《勝鬘》等經的思想近似。常住妙有的大乘，破斥聲聞乘者說如來涅槃是無色的說法。故特重視「解脫有色」之說。《涅槃經・卷五，四相品之餘》說:「佛言:『善男子!或有是色、或非是色。言非色者，即是聲聞[177]、緣覺解脫;言是色者，即是諸佛如來解脫。善男子!是故，解脫亦色、非色。如來為諸聲聞弟子說為非色』。」如來有色亦無色，已入中道實相。如來法身已隨意自主生死，其宇宙意識凝聚整合安住十方世界，自行決定安立法界，脫離有與無的爭論了。宇宙意識所展現的時空路線，隨意變現安住於法界。自見其身者從「漩渦光」中一目瞭然，「法身」與「光體」合一後的時空度向與方位。宋七力加以說明自見其身者:

神智清明、精神愉爽、敏感範圍極廣，覺知無量無邊。心靜如水、寧靜致遠、心量擴充，握有宇宙在心之懷，浩然正氣蓋山河之威。……儀態自然端莊，文雅，口齒清晰，思想深具廣度、深度、遠度，乍看之下，有如所崇拜的宗教偶像，令人肅然起敬。猶如經典所

法身觀

述的「法相莊嚴」[178]。

宋七力又說：

中國儒道形上學的觀念，人在宇宙中是宇宙的同體，與萬物合一，故有「備天地，兼萬物」的大氣魄。人的「本心」彰顯與宇宙天地萬物為一體。故曰：「天人合一。」中國哲學所主張「天人合一」的基本精神，來自於「夫大人者、與天地合其德，與日月合其明，與四時合其序，與鬼神合其吉凶，先天而天弗違，後天而奉天時」（《周易・乾卦》），其意在於人心合於天心[179]。

總之，「本心」自然存有，無法以科學理論或人的理解所能認識，它存在肉身的意識深淵中，常人無此自覺，不知如何存在？存在人的內部何處？來源在何方？為了使肉身五官知覺了解，認知「本心」的真實存有，它偶發性地自然啟動意識，主動與人的五官知覺聯繫溝通，由內向外地流露各種變化現象，示意、啟發肉身覺知。有時以現象展現無形語言，人必須從現象中去體會、證悟「本心」的無形語言。即使無明，不知「本心」的真實存有，「本心」以法性自然流露，反而違逆自然；限制、束縛「法性」自然流露。「本心」無奈於不計較人的無明，不得不隨人的無知而潛藏，復歸於「如如不動」[180]。

以上所述，乃宋七力對初學同道所說。有關意識起動與出離的論述。意識起動與出離的意義；「**觀自身實相**」，使初學同道「**自見其身**」。其根據人人內在的「本心」，目標則是顯發「法身」，倘若有「法身」，人人皆可實現中國哲學所謂的「天人合一」。擴展生命的領域。臻於永存之境。因為「法身」是針對生命的意義與價值而存在，以下即詳析之。

第五節　　宋七力對「法身」功能與價值的詮釋

若要探究宋七力「本心」思想義理，首先建立「本心觀」，每個人天生具備法性，法性是人類生命的原動力，因此，必建立「法身觀」，法性若「遇斯光」，此生命力立即生實相、見法身。如何「遇斯光」？佛教以拜「無量光」（阿彌陀佛）為易行法。宋七力則是無意中「遇斯光」而建立「法身觀」[181]。

「法身觀」從小乘禪法演變到大乘的「法身佛像觀」，皆是「本心觀」的意涵。因此，把所見的佛像依其意識變成你自己，稱為「法身佛像觀」，所觀仍是以「意識」為基礎，然後轉化成「實相」，佛像亦隨意識變化而成立真實的佛像。乍看之下，佛像，栩栩如生，但必須實體化，比真的佛像還真實。如此已轉換成「實相」了。因「實相」的特色即把一切現象轉換成實體化；

法身觀

至真、至善、至美……進而生活化。至於「理想化」；將佛像識變成釋尊在生之時的形相，無異無分別的真人，如此便是實相理想化了。回歸到《維摩詰經》為何強調「觀自身實相」，觀佛、觀如來亦然。

宋七力常引《維摩詰經》的「當樂法身」自得其樂。《楞嚴經》：「證得真如本心，得無上安樂。」此「無上安樂」，必先「當樂法身」。《佛經》的「常、樂、我、淨」，亦必屬法身之「宇宙意識」範疇。因此，極樂世界務必透過法身之「宇宙意識」而完成。從「極樂世界」所描述的內涵；常、靜、我、樂擴充到十方世界，三千大千、中千、小千世界以及妙喜國，皆由法身之「宇宙意識」而建立。所以；《維摩詰經》說得好；「當樂法身」！釋尊以發「阿耨多羅三藐三菩提心」為出發點，開示出「法身觀」。在《勝天王般若經》中「法身」稱「真如」[182]，真如出世，名「如來法身」。《維摩詰經》：「即時豁然，還得本心」（〈佛國品第一〉）、「當樂法身」（〈方便品第二〉）、爾時世尊再問維摩詰，「汝欲見如來，唯以何等觀如來乎？」維摩詰答曰：「如自觀身實相，觀佛亦然。」（〈阿閦佛品第十二〉）

宋七力常提到《維摩詰經》講「當樂法身」，或許宋七力已經與維摩詰同樣體證出「當樂法身」了！？宋七力津津樂道：「我『遇

斯光』是顯發『法身』的唯一理由。我以經驗告訴你,如果你遇斯光,你也必有『法身』」。法身的意義,釋尊開示的經典處處可見,例如《無量壽經》:「自見其身者(法身),瞬間到達極樂世界。至於十方淨土……。」三千世界也是釋尊的法身「識變」而成[183]。與《維摩詰經》云:「三千大千世界置於手掌中如菴摩羅果。」同是法身之「宇宙意識」的變化——「識變」。法身之「宇宙意識」能凝聚而安立,由大變小,從小化大,樂趣無窮。所以;「當樂法身」!《維摩詰經》以「法身」和淨土來開拓「本心」。故曰:「欲得淨土當淨其心。隨其心淨則佛土淨。」欲得淨土,就必先顯發「法身」。

「法身」的思想是從「大眾部」開展出來。以《維摩詰經》為代表。《維摩詰經》發揮了大乘佛教的精髓,專論「實相」及「法身」。「不斷煩惱而起解脫」,不離世間、不斷煩惱,而能證法身。問「身」在何處?《大般涅槃經・壽命品》云:「無我者名為生死,我者名為如來;無常者聲聞、緣覺,常者如來法身;苦者一切外道,樂者即是涅槃。」因當體即空,看煩惱無自性,之後它就透過實相,把你的「法身」呈現出來。「本心」無形亦無相,「本心」顯發,即身即佛。身或佛就指「法身」!

法身觀

　　宋七力初以《賢護經》「得空三昧」見『法身』；既見「法身」，念佛往生極樂世界為口唸見佛相？宋七力說：「『唸佛三昧』，只看到佛相。『唸佛三昧』成功，即轉入『得空三昧』。」宋七力說明《般舟三昧經》之「得空三昧」，「是由「意」所做成，「意」是指由「意念」所想，所以「是心是佛」，「佛身即我身」。因此，宋七力本心思想的「法身觀」，以「得空三昧」來詮釋，就是要看到「自己」；自見其身，見佛身變成自己，宋七力說：

> 現在同道們看到「光」，見「光」就見「相」，相由光中出，光化種種相，「光」所化的相若是實體，與真實無異即是「實相」。再從實相中，觀宇宙天地萬物，法身自然而然與「光」同在。「法身」與「光」融合為一，由「天人合一」臻於「三位一體」。宋七力說：「非我所能，必須依其「法身」成立「三位一體」。眉心自然放光即「三位一體」之符號、象徵[184]。

　　西元前一世紀，大乘佛教興起，排斥小乘，「彈小偏大」[185]，主張「上求佛道，下度眾生」。站在佛的平等地位，不稱佛弟子。承襲部派佛教《本生經》，菩薩成佛須歷經「六波羅」的般若波羅蜜思想。依據「菩提心」談「菩薩道」，以菩薩須備「慈悲」[186]、「智慧」、「神通」三要件，將菩提心發揚成遍虛空，佈法界，無所

不在的「法身」。釋尊在《大涅槃經》說:「一切眾生都有法身,就像我這樣」。所以「證法身」是佛教的主題[187]。《華嚴經》云:「眾生虛妄故,是佛是世界,若解真實法,無佛無世界。」《六祖壇經》云:「覺者是佛,迷是凡夫。」因此;《心經》及《金剛經》強調:「到彼岸生實相」,到彼岸仍須承『光體』的加被力,否則如何生實相?自見其身者經『光』的照明而生實相,已經到彼岸了。所以自見其身稱名『觀自在』,就是法身啊![188]宋七力還指出:「《心經》講『觀自在』,觀自己存在[189];自見其身。照見五蘊皆空。」「空」指「實相」,色、受、想、行、識透過照見而成實相。觀自在為何能照見?答曰:「觀自在;自見其身。自見其身者必定已攝受到宇宙光明體之威力,所以能放光照見五蘊皆空,將宇宙人生現象照見成實相。從實相中發生實施度過一切苦厄。」[190]

實相圓滿,人生一切苦厄自然消杳無跡。常、靜、我、樂自然呈現。「常」;永恆。「靜」;「靜則明」(〈庚桑楚〉),[191]「靜」生光明。「我」;如來法身。真我。「樂」;就掃除一切苦厄,實相圓滿的安樂。如何知道實相已圓滿?實相圓滿時,法身呈現「頭光」,頭光即「圓光」。圓光由法身與宇宙光明體合一而產生。《淨土經典》記載;「自見其身者見圓光,當下解脫!」《心經》:「觀自在照見五蘊皆空。」此「照見」代表「觀自在」能放光。放光者必有圓光。放

「光」而說「照見」。將放光照見宇宙人生萬象成實相。這就是釋尊成大道的理由。宋七力說明:「『法身』的圓光意義,當下解脫。當下超越生死。人生之生活與法身生命銜接,生活與生命統一,形成了天人合一,『當下解脫』。」宋七力從法身有圓光作為合一的認證。他再指出:

> 圓光是人的「法性」與宇宙光明體之體性相應互融。也可說;宇宙光明體照見人的「法性」而有圓光。法性流露法身。法身有圓光依據法性。《阿含經》名言:「法性常駐!」釋尊自證成道後感嘆:「奇哉!奇哉!人人有如來德性。」「德性」指有功能作用的法性。法性平等,與虛空同在。與天地同流。法性永遠和宇宙光明體相依互存,所以說:「法性常駐!」[192]

釋尊說了無量義經典?就從人人有「法性」說起。《阿含經》的「法性常駐」,至西元一世紀「大眾部」從「法性」論法身,目的尋找生命永恆之路,所以必須開示法身。欲得法身,所有的大乘經典鼓吹、強調發「阿耨多羅三藐三菩提心」。探討法身,依「了義」、「如法」、「當如法說」,以「真如」而說,爾後有「真如法身」之名號。皆不脫離「發阿耨多羅三藐三菩提心」,「法身」令住在阿耨多羅三藐三菩提心,故「法性常駐」[193]。

「法性」在本心內,流露在外成「法身」。法身從實相境界中

見，所以法性、實相、法身立名稱號異名同義。經論也名真如法性、真如實相、真如法身，亦名「真如本心」。名號各異，涵意相同。宋七力「本心」思想，其內容不離真如法性、真如實相、真如自性、真如法身，也常以「實相法身」掛帥。論其實相法身。滔滔不絕、口若懸河、欲罷不能，樂在法身中。也是「當樂法身」！

宋七力於童年無意中就發生「實相生活化」、「實相實體化」。經過了六十年，現在的海內外同道對於「實相法身」，已像宋七力同步實行「實相生活化」，實相必須實體，才能生活化，進而實相理想化。

重申實相定義；《中論》：「自知不隨他，無異無分別，寂滅無戲論，是則名實相。」法身；龍樹《中論》：「法性所流身」。實相與法身是一體兩面，相互存在。從實相見法身。所以《金剛經》說得好：「生實相，見如來（法身）。」宋七力從未修練，為何能「生實相」？答：「遇斯光」！宋七力又如何見「法身」？宋七力答曰：「我從漩渦光明體中心，看到另一個『我』移動出來，降立在我的面前，我愣住了？怎麼有人這麼像我？這另一個『我』，就是自見其身──『法身』！」勞思光即指出：

法身觀

　　印度《心性論》主要表現在佛教的大乘教義中，通常有一種誤解，以為佛教講「空觀」所以就沒有心與性，其實佛教教義中的如來藏、般若等觀念都是相當於《心性論》中的心與性的觀念。像唯識論中第八識，則又在某一意義上相當於氣質之性。[194]

　　「實相」的定義出自於《中論》，宋七力沿著龍樹的實相定義表達解脫境界。《大智度論》：「有佛國土，一切樹木常出諸法實相音聲，所謂無生無滅、無起無作等；眾生但聞是妙音，不聞異聲，眾生利根故，便得諸法實相。」《觀無量壽經》云：「行者自見其身，如執明鏡，得無生法忍，直至佛道。」所謂「得無生法忍」；安住於不生不滅狀態，永不退轉、永駐法界。宋七力簡單扼要說：「自見其身，如執明鏡，當下即永恆！」自見其身者是由「遇斯光」根據法性所化。法性「遇斯光」而常駐，自見其身亦隨其「遇斯光」永恆。

　　《無量壽經》云；「能看到菩提果實相，品嚐菩提果的味道，摸得到菩提果的硬度，聞到香味、沐浴在樹影裡……。得無生法忍。」如此就可自見其身，如執明鏡。量子力學與《意識宇宙》書中提到「心念與物質」，心念能顯出一個酪梨，那麼，宋七力說；一切食物皆可出現，一即一切，這顆酪梨就是所謂的『實相』，酪梨色、香、味……與真實酪梨無異無分別；「實相」酪梨只是實驗。但對於自見其身

者易如反掌折枝爾。豈止酪梨,地面上所有水果、食物、山珍海味,……隨想隨有;從心念出食物,宋七力稱為「天食」[195]。凡自見其身者皆已享用「天食」。

簡單的一顆酪梨,從「心念」出現的酪梨,可瞭解人類的宗教文化。酪梨由心念想出,那麼?宗教上往生的極樂世界?天國、天堂在何處?科學家為何找不到宗教的天上的國度。經典卻說在人心中。法利賽人問耶穌:「上帝的國在那裡?」耶穌答:「不在這裡,也不在那裡。」耶穌指著法利賽人:「就在你中間!」耶穌說:「天國近了!」釋尊說:「極樂世界就在眼前。」所以科學家絕對找不到天國與極樂世界,竟只能說就在「本心」中。從心想出。與心念的酪梨同理。因此,「唯心淨土」。實相是淨土,彼岸是淨土,「意識宇宙」統攝一切淨土、世界、天國等等。

「意識宇宙」涵蓋經典所建立的理想世界。從「心念與物質」所顯出的實相酪梨啟發連想到「一心生萬法」,酪梨也是「萬法之一」。如此原理或許你恍然大悟,《維摩詰經》中的三千大千世界置於掌中如菴摩羅果。此理想世界是向道者的追求目標。欲實現此理想目標,生存在「意識宇宙」中,唯有從「本心」著手入門,以「實相法身」實踐永恆的理想世界。

法身觀

　　宋七力指出:「《大乘大義章》鳩摩羅什和淨土宗的祖師慧遠論實相,就是法身」。法身的生存空間呢?宋七力見解:「就是意識宇宙。」法身如何存在「意識宇宙」?宋七力說:「以變化為存在!」一切至真、至善、至美盡在「宇宙意識」的變化中。法身無病、無煩惱、無人間一切苦厄。所有的就是永恆的生命。人生在世,只要顯法身,當下離苦得樂。享有老子所云:「美哉至樂」,至真、至美的生活。當下實現《維摩詰經》;「當樂法身」!當下就是理想世界!無怪乎,老子說:「雖有拱璧以先駟馬,不如坐進此道。」(〈第六十二章〉)

　　宋七力說明「法身」已存在於光中,具有「照明」的功能作用,功能來自「遇斯光」。宇宙意識發生作用,照明萬象畢明。才能形成「意識宇宙」。法身「宇宙意識」,自然發光照明,人生煩惱、苦厄,自然流滅,揮暗投明,顯現清淨光明的境界,名「顯淨」。顯一切法界相在自見其身者的生活中:法界相、法界土、一切時空,一切廣大無量無邊的世界。於生活中,隨時與法界大日、天冠光、漩渦光往來,隨時顯自身實相。初學者尚未自見其身,如何能相應自己的「法身」?依何種方式相應?回歸到原點,欲得法身,先肯定「本心」!還是回歸重複前言:「守元抱一」、「以本心為主」!

第五章 宋七力對「本心」思想義理的詮釋

　　有法身，必有「淨土」。《維摩詰經》:「欲得淨土或法身，當淨其心。」此言是從「本心」著手；亦是顯發「法身」與「淨土」的不二法門。法身與淨土的關係，如同「宇宙意識」與「意識宇宙」，一體兩面，相依存在。若以宋七力所說的「不二法門」，而自見其身，似乎有點抽象，又如何「守元抱一」？或「以本心為主」？既然抽象，不如採用「本心就是我，我就是本心」，這還是很抽象。宋七力明白初學者自見其身很困難，只得建議同道：「你就依法界大日為主吧！經由法界大日照明『本心』，就容易顯發法身了。」宋七力接著說:「法身是人『遇斯光』而法性發生作用」。而《金剛經》所云:「生實相、見如來」亦是根據發阿耨多羅三藐三菩提心而見如來（法身）。」

　　若無「法身」，如何往生淨土？往生極樂世界根據《無量壽經》記載；必由無量光（阿彌陀佛）親自放大光明，行者「自見其身」，歡欣雀躍，彈指之間，往生極樂世界。[196]從《淨土三經》所云；「自見其身」是安住永恆世界的關鍵。宋七力從「本心」觀演進，經三十五年提煉，目前多數同道已能「自見其身」。換言之；三分之二同道皆有法身，且與法身交流互動，自證、自明、自知生命的神奇與奧妙！同道們真的不敢相信自己實現了《維摩詰經》的「當樂法身」！同時也實踐了中國哲學的理想目標——「天人合一」。

法身觀

　　「法身」無定相,依「意識」變現形相,隨心所欲,從無形無相,至有形有相,隨著自見其身者的意識顯現種種相。法身是真如法性緣起的,因此;大乘經典說:「如是因、如是緣。」緣起淨土、所化世界,所有經典所提到的諸佛國土,都是法身之「宇宙意識」所化現!所以《華嚴經》云:「三世十方諸佛,唯是一法身。」《莊子》所形容的「同帝[197]境界」或老子的「道生萬物」,有異曲同工之勢。法身;深入淺出直接說;具有宇宙光明體的體性[198]。因此;其功能作用展現出遍佈一切處,三世十方無所不在[199]。

　　釋尊證出「法身」,眉心放光,故分身千百億。大乘經典,尤其《法華經》所記載。以「法身」而顯示釋尊體證「宇宙人生的實相。」實相與法身一體,以實相觀法身,見法身即明實相。故說「實相法身」。生實相,見如來(法身)之意。《妙法蓮華經》的妙法,「實相」意,宋七力說:「若花開,生實相,花開見蓮,見蓮子,現『法身』。」釋尊入海印三昧而現大日,展現華嚴的釋尊之法身;毘盧遮那如來「本相」說法。法身展現華嚴的多重宇宙觀。宋七力說:「心能現宇宙萬物」,即《華嚴經》「萬法唯心」;「一心生萬法。」[200]《楞嚴經》謂之:「見性!明心則見性(相)。欲明心見性,繫於真如『本心』的體現。『法身』所見,即『心』所在,此心指本心。」[201]

法身出離與宇宙天地萬物互融、互攝、互入、互應，圓融無礙，構成了「意識宇宙」。「法身」統攝了一切現象，流露其體大、相大、用大之特性，經由人之「本心」成了宇宙之「本體」。如《易經》開宗明義云：「顯諸仁，藏諸用。」顯出原有的本質與特性，其超越性滲透貫注於宇宙十方[202]。宋七力說：「《金剛經》『法身』與『實相』因實相法身是由緣起性空。」所以實相法身緣起無自性。無侷限，隨時變化『差別相』。無所不變，由小至大，宇宙天地萬物皆可變化。從無至有，涵蓋三千大、中、小千世界……。因此；一切理想在實相法身中都可以實現，隨心所欲。由抽象成具體，實體化後即進入理想化。因此，維摩詰以：「觀自身實相，當樂法身」來說明不可思議解脫境界；並以「豁然開朗，還歸本心」做為結論。《觀無量壽經》所云：「自見面像、如執明鏡。」即見「觀自身實相」的成果。也是法身之意。

宋七力點出；《觀無量壽經》有觀落日，透過所觀之「落日」流露法性。《金剛經》句偈云：「凡所有相，皆是虛妄，若見諸相非相，即見如來。」「落日」有相，把落日變為「無相」、「非相」，即可見如來。「無相」、「非相」另名「實相」。重提釋尊與大迦葉於靈山會上的拈花微笑：「我有正法眼藏，涅槃妙心、實相無相。」可明白釋尊的「正法」即「實相」。那麼「邪法」呢？

法身觀

在現代末法時期，正法「實相」已淪為邪知、邪見。在傳統觀念修道方式必是禪定、打坐、閉關、素食。蓋廟⋯⋯。何謂「實相」，就不知所云。未聽過「實相」這名詞。將「實相」視為外道，未明修道的目的即為「明心見性」，明心見性就是生實相呵！豈視「實相」為「外道」、邪法呢？

可是大乘經典，如《法華經》、《華嚴經》、《維摩詰經》⋯⋯全以「實相」作為主軸，廣宣流布。「正法」實相鮮有人問津，甚至已列為「邪法」了。釋尊又以《金剛經》偈語開示：「若以色見我，以音聲求我，是人行邪道，不能見如來。」釋尊要你以無相、非相觀法身，非以「有相」觀法身。以「有相」觀，如同觀「落日」，就不能生實相，見如來了。「法身」無相，非相。非虛妄相，而是「實相」。法身既是「實相法身」，則無相、無不相。凡是「有相」，法身皆能從虛妄相變化為真實相。

宋七力「本心觀」的重點，圍繞在實相與法身。本心是「體」，實相則「相」，「體」經由「相」而生用。法身功能作用發生在永恆生命系列。其實；體、相、用為三位一體，不可分離。分離就是人的分別心了。宋七力所言；體、相、用。不謀而合《法華經》所云如是體，如是相，如是力，亦云「十如」[203]。離不了體大、相大、用大。如何「大」？大乘經論只言虛空性，與虛空同大！？虛空依何為大？無邊無量、無終結？幸好，釋尊畢竟有啟

示內容,但不明顯,只簡單歸納為「遇斯光」為「大」[204]。釋尊所謂的「遇斯光」,此「光」指「無量光」,梵文譯為阿彌陀,後來為了尊稱加個「佛」字。阿彌陀佛成了後世佛教徒心目中的「彌賽亞」(救世主)。

宋七力以童年經驗講「遇斯光」,後在經典上看到了「遇斯光」,有點似曾相識的親切感,發現自己「遇斯光」已落後兩千多年了。雖然自己毫無宗教信仰的觀念,但「遇斯光」使宋七力認同了傳統下的宗教必須以釋尊的「遇斯光」(無量光)作為解脫的法門,令佛教徒皆有「法身」。否則,宗教成了奴性的宗教。盲目崇拜偶像,無怪乎釋尊在世時就預言現代是「末法時期」。佛法已隨著時代末落消失了。留下的只是宗教「文化」。

其實;釋尊開示所留下的經典,理論完整,內容紮實。只是後世教徒難於實現經典理論。只好拜敬「無量光」(阿彌陀),未「遇斯光」,即使世尊在大乘各經典宣揚提倡發「阿耨多羅三藐三菩提心。」仍然無法生實相,見如來。「遇斯光」與發菩提心皆是重點。理論歸理論。不能實現的理論只是空言幻語。

如果實現了「生實相,見如來」的理論,釋尊於《金剛經》說:「實相是第一稀有功德。」那麼?何謂功德呢?據《景德傳燈錄》所記載,梁武帝問達摩祖師:「朕即位以來,造寺、寫經,度僧不少,

法身觀

有何功德？」祖師回答：「**實無功德**」。這些只是福德，算不上真正的功德，只能獲得人天小果。宋七力說明所謂「功德」，乃指「本心」的功能產生作用。「德」為「用」。與老子《道德經》同義。道為體，德是用，「體用不二」。實相之「功德」是最上乘且稀有的形上果報，此果報為生命無盡。實相與法身皆具有「生命無盡」的意義，所以《金剛經》說是「第一稀有功德。」《金剛經》等大乘經典，如《心經》、《法華經》、《華嚴經》、《維摩詰經》……。其精義集中在「實相」與「法身」。因此「生實相，見如來」不僅是《金剛經》的第一稀有功德，也是佛教的無量功德。

　　自古至今，人類的修行者，苦其心志，勞其筋骨，借各種苦行方式欲求「**歿身不殆**」之道，若無「生實相見如來」，從實相中見到自己的無量的生命，修道人不得不先實行「自見其身」了。《維摩詰經》所云的「**自觀身實相**」，與《華嚴經・入法界品》所說的：「自見其身」。首先作為入道的前提。不能實現自見其身，則不可能存在於「法界」。「法界」是由法身的「宇宙意識」所凝聚安立。「法界」正是現代量子科學家正在探討的「意識宇宙」。當你瞭解了「宇宙意識」與「意識宇宙」。你即明白所謂的極樂世界、佛國淨土、天國……。皆依「法身」而成立。故宋七力由此「本心」觀；生實相，見如來（法身）的概念。把「法界」統攝天國淨土。

如果沒有「本心」觀,如何找到生命的依歸?盲修瞎練,苦修一生。落入了《莊子・齊物論》所謂的「終身役役不見其功,苶然疲役而不知其所歸,可不哀邪!」宋七力又提到《莊子・知北遊》;知,在北遊的時候詢問無為,要如何思索「道」?要如何親近「道」?要如何安住「道」?要如何得「道」?無為不知道如何回答,就去問黃帝。黃帝告訴無為:「無思無慮始知道。」不是知識所能思慮而決定的。宋七力接著老生常談的口氣:「『道』是自然流露,有時越認真,離道越遠,靠運氣,運氣好『遇斯光』,一切『道』路呈現在前,道自然無修而得。」宋七力不厭其煩地強調;「法身」是「遇斯光」而顯發,法身顯發之前自動流露,「道」本來就在你的心中,本來具足,法身具足「宇宙意識」。具足前述的「意識宇宙」。有此概念,你就恍然大悟中國哲學所說的:「吾心是宇宙,宇宙是吾心」。宋七力再以《莊子・天地》來詮釋法身的玄妙難測[205]。

「本心」處在不生不滅的狀態之下,遇斯光而出「法身」,且能變化成真實的實體,其實體化「神之又神而能精」。於「本心」的深淵內,能生萬物;「深之又深,而能物」。淵深莫測如莊子所云:「夫大壑之為物也,注焉而不滿,酌焉而不竭」(〈天地〉)。〈齊物論〉也說:「注焉而不滿,酌焉而不竭,而不知其所由來,此之謂葆光」。宋七力順勢解「葆光」;「本心」雖潛藏,但其「法性」「遇斯光」而生「葆

法身觀

光」。宋七力根據他所遇斯光的經驗而自我解說。宋七力認為；若無遇斯光，根本不可能依「法身」安立「法界」，大乘經典亦如是說。因此宋七力說：「只要本心展現法身，宇宙和人生的一切現象都可以進入實相。形成了所謂的意識宇宙（法界）。」

宋七力將「法身」分為四類：一、「自性法身」，指法性所流身。二、「受用法身」；指自受用身，法身必定是自見其身者的「果報身」。三、「變化法身」即自相、他相、眾生相……。包括法界相。自變自在。四、「等流法身」以一相變多相，牛鬼蛇神等「惡趣道」與「天龍八部」，甚至諸佛、上帝、天神、菩薩……。任意變化。此變化身相稱為「識變身」。識變身分為「宇宙意識」識變與「五官意識」識變。表達於「天部」、「法界」、「宇宙」必依其「宇宙意識」。五官意識表現於「人部」，例如；人常思念往生父母，父母隨時出現於面前，此往生的父母形相由自見其身者的法身所變化。稱為「識變身」或「等流身」。自見其身者以意識輾轉力轉化成原形，原來是自見其身所化[206]。

總之，宋七力的「本心」思想立足於「法身」，法身開拓人類生命無盡的大道，不得不以「本心」為主。所以釋尊再三強調發「阿耨多羅三藐三菩提心（本心）。」其目的亦是《金剛經》的主題；「生實相，見如來（法身）。」釋尊從《阿含經》苦、空、無常之堪忍世界，建立了「極樂世界」。以無量光（阿彌陀佛）接引自見其身者

瞬間至「極樂世界」。《無量壽經》如是說:「『自見其身』者,是『法身』之意,法身彈指之間至『極樂世界』」。所以,「無量光」放大光明,照見自見其身者(法身)存在於「極樂世界」[207]。

【註釋】:

1. 參閱袁信愛著，〈人學思想的重構與解構〉，收錄於輔仁大學哲學系所編著，《哲學論集》，第 30 期，1997 年，頁 146。

2. 參閱柏格森（Henri Bergson）著，王作虹等譯，《道德與宗教的兩源》，南京：譯林出版社，2001 年，頁 35－36。

3. 見其所著，《新唯識論》，臺北：樂天出版社，1972 年，卷上，第 1 章，〈明宗〉，頁 4。

4. 《本尊道全集・以本體為主》，頁 7。

5. Leo Strauss, *Spinoza's Critique of Religion*, Translated by E. M. Sinclair, Schocken Books Inc., 1965, p.87, p.90.

6. 見其所著，《從陸象山到劉蕺山》，臺北：臺灣學生書局，1984 年，頁 2。

7. 見其所著，《中國哲學史，卷三上》，臺北：三民書局公司，1981 年，頁 381。

8. 施特勞斯（Leo Strauss）認為，為了學會哲學地追問，「最初且最主要的內容就在於聆聽最偉大的哲人之間的談話，更通俗和謹慎的說法是，聆聽最偉大的思想家之間的談話，也就是研習偉大的著作。」見其所著，申彤譯，《古今自由主義》，南京：譯林出版社，2012 年，頁 5。

9. 參考亞里斯多德著，顏一等譯，《修辭術・亞歷山大修辭學・論詩》，北京：中國人民大學出版社，2003 年，頁 9。

10. 參考徐復觀著，《中國文學論集》，臺北：臺灣學生書局，1985 年，頁 328。

11. 見其所著，夏鎮平等譯，《哲學闡釋學》，上海：上海譯文出版社，2004 年，頁 64。

12. 見其所著，夏鎮平等譯，《哲學闡釋學》，頁 68。

13. Charles Taylor, *Sources of the Self : The Making of the Modern Identity*, Massachusetts : Harvard University Press, 1989, p 36.

14. David Lochhead, *The Dialogical Imperative*, Maryknoll, New York : Orbis Books, 1988, p.65。

15. 曼海姆（Karl Mannheim）著，黎鳴等譯，《意識形態與烏托邦》，臺北：商務印書館，2000 年，頁 278。

16. 見其所著，周林東譯，《創作力與直覺——一個物理學家對東西方的考察》，上海：復旦大學出版社，1984 年，頁 93。

17. Goodheart Eugene, *Desire & its Discontents*, New York : Columbia University Press, 1991, p.171.

18. 博爾諾夫（Otto Friedrich Bollnow）著，李其龍譯，《教育人類學》，上海：華東師範大學出版社，1999 年，頁 4。

19. 參閱其所著，李其龍譯，《教育人類學》，頁 4。

20. 參閱李賢中著，《中國哲學研究方法的可能之路》，頁 13。

21. 參閱卡爾‧羅哲斯（Carl Ransom Rogers）著，宋文里譯，《成為一個人：一個治療者對心理治療的觀點》，臺北：桂冠圖書出版公司，1990 年，頁 228–229。

22. 見其所著，徐小英等譯，《哲學原理》，頁 291。

23. 參閱其所著，劉放桐譯，《形而上學導言》，北京：商務印書館，1963 年，頁 3 - 4。

24. 張立文著，〈中國心性哲學及其演變（上）〉，頁 10。曰：「中國哲學本體論（天道篇）的邏輯發展，其必然歸趣是由性命→人→心性而進入了主體。由此，主體大本始立。形上學道德主體論的人性學說，通過心性論而普遍展現。」，載於《中國文化月刊》，1993 年，第 164 期。

25. 宋七力著，《「天人合一」境界實證‧生命之統一性》，頁 66。

26. 生命的意義因人而異，也因時空而異。因此，我們不是問生命的一般意義為何，而是問在一個人存在的某一時刻中，其特殊的生命意義為何。每個人都有他自己特殊的天職或使命，此使命是需要他本人具體地去實現的。參考弗蘭克（Viktor E. Frankl）著，趙可式等譯，《活出意義來：從集中營說到存在主義》，臺北：光啟文化事業，2006 年，頁 134。

27. 徐復觀著，《中國思想史論集》，頁 32 云：「人的心，含有無限的可能，有各方面的作用。」

法身觀

28. 阿倫特云:「如果人僅僅是同一個模子無休止的重複和複製,其本性或本質像任何其他東西的本性或本質一樣,對所有人來說都是相同的和可預見的,那麼行動就是一種不必要的奢侈,一次對普遍行為規律的任意幹預。複數性是人類行動的境況,是因為我們所有人在這一點上都是相同的,即沒有人和曾經活過、正活著或將要活的其他任何人相同。」見其所著,王寅麗譯,《人的境況》,上海:上海人民出版社,2009年,頁2。

29. 宋七力著,《法身顯相集·分身與放光》,頁155。

30. 見其所著,《中國思想史論集》,頁246。

31. 《本尊道全集·實相涅槃》,頁6-7。

32. 《本尊道全集·緣起性空》,頁3-4。

33. 《本尊道全集·唯心淨土》,頁26。

34. 《本尊道全集·法性平等》,頁1。

35. 《本尊道全集·唯心淨土》,頁21。

36. 《本尊道全集·諸相非相》,頁8。

37. 見其所著,〈中國心性哲學及其演變(下)〉,載於《中國文化月刊》,第165期,1993年,頁24。

38. 《本尊道全集·自性光明》,頁4。

39. 見其所著,宗白華譯,《判斷力批判》,卷上,北京:商務印書館,1985年,頁104。

40. 孔子從十五歲的「有志於學」到七十歲的「隨心所欲不逾矩」(〈為政〉),其間經歷了漫長的自我修養、提煉的環節,每一個階段都是成全自我的一個步伐。

41. 《本尊道全集·分身實相》,頁1。

42. 見其所著,〈《大般涅槃經》「常樂我淨」觀的兩重面相及其與「佛性」說的交涉——以〈前分〉為範圍的考察〉,載於臺灣大學中國文學研究所,《中國文學研究》,第36期,2013年,頁6。

43. 《本尊道·密續初學》,頁4-6。

44. 《本尊道全集》,〈彼岸即實相〉,頁 4。〈照見五蘊皆空〉,頁 28,皆有提到龍女怎麼一念間成道。

45. 《本尊道全集·照見五蘊皆空》,頁 28。

46. 《本尊道全集·照見五蘊皆空》,頁 26。

47. 《金剛頂瑜伽經·十八會指歸》曰:「毘盧遮那佛受用身,以五相現成等正覺。五相者,所謂通達本心、修菩提心、成金剛心、證金剛身、佛身圓滿,此則五智通達。《菩提心論》:一通達心、二菩提心、三金剛心、四金剛身、五證得無上菩提獲金剛堅固身也。此五相具備方成本尊身也。」

48. 《本尊道全集·意識宇宙》,頁 1-2。

49. 宋七力著,《法身顯相集》,頁 382。

50. 史蒂斯(W.T.Stace)對永恆也作出同樣的解釋:「永恆並非時間無盡地延伸,它與時間無關。永恆有神祕經驗的特色,在此經驗中,時間消逝,無法目睹,那裡沒有時間,因為那裡沒有先與後關係的分界。」W.T.Stace ,*Time and Eternity*, New York, reprinted, 1969, p.76.

51. 羅春月著,《從宋七力事件反思宋七力思想與實踐》,頁 43。

52. 《瑜伽師地論·卷第三十二》曰:「如是所有初修業者。蒙正教誨修正行時,安住熾然,正知具念。調伏一切世間貪憂。若於如是正加行中。恆常修作。畢竟修作。無倒作意。非喧鬧等所能動亂。是名熾然。」

53. 《本尊道全集·自性光明》,頁 10。

54. 就如波普爾所言:「只有通過知識的增長,心靈才能從它的精神束縛即偏見、偶像和可避免的錯誤的束縛中解放出來。」見波普爾著,范景中等譯,《通過知識獲得解放》,頁 181。

55. 《楞嚴經·阿難尊者讚佛偈》曰;「銷我億劫顛倒想,不歷僧祇獲法身。」

56. 《本尊道全集·點燃法性》,頁 10-17。

57. 宋七力著,《宋七力「天人合一」境界實證》,頁 10、17。

58. 見其所著,《王龍溪全集》,共三冊,臺北:華文書局,1970年,冊1,〈華陽明倫堂會語〉,頁486。

59. 參閱謝獻誼著,《《大般涅槃經》「常樂我淨」觀的兩重面相及其與「佛性」說的交涉——以〈前分〉為範圍的考察》,頁21。

60. 參閱其所著,《中國思想史論集》,頁246。

61. 《本尊道全集・法性常住》,頁35。

62. 《本尊道全集・以本體為主》,頁9。

63. 轉者,轉捨、轉得之義。依者,所依之義,指第八識。第八識為依他起性之法,此中藏煩惱、所知二障之種子,並無漏智之種子。且第八識之實性,即圓成實性之涅槃。則第八識為所轉捨二障與所轉得二果之所依,故名轉依。因之,今修聖道,轉捨其第八識中煩惱之種子,而轉得其實性之涅槃。又轉捨第八識中所知障之種子,而轉得其無漏之真智,謂之轉依。

64. 《本尊道全集・大圓鏡智》,頁12。

65. 見其所著,宋立道譯,《大乘佛學:佛教的涅槃概念》,北京:中國社會科學出版社,1994年,頁7。

66. 《本尊道全集・自性光明》,頁2。

67. 《本尊道全集・諸法皆空》,頁3。

68. 「阿賴耶識(第八意識)攝受有漏,表達人部的有為法,還不是如來藏,也不是真如,也不是本體。我執,執在第七意識,是前生意識。阿賴耶識具備能藏、所藏、執藏功能。它藏萬有,不但能藏,而且能攝受,它染淨全部攝受……如來藏攝受無漏,表達無為法,表達智慧。(《本尊道全集・中道法性》)」

69. 《本尊道全集・唯心識變》,頁18。

70. 《本尊道全集・自性光明》,頁14。

71. 九種的禪定,不雜他心,次第自一定入於一定的法:一、初禪次第定。二、二禪次第定。三、三禪次第定。四、四禪次第定(已上名色界四禪天的根本定)。

五、空處次第定。六、識處次第定。七、無所有處次第定。八、非想非非想處次第定（已上名無色界四處的根本定）。九、滅受想次第定。

72.《本尊道全集・諸相非相》，頁 8

73.《本尊道全集・涅槃法身》，頁 21。

74.《本尊道全集・實相頓禪》，頁 2。

75.《本尊道全集・照見五蘊皆空》，頁 1-2。

76.《本尊道全集・放光照見》，頁 28。

77.《本尊道全集・意識宇宙》，頁 7。

78.《本尊道全集・法性如是》，頁 15。

79. 楊惠南著，《光明的追尋者—宋七力研究》，頁 19。

80. 沈清松著，〈表象、交談與身體——論密契主義的幾個哲學問題〉，載於《哲學與文化》，卷 24，第 3 期 1997 年，頁 54。

81.《本尊道全集・如是性，如是相》，頁 5－6。

82.《本尊道全集・分身實相》，頁 3。

83.《本尊道全集・回歸本心》，頁 12。

84.《本尊道全集・性相一如》，頁 12。

85.《本尊道全集・以本體為主》，頁 3。

86. 見其所著，汪希達等譯，《肯定生命：尼采論克服虛無主義》，上海：華東師範大學出版社，2020 年，頁 316。

87. David J.Kalupahana, *A History of Buddhist Philosophy : Continuities and Discontinuities*, Motilal Banarsidass Publishers, Delhi, India, 1994, p.86.

88. 參閱其所著，石沖白譯，《作為意志和表象的世界》，北京：商務印書館，1982年，頁 427。但這並不等於每個人都能真正地瞭解苦難的秘密。若從現世的角度來

法身觀

看，苦難僅是一些經歷、遭遇，一些會在某一個時刻與它不期而遇的事物，而若從價值的角度來看，苦難就會成為可以意識到卻無法擺脫的存在痛苦事實。列夫·托爾斯泰著，許海燕譯，《人生論——人類真理的探索》，頁 234 曰：「其實所有的人都是在痛苦中長大的，他的整個生命就是一系列的痛苦，有的是加在他身上的，有的是他加給別人的。」成都：四川人民出版社，1999 年。

89. 宋七力著，《宋七力「天人合一」境界實證·本體是真主》，頁 26。

90. 參閱梁瑞祥著，〈論馬里旦知識理論融合的問題〉，載於輔仁大學哲學系所編著，《哲學論集》，1996 年，第 29 期，頁 277。

91. 雅斯貝爾斯著，魏楚雄等譯，《歷史的起源與目標》，北京：華夏出版社，1989 年，頁 10。

92. 《本尊道全集·意識宇宙》，頁 4。

93. 參閱其所著，甘陽譯，《人論》，臺北：桂冠圖書出版公司，2005 年，頁 1。

94. 參閱其所著，隗仁蓮譯，《人是誰》，頁 6、7。

95. 《本尊道全集·純素之道》，頁 10。

96. 《本尊道全集·煩惱即菩提》，頁 1、5。

97. 《本尊道全集·法性平等》，頁 1–2。

98. 見其所著，成窮等譯，《分析心理學的理論與實踐》，北京：三聯書店，1991 年，頁 20。

99. 參閱許志偉著，朱曉紅編，《生命倫理：對當代生命科技的道德評估》，北京：中國社會科學出版社，2006 年，頁 56。

100. 《本尊道全集·煩惱即菩提》，頁 1。

101. 宋七力著，《宋七力「天人合一」實證境界·生命之統一性》，頁 66。

102. 參閱帕斯卡爾所著，何兆武譯，《思想錄》，頁 36。

103. 參閱帕斯卡爾所著，何兆武譯，《思想錄》，頁 36。

104.《本尊道全集‧以本體為主》,頁 5。

105. 熊十力云:「本心即是性,但隨義異名耳。以其主乎身,曰心。以其為吾人所以生之理,曰性。以其為萬有之大原,曰天。故盡心則知性知天,以三名所表,實是一事,但取義不一,而名有三耳。盡心之盡,謂吾人修為工夫,當對治習染或私欲,而使本心得顯發其德用,無有一毫虧欠也。」見其所著,《新唯識論》,卷上,第 1 章,〈明宗〉,頁 5。

106. 參閱其所著,羅悌倫等譯,《價值的顛覆》,北京:三聯書店,1997 年,頁 201、321。

107. 現代世界是一系列的二元分裂:人與自然、自我與非我、群體與個體、自然的非社會化和社會的非自然化、自然與人文、精神與物質等。不僅世界是分裂的,人本身也是分裂的:作為主體(意識)的人和作為客體(肉體)的人、作為認識者的人和作為行動者的人。人的能力也是分裂的:感性與知性、知性與理性、信仰與知識、判斷力與想像力、理論與實踐等。人的生活也是分裂的:私人生活與公共生活、義與利等。總而言之,古代世界觀和生活的那種統一的整體性完全消失了。而這種原本分裂的根源,是現代的特產──主體性原則。這種分裂使得哲學本身「經受了一種內在的解體」,「最高的和終極的問題,統統丟棄了」。胡塞爾著,王炳文譯,《歐洲科學的危機與超越論的現象學》,頁 22、23。

108. 宇宙二字本身涵蓋了時空兩個維度的意義。從狹義的角度講,探討天與地的關係、結構、變化發展、有限、無限才稱作宇宙論。參閱顧偉康著,〈中國哲學史上第一個宇宙論體系──論《淮南子》的宇宙論〉,載於《上海社會科學院學術季刊》,1986 年,第 2 期,頁 66。

109. 宋七力著,《法身顯相集》,頁 388。

110. 參閱其所著,《中國哲學與現代化》,臺北:時報文化出版公司,1970 年,頁 55。

111. 馮友蘭曰:「人與天如此相同,故宇宙若無人,則宇宙即不完全,而不成其為宇宙。」見其所著,《中國哲學史》共上下冊,上海:華東師範大學出版社 2010 年,冊下,頁 15。

112. 克里希那穆提(Jiddu Krishnamurti)著,廖世德譯,《生與死》,頁 106–107。云:「死就是了脫自己執著的一切的真理,你就將所謂死這個遠在天邊的事情帶到

法身觀

日常的生活裡面了。這就是了脫執著。所以,死表示完全的更新－各位瞭解嗎?這種更新就是將陷於過去種種的心完全更新。這樣,我們的心就會活生生的令人驚奇,因為這時我們的心不活在過去。」臺北:方智出版社,1995年。

113. 《本尊道全集‧諸相非相》,頁8。

114. 黑格爾曰:「心靈不能在客觀存在的有限性及其附帶的局限性和外在的必然性之中直接觀照和欣賞它的真正的自由,而這種自由的需要就必然要在另一個較高的領域才能實現。」見其所著,朱光潛譯,《美學》,共3卷4冊,北京:商務印書館,1997年,卷1,頁195。

115. 此句引自《正法眼藏》是禪僧道元執筆的佛教思想書。正法眼藏指佛法的本質,重要之事物,禪家將之視為教外別傳之心印。參見《織田佛教大辭典》,790頁。

116. 《本尊道全集‧大圓鏡智》,頁4。

117. 《本尊道全集‧照見五蘊皆空》,頁11。

118. 荊溪湛然的《金剛錍》以「無情有性」的思想為探究主題。「無情有性」之說,是智顗「一念三千」「性具」思想的繼承與發展。

119. 《本尊道全集‧照之於天》,頁3。

120. 「一心三觀」為佛教天台宗的基本教義之一,又稱「圓融三觀」、「不可思議三觀」。

121. 見其所著,《華嚴宗哲學》,共上下冊,臺北:黎明文化事業公司,1981年,冊上,頁176。

122. 《維摩詰所說經入不二法門品第九》曰:「爾時維摩詰謂眾菩薩言,諸仁者!云何菩薩入不二法門?各隨所樂說之。會中有菩薩名法自在,說言,諸仁者!生滅為二。法本不生,今則無滅,得此無生法忍,是為入不二法門。」

123. 張涅著,《莊子解讀——流變開放的思想形式》,頁182曰:「講精神修養的問題,必然涉及『形』與『神』的關係問題。修養的本質在於精神,但是精神是無形的,它需要借助形體作為外殼,通過形體表現出來。」濟南:齊魯出版社,2003年。

124. 見其所著,孫周興等編譯,《海德格爾選集》,上下冊,上海:三聯書店,1996年,冊下,頁1252。

第五章 宋七力對「本心」思想義理的詮釋

125. 《本尊道全集・至無而供其求》，頁 3。
126. 見其等所著，張卜天譯，《金花的祕密：中國的生命之書》，北京：商務印書館，2016 年，頁 94。
127. 見其所著，《生生之德》，臺北：黎明文化事業公司，1989 年，頁 271。
128. 見其所著，《光的追尋者——宋七力研究》，頁 151－164。
129. 《本尊道全集・法性常住》，頁 31。
130. 見其所著，〈中國心性哲學及其演變（上）〉，頁 17。
131. 見其所著，《中國哲學之精神》，北京：中國青年出版社，2005 年，頁 61。
132. 見其所著，《中國哲學之精神》，頁 61。
133. 《本尊道全集・真如法身》，頁 11。
134. 老子曰：「載營魄抱一。」（〈第十章〉）「聖人抱一，為天下式」（〈第二十二章〉）。
135. 透過聽經聞法，建立正確的知見，就能於日常生活落實解行，產生淨化提升的力量。信心不但是世間、出世間一切成就的基石，亦是修行的根本入處。《大智度論》曰：「佛法大海，信為能入，智為能度。」故由信起解，力行不輟，方能證悟無上的真理。
136. 見其所著，余鴻榮譯，《歡悅的智慧》，臺北：志文出版社，1982 年，頁 61。
137. 見其所著，海倫・杜卡斯等編，高志凱譯，《愛因斯坦談人生》，北京：世界知識出版社，1984 年，頁 61。
138. 宋七力著，《宋七力「天人合一」實證境界・自然之道》，頁 21。
139. 宋七力著，《宋七力「天人合一」實證境界・自然之道》，頁 22。
140. 《本尊道全集・色即空、空即色》，頁 60。
141. 《本尊道全集・大道初探》，頁 27。
142. 《本尊道全集・唯識所現》，頁 5 曰：「那個空性進去，就顯發本體。明心這個

心就是本體，見性的『性』就是『法性』。本體有體性，若是觸動到，流露出來就變作法性。法性流露出來，你看到萬相，就叫做見性。本體明起來以後，才能見到法性。平時本體的體性靜靜不動，遇到緣起時，就產生法性，法性所引發出來的，叫做『引自性』。」

143. 《本尊道全集・法性常住》，頁 20。

144. 《本尊道全集・法性常住》，頁 18。

145. 《本尊道全集・與道冥合》，頁 10。

146. 參考包利民等著，《現代性價值辯證論——規範倫理的形態學及其資源》，上海：學林出版社，2000 年，頁 113。

147. 宋七力著，《「天人合一」實證境界・出竅與分離》，頁 61。

148. 《本尊道全集・諸法皆空》，頁 8。

149. 《本尊道全集・自見其身》，頁 28。

150. 《本尊道全集・唯識所現》，頁 10。

151. 見其所著，曾育慧譯，《人的宗教：泰戈爾論文集》，臺北：商周，城邦文化出版，2016 年，頁 26。

152. 宋七力著，《宋七力「天人合一」境界實證・自然之道》，頁 21、22。

153. 《本尊道全集・解脫之道》，頁 6。

154. 《本尊道全集・心道》，頁 10。

155. 《本尊道全集・自然之道》，頁 24。

156. 《本尊道全集・守明抱妃》，頁 3。

157. 《本尊道全集・回歸本心》，頁 6。

158. 《本尊道全集・以本體為主》，頁 9。

159. 宋七力著，《「天人合一」實證境界・天眼》，頁 45–46。

第五章 宋七力對「本心」思想義理的詮釋

160. 方魁燦著，《審判宋七力分身》，頁 5。

161. 見其所著，賀麟譯，《小邏輯》，頁 275。

162. 見其所著，賀麟譯，《小邏輯》，頁 278。

163. 《本尊道全集・照見五蘊皆空》，頁 2。

164. 宋七力著，《宋七力「天人合一」實證境界・天眼》，頁 50。

165. 該文口頭發表於「第三屆國際漢學會議」，頁 36－37。

166. 宋七力著，《「天人合一」實證境界・天眼》，頁 52。

167. 宋七力著，《宋七力「天人合一」實證境界・天眼》，頁 46。

168. 作者統整自宋七力近期開示第 100－102 集，介紹主題——「出離」。

169. 劉滄龍曰：「『身』雖然聚集耳目官能，既是欲望爭奪之場，也是氣化流行之所，如何使此身依乎天理、順乎自然，便是所謂『心齋』或『氣的工夫』。所謂『無聽之於耳，而聽之以心，無聽之心，而聽之以氣』，便是莊子告誡的箴言。若耳目為心知驅使，心知向刑名而馳，便是入於善惡是非的爭鬥中，傷身害命；若耳目不為心知役使，聽從無知之心，任憑無心之和氣流轉，此則為虛靜的氣的工夫。不以心知干犯耳目，則耳目停停當當，不將不迎，所謂『聽止於耳』；不以有知之心擾動和氣，則心氣與物無隔，所謂『心止於符』。這是耳目與心知之官能棲止於氣化流行之體，身心兩忘而身心／物我兩全，所謂『氣也者，虛而待物者也。』此一『氣的工夫』即是出自於身體，又在身氣、心氣之間棲止，養其無知之知，虛其心氣之用，讓氣的『精微的力量』在身體的闇昧之力中渾化流轉。此一美學化的身體技藝，不是反思的哲學思辯，也不是純然技術性的身體活動，而是比藝術家更有智慧，但卻『道在技中』，由身手技藝的持續鍛鍊，在日常人世中入而不入，方能遊於人間世而養性命之主。」見劉滄龍著，〈自然與自由——莊子的主體與氣〉，載於《國立政治大學哲學學報》，2016 年，第 35 期，頁 29。

170. 《本尊道全集・自見其身》，頁 2。

171. 《本尊道全集・唯識所見》，頁 2。

172. 宋七力著，《宋七力「天人合一」實證境界・天眼》，頁 45。

173. 《本尊道全集・諸法皆空》，頁1。

174. 《本尊道全集・彼岸即實相》，頁25。

175. 《本尊道全集・法性與意識》，頁21。

176. 《增壹阿含經》曰：「彼云何名為無餘涅槃界。如是。比丘盡有漏成無漏。意解脫、智慧解脫。自身作證而自遊戲。生死已盡。梵行已立。更不受有。如實知之。是謂為無餘涅槃界。」

177. 「五種性」，就是如來、菩薩、緣覺和聲聞種性及無種性，它們是根據無漏種子來判斷的（《本尊道全集・唯識識體》），頁10。

178. 《本尊道全集・空性見》，頁6。「法相莊嚴」是讚嘆用語，一般是指「諸佛、菩薩」及其塑像、圖繪，或對「修行德高」者的讚嘆，引用在「往生者」身上，是對「往生者」表示尊敬。

179. 宋七力著，《法身顯相集》，頁387。

180. 宋七力著，《本尊道全集・意識流》，頁7。

181. 《本尊道全集・如來明妃》，頁13。

182. 一切法皆是佛法，諸法即解脫，解脫者即真如，諸法不出於真如，行住坐臥，悉是不思議用，不待時節。(《馬祖道一禪師廣錄》)，可知形上本體與現象表裡不二，本性具足，道不遠人，只要化解迷執，因順自然，護持真我，則行住坐臥，無一非真如，無一非解脫。

183. 宋七力著，《法身顯相集》，頁391。

184. 《本尊道全集・見獨全生》，頁6。

185. 高麗沙門諦觀錄，《天台四教儀》。「析」，指析挫之意；「小」，指小乘教（藏教）或執於淺窄狹隘的思想或教義；「彈」，指彈斥；「偏」，指化法四教中前三教（藏、通、別），台宗認為此三教法，猶為應機的權教，而非圓融究竟教法，故謂之偏。

186. 「仁慈的價值起於其有用性，和提升人類之善的傾向」，「這些感受本身是令人喜悅的，且必然傳遞給旁觀者，使他們融入在相同的慈愛和溫柔中」。David Hume, *Enquiries concerning human understanding and concerning the principles of morals,* In

L. A. Selby -Bigge, & P. H. Nidditch (Ed.), London, UK : Oxford University Press. 1975,（Original work published 1777），p.257.

187. 《本尊道全集・實相見如來》，頁1。

188. 《本尊道全集・分身實相》，頁12。

189. 杜夫海納著，孫非譯，《美學與哲學》，頁3 曰：「審美經驗揭示了人類與世界的最深刻和最親密的關係。他需要美，是因為他需要感到自己存在於世界。而存在於世界，並不是成為萬物中之一物，而是在萬物中感到自己是在自己身上，……為了具有意義，對象無限化，變成了一個獨特世界，它讓我們感覺的就是這世界。」

190. 玄奘翻譯的原文為「離諸苦厄」。

191. 〈庚桑楚〉云：「靜則明。」

192. 《本尊道全集・涅槃法身》，頁4。

193. 《本尊道全集・當樂法身》，頁3。「當下」即真如自性；「當下」就是永恆的人間淨土。「當下」本心含攝過去、現在與未來。非三世所攝；超越時空，超越三世，超越生滅；無生無滅，法性常駐，故分身永恆無限。肉身短暫有限。受生死束縛。

194. 勞思光著，文傑華編，《哲學淺說新編》，香港：中文大學出版社，1988年，頁48。

195. 佛學大辭典：天食（飲食）欲界天之食物須陀味也。《起世經》七曰：「四天王天，並諸天眾，皆用彼天須陀之味。（中略）欲食時，即於其前有眾寶器自然成滿，天須陀味種種異色。諸天子中有勝堂者，其須陀味食色最白淨。若彼天子果報中者，其須陀味色則稍赤。若彼天子福德下者，其須陀味色則稍黑。時彼天子以手取天須陀味內其口中，此須陀味既入口中已，即自漸漸消融變化，譬如酥及生酥擲置火中。」《維摩詰經》曰：「如諸天共寶器，食隨其福德，飲食有異。」

196. 《佛說觀無量壽經》云：「上品上生者，勇猛精進故，阿彌陀如來，與觀世音及大勢至、無數化佛、百千比丘、聲聞大眾，無量諸天，七寶宮殿。觀世音菩薩執金剛臺，與大勢至菩薩，至行者前。阿彌陀佛，放大光明，照行者身，與諸菩薩，授手迎接。觀世音、大勢至、與無數菩薩，讚歎行者，勸進其心。行者見已，歡喜踊躍，自見其身，乘金剛臺，隨從佛後，如彈指頃，往生彼國。生彼國已，見佛色身，眾相具足。見諸菩薩，色相具足。」

197. 《莊子・刻意》云:「精神四達並流,無所不極,上際於天,下蟠於地,化育萬物,不可為象,其名為同帝。」宋七力以此詮釋法身的「宇宙意識」所有化現的珍貴。

198. 參閱《法身顯相集革新版》,顯相照片之圖190,頁181。說明:天冠光與漩渦光說明「天冠光」與「漩渦光」或法界大日皆是宇宙「客體」。「真如」是人類個體之「主體」。當人類的「主體」相應攝受到宇宙光明體時,因人之法性與宇宙光明體具有共同體性,所以能攝受相應,成了主客合一。

199. 《本尊道全集・投入光中》,頁9。

200. 《本尊道全集・諸相非相》,頁1。

201. 《本尊道全集・中道不二》,頁5。

202. 宋七力著,《法身顯相集》,頁395。

203. 「十如」,是指探究諸法實相應把握的相、性、體、力、作、因、緣、果、報、本末究竟等十種如是,又稱為「十如」。鳩摩羅什所譯《妙法蓮華經》的〈方便品〉中,有所謂「十如是」的譯文,即:「諸法如是相、如是性、如是體、如是力、如是作、如是因、如是緣、如是果、如是報、如是本末究竟等。」

204. 《本尊道全集・體用不二》,頁40、41。

205. 《莊子・天地》云:「視乎冥冥,聽乎無聲。冥冥之中,獨見曉焉;無聲之中,獨聞和焉。故深之又深,而能物焉;神之又神,而能精焉。故其與萬物接也,至無而供其求,時聘而要其宿,大小、長短、修遠。」宋七力以此詮釋法身的玄妙難測。

206. 《本尊道全集・唯識所現》,頁2。

207. 《本尊道全集・性相一如》,頁6。

第六章 宋七力對「本心」思想義理實踐的詮釋

　　現代詮釋學家加達默爾明確地指出，實踐意味所有實踐性的事物，涵蓋一切人類的行為和人在世界中組織自身的全部方式[1]，實踐與其說是生活的動力，倒不如說是與生活相聯繫的一切活著的東西，它是一種生活方式，一種被某種方式所引導的生活[2]。他的說法是從哲學本體論的高度，將解釋學與實踐哲學統一起來，認為「實踐」是人的存在形式，是一個理解和確定存在本質與意義的理論反思性活動。牟宗三對於理論與實踐的關係有如下的說明：

> 一、實踐與理論是合一的。理論是指在踐仁中所顯示的學術之講論而言，普通哲學理論不一定是可實踐的，也不必與實踐有關。二、實踐是理論的實踐，有原則而不泛濫，故為積極的；理論的實踐是可實現而不空懸，故為積極的[3]。

　　唯有實踐才能判別觀念的真偽。牟宗三又認為，千年來的中國傳統，包括儒家、佛教、道家，也都談到實踐。而儒家講道德實踐，道家講修道的議題，佛教講解脫煩惱而要修行，所以都是實踐的功夫，況且要相應接觸到「本心」（體），非由實踐不可。

法身觀

他說：

> 由於思辨理性只對知識所及的範圍有效，故康德轉向實踐理性是正確的，轉到實踐理性就須接觸到實踐理性所呈現的本心、良知（儒家），道心（道家），如來藏心、般若智心（佛教），這些都是「心」。依康德的詞語，這些都是實踐理性所呈現的道德心、道心、如來藏心、般若智心[4]。

康德則指出：

> 如果實踐的規律被設想為某種普遍性的原則，並且是從必然會影響到它們運用的大量條件之中抽象出來的，那麼我們就把這種規律的總體本身稱之為理論。反過來，卻並非每種活動都叫作實踐，而是只有其目的的實現被設想為某種普遍規劃過程的原則之後果的，才叫作實踐[5]。

亞里斯多德也表示：「一切規劃以及一切實踐和選擇，以及實踐的技術都是以某種善為目標。」[6]宋七力之所以要實踐「本心」，就是基於「一種被某種方式所引導的生活」、「實踐與理論是合一的」、「以某種善為目標」，可見他對「本心」的實踐具有實質的意義。哲學家以自我超拔的實踐方式，證明人類的生命永恆價值。而人的生命價值必先

注視內在主體性（本心）的存在。依其「本心」建立人性的永恆，始能彰顯生命的意義和價值[7]。要言之，「本心」一切的最終含義，就是超越實踐的本身[8]。以下即析論宋七力對「本心」實踐作出的詳實詮釋。

第一節　宋七力對「本心」思想義理實踐方法的詮釋

　　《道德經》雖然在談「本心」，但宋七力認為：老子其實更應該說是在告訴我們，個人的「本心」存在於大道中，如何「弱其小」（將個人的五官意識降到最低），才能「壯其大」（顯揚本心至真、至善、至美、至廣大無邊的良知及良能），達到顯體發用的「天人合一」境界。因此，老子「道」的思想，應該解釋成「自覺的道路」或「本心」比較恰當，因為《老子·第四章》曰：「道沖而用之或不盈，淵兮似萬物之宗。挫其銳、解其紛、和其光、同其塵。湛兮似或存，吾不知誰之子？象帝之先。」足以說明「道」是自有、本有、永有，先天地的存在。其「體」是肉身永恆生命的根本，而且能顯體發用，因此，《本尊道全集·如是性，如是相》明示，就從「本心」著手，也就是實踐吧！

《維摩詰經》其云：「豁然開朗，還歸本心。」要向內找「本心」，是永恆不變的真理[9]。《本尊道全集・實相涅槃》談到，無論任何人，一生中假如沒有將「本心」顯發出來，就必須輪迴，不能達到佛教了脫苦惱和生死的目的。諸佛國土、極樂世界與天國究竟是否為同樣的實相展現，宋七力用「本心觀」提出解決的方法。他以為，柏拉圖的神能搬運宇宙萬物落在吾人眼前的空間，此型相論相應了耶穌所說的「天國近了」，以及釋尊所建構的「極樂世界」就在你眼前。宋七力認為耶穌說：「我的身體是上帝的神殿。」不是在講本心嗎？以肉身為神殿，「本心」就居在神殿中，身體是上帝的神殿。也印證了耶穌說：「我的父在我裡面工作。」最好的解釋。[10]然而，「上帝」的觀念從哪裡來？是我們思想製造出來的嗎？還是外來原因造成的？

宋七力表示；康德也認為上帝只是人的思維所概括出來的理想，是人性自我完善的產物，並沒有客觀的存在性。然而，上帝的觀念從哪裡來？是我們的思想製造出來的嗎？還是由外來原因造成的？撰寫《聖經》的人雖然有形而上的概念，但他們乃依據當時的民族文化背景，杜撰上帝的觀念。因此，宋七力認為，他們若有「本心觀」，相信撰寫出來的東西恐非如此。

總而言之，宋七力經過千錘百鍊顯現出「分身」，「分身」正是實現古今中外形上哲學家、大智者的永恆理想象徵[11]。科學家所

第六章 宋七力對「本心」思想義理實踐的詮釋

研究的宇宙，僅限於物質宇宙，但是哲學探討的宇宙，還包含精神宇宙、意識宇宙。《本尊道全集‧實相無相》對哲學（超越界存有的議題與心物二元分割）的議題十分重視，對生命價值與宗教所追尋的永恆等議題也十分看重。宋七力以境界取代理論，不再空談理論，如此便能確實地將理論實踐於生活中，雖然宋七力引經據典，但只是為了方便敘述，並非宣揚宗教。他於1993年才開始接觸宗教的經典，從閱讀《維摩詰經》開始，在1989年就已經拍攝過萬張的法身顯相照片，當時宋七力並沒有任何的宗教信仰，《法身顯相集》言近旨遠地指出：

> 從經典的內容來說明法身照片只是桌上空談罷了。放光和顯相以文字或言語也沒辦法完全說明的，要以心相應，從經典的引用「從心想出」、「意念所作」、「言語成相」、「法性具象化」、「精神實體化」、「質能互換」、「心物合一」、「心能轉物」、「天人合一」等等，常在耳邊聽到的句子，僅只理論濃縮而已[12]。

《本尊道全集‧以本體為主》指出：世間萬物相依相存，本心要依靠肉身才能顯發出「分身」。「本心」的法性及其功能沿著五官意識而流出，故將思想（意識）放空（解開），讓法性流露，法性脫離而出就是解脫而成法身。薩特（Jean-Paul Sartre）曰：「因為不可能把握某一物件變得不可能，同時會導致出現一種無法

277

法身觀

忍受的緊張狀態，於是意識通過其他途徑或者試圖把握它，即意識通過改變自己來達到改變物件的目的。」[13]宋七力從「分身」的出現到各類分身矗立虛空的千變萬化，初期至少拍照出萬張照片。宋七力告訴向道人：「他本人並沒有創宗立派，但不排斥任何宗教，所有中西哲學、科學、宗教家的精神皆十分可貴，他們創立的理論亦都可作參考，只是沒有實現出來，他只不過是延續它們的理念，將之實踐出來。」宋七力提出「本心」思想，主要是把向外追求的「道心」轉為「向內」開發。他舉出陳白沙這種「天地我立，萬化我出，而宇宙在我矣」[14]的意境，活生生地表露出「天人合一」的境界，也是實踐「本心」的最佳寫照。

第二節　宋七力對「放光」與「分身」的詮釋與實證

「光」是人類生存不可或缺的最主要元素之一，陳玉嬋指出，我們所見到一般的光，乃指經人類眼睛構造與功能而看見的電磁波，透過光譜儀的表現，便能夠確知光的存在及其波動變化。「光」在宗教方面還有無數難以了解和詮釋的特性。陳玉嬋說：

舉凡一切外在之光,如太陽光、月光、燈光等均是,因此,倘若沒有了光明,世界更會陷入黑暗中,也就不會有人類文明的進步。然而,除了外顯的生活之光,尚有超自然、具有神祕與不可言詮特質的宗教之光[15]。

聖者的「光」,為宗教界的共通特質,因其代表驅逐黑暗、指引方向、身心安頓與追求聖潔[16]。佛教經典中關於「光」的形容及描述,不但具有高度、特殊的象徵性,有時還表徵了不能言說、玄之又玄的境界,呈現出虛、實、真、幻的情境。尤其在大乘佛教的經典中,放光的表現到處可見[17]。其實,「放光」並非新興的名詞,根據多部佛教經典,例如:原始佛教的《阿含經》、《般若經》、《華嚴經》、《法華經》、《楞嚴經》等皆有「放光」的記載。云:「……釋迦放光照明三千大世界,一切法界……」。陳玉蟬指出:

世尊說法時,往往會自身體各部位放光,有時是單一部位放光,如放眉光、齒光,有時是多部位一起放光,宗教主與光的連結在各宗教均不難發現,通常以此來展現宗教主的力量與特殊性。」[18]

曹郁美指出:佛教經典中提出修證「光」的法門不多,尤其是《華嚴經》,雖然全經光芒萬丈,卻未提出方法論。她認為:「原因無它,乃以本經為宣示佛之果德、佛國無限、莊嚴法界、讚嘆菩薩行之經

典，對於『放光』僅鋪陳其現象，但並未多做解釋，這恐怕一般讀者覺得全經浩瀚廣大，但又不得其門而入的原因。」[19]

根據《佛經》記載，世尊每次說法之前，都必先入定「放光」，例如：《華嚴經》在七處九會的法會當中，就有八會共十次放光。甚而說，放光就是法身在說法。而在《大正藏》第八冊中，就有名為《放光般若經》的典籍。〈放光品第一〉記載世尊當時放光的現況及所放之光的功能說：

爾時，世尊放足下千輻相輪光明，從鹿腨腸上至肉髻，身中支節處處各放六十億百千光明，悉照三千大千國土無不遍者。其光明復照東方、西方、南方、北方四維上下，如恆邊沙諸佛國土；眾生之類其見光明者，畢志堅固，悉發無上正真道意。爾時，世尊復放身毛，一一諸毛孔皆放光明，復照三千大千國土，復照十方無數恆邊沙國土；一切眾生見光明者，畢志發無上正真道意。

《法華經‧囑累品》也記載說爾時世尊「知諸比丘意，便笑，如諸佛揚法，五色光從口出，遍照十方還遶身三匝從頂而入。」世尊放光賜福，是在很輕鬆和諧的氛圍讓在場的比丘放下心防攝受。另在《法華經》也有四次放光的記載，〈法華六瑞〉云：「一、說法瑞；二、入定瑞；三、雨華瑞；四、地動瑞；五、眾喜瑞；六、放光瑞。」這四次放光

的記載,正好說明「放光」就是一種瑞相的表徵。世尊用神通力放出種種大光明以遍照十方國土,目的是利益法界眾生的見聞、修學的佛法。依《佛經》記載,世尊可從頭頂肉髻、眉間白毫、口、齒、舌、肩、胸口、膝蓋、足底、諸毛孔等部位放光。

《地藏菩薩本願經・忉利天宮神通品第一》也有描述世尊知道現場如來們渴望又緊張的心情,笑容滿面地在說法前「放光」及分別解說光的種類現象:「是時,如來含笑,放百千萬億大光明雲,所謂大明雲又有大圓滿光明雲、大慈悲光明雲、大智慧光明雲、大般若光明雲、大三昧光明雲、大吉祥光明雲、大福德光明雲、大功德光明雲、大歸依光明雲、大讚歎光明雲。」等區別。

從「是時,如來含笑」來看,可以發現世尊是一位平易近人的大成就者風範,總是笑著和藹可親的與眾生互動,現場氣氛輕鬆,「放光」才能完全攝受。這點是作者在宋七力開示場合或面見他時,宋七力也是如此的和藹可親,總是要我們放輕鬆。心情放輕鬆,如此,五官意識少,由「本心」法性攝受才能收穫滿滿,道理是相通的。

另外,〈如來讚歎品〉第六云:「世尊『舉身放大光明』,遍照百千萬億恆河沙等諸佛世界,出大音聲,普告諸佛世界一切諸菩薩摩訶薩,及天龍

鬼神、人、非人等」。所謂「光明雲」，就是正能量的積聚和散發，目的是要令聽眾聚精會神，以佛光淨化身心、提昇聽眾喜悅心及自信心，以達諦聽境界。其實，如來在說法前「放光」，就是對大眾的加持和鼓勵。至於各種名稱的光明雲，也是如來所證悟的成就和眾生自性本具的法性功德的表徵。《金剛經》所說：「爾時，世尊食時，著衣持鉢，入舍衛大城乞食，於其城中，次第乞已，還至本處。飯食訖，收衣鉢，洗足已，敷座而坐。」這一段經文就是世尊放光的表徵[20]。

作者以為，其實每個人不是關注目前有沒有佛光的問題，而是要重視「本心」究竟有沒有顯發的問題。其實，眾生「本心」中，人人悉有法性，每個人都能綻放自性光輝。方東美說明：「宇宙之中，連草木鳥獸都可以發現法性，都可以完成法性，都可以成道。甚至連頑石都可以有生命，若把精神生命點化了之後，也會表現出法性。」[21]

再進一步而言，「放光」是一種宗教現象，在佛教中稱為神變、瑞相，梵文中多以 Abhasvaras（光、光明、威光）來形容；阿彌陀佛梵名 Amitabha（無量光），即是知名的例子。此外毘盧遮那如來梵名 Vairocana，意謂光明遍照佛，皆是以光為名的如來，如來的放光。在佛教經典中皆有記載。法藏大師乃華嚴宗三祖，他將放光分為「現相表法」、「驚起信心」、「照觸救苦」、「集眾遠召」等四種論述其意義[22]。

第六章 宋七力對「本心」思想義理實踐的詮釋

曹郁美以《華嚴經》的「如來十次放光」為探討核心，以「放光說法」為論述的主軸，原因在於此經典的放光記載與其他經論最大的不同點，她說：

> 如來在華嚴海會上與菩薩進行對話，從頭至尾未曾開口說話，而是以「放光」，光光相應，菩薩承受如來之「光」後，再向下展開救度眾生的行動，「光」就是扮演其中的介質；溝通了聖凡二界，使如來之「果德」與菩薩之「因行」，在全體法界中充分地傳達[23]。

世尊成道最初的三七日期間說《華嚴經》的時候，其中「放光」的記載，是世尊從自身內證的真如法身所流露，此時只有普賢、文殊等大根性的菩薩才能承受法益，譬如日出的時分，初昇的太陽先照到高山的山峰一樣。小乘人則如聾若啞，好比五味中的乳味，受益的是善根深厚的別教、圓頓教的大菩薩。

此時，釋尊不動本處，以「放光」的「本相說法」[24]方式，感召聲聞以上菩薩，分別在人間三處：「菩提道場」、「普光明殿」、「逝多園林」及天界的六處：「四天王天」、「忉利天」、「夜摩天」、「兜率天」、「化樂天」及「他化自在天」集會聽法，所結集的法義即《華嚴經》。在此七處九會的法會當中，共有八會次放光，總計放光十次。該十次放光是勝義的鋪陳，即法會是由人間、二天、三天、四天、六天。所說法門是從十住（十信在內）、

283

法身觀

「十行」[25]、「十迴向」[26]、「十地」[27]、「等覺」[28]、「妙覺」[29]等。放光的部位是循兩足輪、兩足指、兩足上、兩膝輪、眉間等。即五者相互對應，放光部位最低，說法對象「十信位」[30]，法會地點在人間，如此依循由下往上、由淺入深的順位鋪排，特富勝義的表徵。《華嚴經》的「本相說法」，畢竟境界陳義太高，諸大聲聞弟子悉皆如聾作啞，未能收化益的功效。故宋七力再次強調，放光固有，放光常存，癥結還是在於個人是否看得到的問題。

至於「分身」的問題，宗教理論說：人的身體是由於業力所感，假藉四大（地、水、火、風），五蘊（色、受、想、行、識）而成，肉身不可能分化，而法身則由諸功德的力量聚集而成。釋尊依經論說：分身無量或依類現形百千萬種類。根據《地藏王菩薩本願經》所說：

> 吾亦分身千百億，廣設方便，或有利根，聞即信受；或有善果，勤勤成就；或有暗鈍，久化方歸；或有業重，不生敬仰。如是等輩眾生，各各差別，分身度脫。或現男子身、或現女人身、或現天龍身、或現神鬼身、或現山林川原、河池泉井，利及於人，悉皆度脫。或現天帝身、或現梵王身、或現轉輪王身、或現居士身、或現國王身、或現宰輔身、或現官屬身、或現比丘、比丘尼、優婆塞、優婆夷身、乃至聲聞、羅漢、辟支佛、菩薩等身，而以化度。

道源法師於《地藏王菩薩本願經》亦云:「人的身體由於業力所感,假藉四大五蘊而成。只有一個,不能分化,而釋尊的身體,係由諸功德力聚集而成,為化度眾生故,可以分身百千萬億個身或變成百千萬億個種類。」如果有特殊的因緣需要,可以利益眾生,又可以從百千萬億個身會歸一個身。或從百千萬億個種類而會歸為一類。「十方世界」無邊無際,眾生的種類各殊,而所造作之業亦各各差別。墮地獄者亦無量無數。

因此,所招感的地獄亦無數無量。地藏王菩薩悲願宏深,所以化百千萬億種類的身,到「十方世界」無邊無際的地獄之中,度脫眾生。「分身」就是「地藏菩薩的分身」。「集會」就是指通通眾聚到忉利天宮的法會,也就是十三品中的第二品。剛剛分的「正宗分」又分四科,第一科「明能化主」,也就是說明能夠教化眾生的主人,也就是地藏菩薩[31]。又云:爾時,諸世界的地藏菩薩分身,共復一形,涕淚哀戀,其白佛言:

我從久遠劫來,蒙佛接引,使獲不可思議神力,具大智慧。我所分身,遍滿百千萬億恆河沙世界,每一世界化百千萬億身,每一身度百千萬億人,令歸敬三寶,永離生死,至涅槃樂。

《觀佛經》曰:「諸天世人乃至十地菩薩亦不能見佛頂肉髻生萬億光,光光相次乃至上方無量世界。事實上,釋尊若不顯白毫

相光,諸天世人乃至十地菩薩亦不能看見,能否看見,在於釋尊呈現的威力,若釋尊顯明,則凡夫眾生亦可看見。釋尊所以能分身,本於法性光流露。又名「放光」。根據經典所記載,釋尊放光照明三千大千世界,一切法界。放光之際,不動本處,而分身千百億[32]。釋尊之所以能「分身」,仍在於「放光」。宋七力予以說明:「釋尊所以能分身,本於法性光流露。又名『放光』。」[33]何謂放光,即是「本心」流露的「法性光」。「放光」和「顯相」,超越了現代人的觀念與知識,宋七力言辭懇切地指出:

> 自然之道不是靠人的知識去運作的,如釋尊菩提樹下夜睹明星的忽然間就頓悟。莊子講的成心、去知,知識都要放棄,暫時擱置。就是靠光明體與法性。無意中自然地產生境界,也就是說大禪定不經過儀式,心就自然禪定。自然看到境界。無為而為,無事而功,即是自然然。你若看到我的分身,就能看到你的分身,因為是我的「分身」放光讓你相應而顯自身相,生命自然提升。所以我常說,要珍惜喔[34]!

宋七力舉出《楞嚴經》富樓那問釋尊:「為何忽生山河大地?」釋尊說:「本心覺明,照而常寂,寂而常照。」說明是光明照見萬象,即「顯相」。照見自己成分身也是顯相。宋七力解《心經》的「觀自在」[35],就是自見其身,觀到自己的存在。自見其身即是自性法

身,《成唯識論》稱名「分身」。「分身」是生命無盡,歿身不殆的象徵,因此,人類欲得生命連續不滅,唯有顯現「分身」,否則要以何種型態或方式進入天上的國度與極樂世界?「分身」是使得生命得以延續的關鍵。釋尊分身無量,經典明文記載,耶穌顯相升天是分身顯相;《聖經》亦如是說。耶穌與釋尊有分身,後世宗教徒相信。現代人宋七力分身卻遭到嚴厲地審判。這是值得慎重思考的問題。

祁雅理以為:人不是通過在一個無意義的世界裡平白無故地作出抉擇而實現自己,而是作為一個生存者,由於對於存在的嚮往,堅決要求超越自身而實現自己,人本身就是這個存在的一部分。祁雅理的說法,有助吾人思索以上的問題。祁雅理又說:

> 主體不再是單純的自我而是自我與相互主體性聯合起來的境界,使主體能夠意識到它既是自我又是先驗自我或宇宙相互主體性的一部分,自由就要意識到我們自己的真實存在。它是一種內在旅程的終點。這一旅程把我們引向我們的根源,引向我們真正的自我[36]。

《本尊道全集・照見五蘊皆空》再說明:「當意識深入接觸到至高意識、絕對意識時,大放光明。不僅照見其身,法界大日自然自心湧出,圓

法身觀

照法界，萬象畢明，山河大地，宇宙人生，圓明普照。」[37]意識流深入至甚深的空性中，如《老子》的「窈兮」、「冥兮」。宋七力認為：

> 人的意識與「本心」合一之際，立即性地迴光返照，萬象畢明，照見五蘊生實相。放光照見萬物無法遁形，而且瞬間出現在眼前，此「照見」類似量子力學的瞬間移動，移動力比光速還快，宇宙間任何速度皆不能超過「光速」。此放光「照見」，不通過其中空間，因為它沒有空間，從金字塔等萬物經由「照見」移轉入室內之際，並無時間流逝，因為它沒有時間。「照見」超越時間和空間，其超越現象與「光速」無關[38]！

奧古斯丁（Aurelius Augustinus）在《懺悔錄》中便強調；認識「光」，也就認識永恆[39]。宋七力從小沒有宗教信仰，但與「光」交往的經驗，使他體會出「遇斯光」的神奇、奧妙，充份顯示生命的喜悅、亢奮……。他之所以能夠「放光」與「分身」，全然是遇斯光的「加被力」。宋七力本身自覺「放光」或「分身」是自然現象。尤其「心念口演」、「意識成相」，他知道不是自己的所能，而是「光」的「加被力」。

宋七力不僅沒有任何宗教信仰，談不上修行苦練。只是「遇斯光」而自然發生「放光」與「無量分身」。宋七力放光化分身。

第六章 宋七力對「本心」思想義理實踐的詮釋

作者早年未認識 本尊宋七力之前，先見到了分身。當時宋七力不知道自己會分身，而且其分身竟然可與人交流。可見由光中所化的「分身」，是「光」的功能作用，非宋七力所能。接著在 1989 年拍攝出萬張分身顯相放光照片。當拍照者把照片呈在宋七力面前時，宋七力總是一笑了之，且不相信自己能顯相，說：「我沒有去過這裡、那裡，怎麼可能出現在照片中？」此分身現象解答了愛因斯坦的問題；愛因斯坦問泰戈爾：「神性可以獨立於外在嗎？」

由於不相信自己能顯相，因此，宋七力分身所顯相的照片遺失分散各處，經過三十年後，宋七力始發現三十多年前所拍攝的照片是空前絕後的放光照片；無價之寶。於是開始拾回未失落的照片，出版了《法身顯相集》。

宋七力始終對宗教團體不感興趣。從未想過創宗立教，但只要有向道者訪道，不論士、農、工、商或男女老幼，宋七力必應邀而至。樂於演說，暢談他所體證的大道經驗。追隨他的人不多，只有真正證道的人。如今追隨者已自證出「大道之行」，常隨眾[40]皆能「自見其身」，且能心念物質化。能享「天食」與「如來明妃」，能把白天變夜晚，黑夜變白天，簡言之；已證「實相法身」。能出離、分化，已臻於「天人合一」境界。

「常隨眾」已攝受到圓光、法輪背光、項輪背光……。宋七

法身觀

力在顯相照片中所放的「光相」。「常隨眾」也能隨意「放光」。於「實相」中；轉換空間、位置，移山倒海，輾摧山、海、冰、岩石等有形固體、液體、氣體。於「實相」中；也能觀察十方九界，有形、無形百類生命體。低等無機物乃至最高層次的精神體，無所不察。此是「分身」之能力，非宋七力所能。

「常隨眾」於「實相」中勇猛精銳，遇惡反兇，魔障呈威具足無畏力、戰鬥力，能剎那滅除有形、無形生命體，實相無所不能。「常隨眾」也能放光化舍利，從無中生有，且心念物質化。

「常隨眾」於「實相」中；破虛空，佔法界，無孔不入。超越時間與空間，能演「實相」中的《維摩詰經》「不思議解脫境界」。例如：芥子納須彌，斷取三千大千世界，引三萬二千獅子座入室。

「常隨眾」已具有「解脫」境界，「心」解脫，所以任你遨遊宇宙間，放心逍遙自在往來宇宙天地，出入「法界」如來如去！

放光出萬象，經典亦云：「諸佛光中出。」「放光」象徵已與「宇宙光明體」融合為一。宋七力的「放光」，無趣與傳統宗教的光相提並論。他的經驗僅是「遇斯光」放光而有分身（顯相）。「放光」是「遇斯光」與「法性」同步進行。《本尊道全集‧分身實相》提到：「點燃法性的原理就是「遇斯光」而放光，將你的本心的法性放光

起作用,就顯現分身。」[41]「遇斯光」成就放光繫於自性本心,依「本心」之法性攝受相應。因此迴光返照,使得自見其身。

釋尊於菩提樹下夜睹明星,此「明星」是何種光?釋尊未說明「光」的來源,或許是「無量光」?但在《華嚴經》中的海印三昧中呈現「大日」。光明中遍照圓滿成大道。「遇斯光」,於光明中,證得法身。

宋七力所言之「光體」與釋尊說:「無量光」有何差異?宋七力是現代人,釋尊是「古代人」。古今同樣「遇斯光」是否相同?簡言之;宋七力僅以自己體驗「遇斯光」而說。自古至今,古代和現代的太陽是否相同?若有所劃分,乃出自於人類優越感與執著心的差別。問題應該落在「遇斯光」是否使人「生實相,見如來」而論。《本尊道全集‧照見五蘊皆空》以及《法身顯相集(革新版)》中,皆提到宋七力的放光,例如以顯相照片為憑;眉心放光、額頭放光,以及口放出五色的光。其放光來源皆歸於「遇斯光」。

宋七力拍攝出「放光」顯相照片時,尚未知有「佛經」這個名詞,更不知有釋尊這個「佛」。後來讀了佛經「放光」說,始明白「放光」的意義與內涵。宋七力非苦修而顯「法身」,完全是「遇斯光」的無修而得。宋七力只明白自己隨心念口演,任意自然「放光」,如今知道來源是「遇斯光」。把自身體驗「放光」化

法身觀

萬象，以《法身顯相集》提供向道者作參考，非與宗教上的神聖性較量高低。

《本尊道全集‧放光救贖》解說；「光」針對人的法性與靈魂，「本心」先相應「光」，法性攝受「光」，爾後阿賴耶識（靈魂），獲得「光」，靈魂獲得救贖，例如：「主啊！我的靈魂已獲得到救贖。」是耶穌被釘在十字架上，斷氣之前的話。見到「光」，有法性光與「宇宙光明體」之「光」。法性光源自「光明體之光」。如果見到法界「大日」，你的法性就放光[42]。

宋七力童年時就見到法界「大日」，「遇斯光」故放光，自然法性「放光」，則明心見性。先「遇斯光」，始明心見性，明心見性則生實相，見如來。即成立「放光」與「分身」。

楊惠南於《光明追尋者：宋七力研究》中說：「『本心』和『宇宙光明體』之間，具有從屬甚至一體的密切關係。然而光體無形也無相，像這樣無形無相的『宇宙光明體』，如何轉化而成一般信徒可以體驗到的光呢？」其答案是：人的「本心」（法性）起動，與意識銜接融合成「意識流」，透過意識流出離感應到『宇宙光明體』，瞬間即轉化成一般同道可見到的「光」。宋七力分身已經實現了天人合一的境界，因此可以隨意放光。分享同道看見「光」，體驗「光」。楊惠南再說明宋七力如何解釋「放光」：

「光」是法界大日，見光即見法界大日，法界大日和你的法性相應，不僅體驗「光」，且證得「法身」與「放光」。「放光」簡單的說；就是照見同道的法性，從「光」中化出同道的形相，成了「自見其身」。楊惠南又指出；發生「放光」的原因在於本心 法性起動，意識流出離，融合宇宙間流動的「光體」，始見「放光」[43]。

宋七力「分身」放光照明宇宙天地萬物，猶如天地的一面大明鏡。芸芸眾生及萬物就出現在大明鏡中，自見其身的同道嘖嘖稱奇，嘆未曾有。宋七力說明：「『分身』不是上帝，諸佛上帝在我的觀念中只是個尊稱，或許是我沒有宗教信仰，宗教的意義在於教人回復本性。我以『本心』為主，示現『分身』，只是個人的體驗提出作為參考。證明人人可以證『法身』。」[44]其實，上帝這個名詞只是抽象的觀念，佛是「覺者」之意。他接著加以說明：

上帝自古永有、本有、自有，耶和華；上帝的名字。後來耶穌出現，耶穌傳道時以天主、主、天父、父，……基督取代了耶和華。回教成立了，同源「上帝」系統，回教的「上帝」是真主，阿拉……。顯然上帝只是個代名詞，是象徵性的尊稱名字[45]。

法身觀

　　佛教的稱名、道號，冠過耶穌教，例如：「佛」亦名「如來」，又名「法身」，法身又分三身，三身皆屬於如來身，佛身。《金光明最勝王經》云：「善男子，一切如來有三種身，云何為三？一者化身，二者應身，三者法身，如是三身俱足。」《本尊道全集・照見五蘊皆空》宋七力順勢說；或許「分身」指「應身」，有的經論講「報身」。「報身」只有一個，「化身」卻無量。「法身」於《成唯識論》名自性法身，又名「分身」。「分身」出自法身，取代法身成為「分身」。「化身」源自「分身」（應身），依類現形，化無量相。宋七力針對法身、分身，皆稱呼「自見其身」。宋七力「常隨眾」隨時自見其身。另外經論以為；「分身」屬於「報身」，「報身」是變化身，變化身依類現形。祂能攝取眾生相，包括各種語言與眾生相。六根能互用，意識多重分化與滲入，因此，說體大、相大、用大，具有與「法身」同等功能作用，所以《成唯識論》名稱「自性法身」[46]。

　　自性法身、分身、自見其身同義異名，皆源自「本心」。此「法身」屬於法性所流出的生實相，見如來。也是宋七力常隨眾的「自見其身」。此階段已「天人合一」境界，進而以「意識流」繫於法界大日，或天冠光，始稱「三位一體」。「三位一體」的特色，法身或分身頭後有圓光，經典亦名頭光。「天人合一」者，頭部背後尚未出現圓光，簡言之；法身與「宇宙光明體」合一稱之為「三位一體」。

第六章 宋七力對「本心」思想義理實踐的詮釋

　　宋七力的顯相照片幾乎法身都有「圓光」，甚至「法輪背光」、「項輪背光」、「舉身放光」……。主因；宋七力「遇斯光」而經由直接照明，顯現「分身」。宋七力「分身」成了「光」的化身，從《法身顯相集》顯文字相中得知。宋七力「分身」；光化身，所以「放光」是一大特色。他在《法身顯相集》提到年少以來的特殊經歷：

> 我從童年時常見「光」，我不懂什麼「光」，只知大小如人間看見的太陽。光中變化百千光明相。「光」也會說話，借我的聲音叫我的名字。我覺得很有趣，很親切。不知道「光」為什麼會發出聲音？為什麼認識我？成年之後，始知「遇斯光」。「光」不僅能叫我的名字時，也知道我在想什麼？做什麼？我感到非常的驚訝！？少年時代從漩渦光見到各種古代人，個個亮麗透明，光中所出現的各類生命體，都成了我的朋友[47]。

　　宋七力指出，由於分身「放光」，所以依「光」暢演實相。「實相」如何暢演？宇宙天地萬物與人生種種……。古今中外、天文、地理、風雲人物、萬象皆可移轉進入「實相」。所以說；一切法的實相；諸法實相。就是《維摩詰經》不思議解脫境界；須彌山納入芥子，四大海水入一毛細孔，三千大千世界置於掌中如菴摩羅果……等，九百萬菩薩眾聚於維摩詰室，如此不可思議的解

法身觀

脫境界，超越人類想像，超越空間、時間、時空的轉換與萬物的千變萬化……。一切理想皆可在「實相」中實現，經曰：「遇斯光，無所不了。」即所謂實相理想化。宋七力以心念口演，順暢流露「實相」於生活間，實相實體化才能生活化、理想化。宋七力所示現「實相」，為現代人開拓出至真、至善、至美的新領域，也為向道者提出生命不滅的大道。宋七力示現「分身」，象徵著殁身不殆生命的大道。他說：

> 1988年，我首次目睹漩渦光中心出現「分身」，然後降在地面上，……我愕住了，我震撼著生命的驚奇，感嘆地想著，身外身竟然和我的形相完全相同。我好奇地正要開口說話，「分身」放大光明，消失於漩渦光中。爾後，無意中拍攝出「分身」顯相照片。我只是當作生活的照片，並未去重視或刻意宣揚照片。「分身」出現的地點我不在場，我也不知道「分身」為何要拍照？「分身」顯相照片內容主要放光照明法界藏。每一張都是自然拍攝，總共拍出萬張。照片中的主角是「分身」。其特色是「分身」頭後顯然有圓光。或大大小小的圓光我不知道所以然。有何意義？為什麼「分身」出現於我眼前的空間。[48]

「分身」所在之處，稱為「法界」，法界無所不在！「法界」

第六章 宋七力對「本心」思想義理實踐的詮釋

在《華嚴經》名「菩提心地」;「不死之地」、「本心」的世界。所以「分身」象徵「本心」不死。以下是宋七力個人的「體道」經驗:

> 「法界」這個名詞於經典才知道。初顯分身照時,我尚未讀過經典,也無任何宗教概念。因此;分身對我有何生命的意義和價值?我完全無知。直到1989年,我見到分身眉心放光。我自己也同時放光。一念間,我豁然開朗,瞬間我的五官意識竟然融合滲入分身。我的視覺在分身宇宙意識中,因我看見肉身就在眼前。同時我的肉身視覺也看到分身;互相意識交流。這就是所謂的「對看」。「對看」表示已經發生了「意識流」,意識流直接與「分身」互換「宇宙意識」,意識流能穿越融合銜接法界大日與漩渦光及天冠光,形成「三位一體」,眉心放光之後,使成立三位一體。因此,自然「心念口演」照見法界藏[49]。

宋七力也說:「證『道』,非以言說。如人飲水,冷暖自知。我透過實相與法身表達『道』,自明、自證、自成。自知不隨他。直言之;實相法身就是『道』。」[50]如《莊子・齊物論》言:「夫大道不稱,大道不辯,大道不道。」以及《老子・道德經》的「道可道,非常道」。總而言之,「分身」出現,等於見道,自見其身,見到自己的「本心」。因此,從

法身觀

實相裡得知法身開展「大道之行」。

「分身」放光照明「常隨眾」，常隨眾也生實相，見法身。自見其身的同道。亦能暢演實相，實現大道之行。「常隨眾」跟隨宋七力皆已超過三十年，於 1988 年至 2024 年，從開始為「光」，為「道」始終如一。其金剛心令人讚嘆。為「光」保持三十多年，不僅自見其身，其法身早已投入光中，存在於「不死之地」的法界。畢竟，自見其身必有賴於「光」的照明。換言之；「光」照明自見其身的「本心」，使得「法性」流露法身。自然而然生實相，見如來！有何意義？針對生命而言；自見其身者已實行了生命的意義。

宋七力常說；由於人人有「本心」，人人有「法性」，人人可「分身」。釋尊也在經典上言，大意如是：「眾生都有如來法性，只因『無明』，無法解脫生死。」釋尊早就開示出生命大道，把無明法性轉變成明心見性。心明則見法性，法性生實相，見法身。因此，實相法身是邁向不死之地的生命大道。宋七力「遇斯光」而顯現「分身」。雖然「分身」遭遇到現代人的審判、嘲笑；宋七力分身仍然佇立在高空上，面對著嘲笑的排斥者，默默地沉思：五十年後，無明的排斥者都消失了，五十萬年後，我（分身）還在這虛空中！本來，「我」就是「虛空身」！人的生命有限，有限的生命欲轉換成無限，唯有攝受到宇宙光明體的「放光」。攝受「光」者立

即自見其身。因此,「分身」與「光明體」具有直接的關係,由此關係,投入光中仍是必然的過程。宋七力言:

> 「分身」所蘊藏著非人生的經驗,而是歷經無量時空輾轉變化後,而所蘊藏的宇宙意識。其光明意識所藏涵蓋乾坤,包含萬象。此「光明」意識作為超越宇宙時空、天地的根本。宇宙萬象依據光明意識奔放而變現「意識宇宙」。[51]。

「分身」是自性法身,不但存在於人類的時間與空間,也獨立於外在時空,不受時間限制[52]。「分身」無限的生命,不會隨宋七力肉身消失而消失,後世的人將同樣看見宋七力的「分身」[53]。如在《聖經》中,多馬見到耶穌復活。「分身」將生生不息地顯相於未來。猶如《聖經》所說的「重生」、「分身」、「再造人」;復活之意。

「常隨眾」深信不疑,家裡都懸掛著宋七力的分身照片,「分身」就在常隨眾心中,因為常隨眾能見到「分身」,並且與「分身」交流。生活充滿了喜悅、幸福。「常隨眾」與「分身」,或動或靜,直接跟「分身」對話、喝茶、散步等等。宋七力進一步地說明:「法身遍布一切處,祂任何地方都能到,一切時空也能到,只要你想祂,祂就到!隨時都能在你身邊,如果有自覺到,一念間祂就到!無遠近、無內外,『分身』的出現皆與『光』同在。」[54]

法身觀

　　宋七力「分身」存在的意義和目的，狹義而言，針對宋七力的生命連續性。廣義來說，在於放光照明迷失「本心」的向道者，從放光中體證了「歿身不殆」的光明大道，喜悅地安住在「意識宇宙」，不必等待死後復活。當下就「明心見性」、「自見其身」，當下復活，當下即永恆。

　　不變的理想世界就在你的「心中」，就在當下的真如自性「本心」中[55]。可惜，西方大哲學家在世時無法分身，死後也沒有辦法像耶穌般的復活、顯相升天。以致無法實證出生命的價值與超越。《本尊道全集‧實用法身》宋七力就提到：「能超越我的凡夫相，你就能顯相。我是一面鏡子！你若是本心顯發，已有『實相』的人，看我就是『光』！」[56]「分身」是宇宙光明體化身，以宋七力的凡夫身形象作為「分身」。「分身」示現凡夫相與信眾交往，有時也顯現莊嚴的法身或「光身」出現。「分身」非人類，內無五臟六腑，百骸筋絡……等。隨時分身瞬間改形異相，轉化為法界大日、天冠光、漩渦光……，剎那間又返回宋七力的形象。宋七力說明「三位一體」現象，表示本身僅是凡夫，若發生不可思議的境界，屬於「光體」與「分身」之放光的現象。「放光」指分身放光，「光體」放光，並非宋七力放光，但以「天人合一」觀，分身放光，就是宋七力放光。

第六章 宋七力對「本心」思想義理實踐的詮釋

「分身一動天下知」，宋七力說：「這是常隨眾的希望，也是口號。」宋七力接著說：「如果分身動，為現代向道者的生命永存而動。功名利益、榮華富貴非生命大道。」因此；分身放光照明為了人類的生命意義與價值。凡是攝受到分身放光照明的同道，無論男、女、老、幼、富貴、貧窮，必定自見其身，當下就是無量生命！

作者曾參加過近百場的開示會，聽到宋七力常談及人人的「本心」、法性都是平等的。作者和同道們承宋七力「分身」的加被力（放光照見），幾乎皆生實相；自見其身。同道們認識「本心」後，都有不可思議的體證經驗，作者將於本論文完成後再另外篇幅寫作詳述。以下採取在美國麻省理工學院物理學系任教的 Nathan Senge，(此後簡稱 Nat)的例子來說明，因他曾向宋七力提出一些特殊的問題，頗值得放在論文內細細省思。

Nat 在未見到宋七力本人之前，因為霍醫師的緣起，他已自見其身。Nat 對宋七力分身的顯相照片感到非常震撼。分身竟然可以在照片中放光！尤其 Nat 目睹宋七力分身，內心非常亢奮、喜悅、驚奇，於是決定2024年3月來台灣訪道。

作者從 YouTube《本尊道全集・意識流》第 100 集看到 Nat 見到宋七力的訪道內容：Nat 掌握著「意識」，提出了三個問題：一、意識如何創造物質？二、意識如何改變物質？三、意識如何

法身觀

影響物質？

　　宋七力認為 Nat 的意識與物質問題，就是量子意識問題，這些問題在宋七力的眼中是幼稚兒的問題。小學時，宋七力想吃什麼就有得吃。以「意識」即可回答。（實驗題是：「心念」一個酪梨，真實的酪梨隨著心念是否能出現？）宋七力再三強調「意識」本身沒有功能，必須透過宇宙光明體的「放光」始生能量、「心念」才能成物質。

　　Nat 只有「意識」，思想中沒有「放光」的概念，對於「宇宙光明體」是陌生的。宋七力無法以語言解釋，只好用「境界」作答。於是宋七力對 Nat 示現「意識與物質」的關係。宋七力以心念口演對 Nat 說：「你面前的桌子上有兩瓶礦泉水，你拿一瓶來喝。」Nat 當面順手拿起桌上的礦泉水，以右手轉開瓶蓋，喝起手中的礦泉水。桌子本來沒有礦泉水，是宋七力以「意識」創造出來的，這回答了 Nat：「礦泉水是心念口演的意識創造物質。」宋七力接著對 Nat 說：「你左手已戴上勞力士錶了。」Nat 抬起左手，瞧瞧左手上的錶，與真實的勞力士錶一模一樣，甚至手錶也顯示時間，分針與秒針與當場的時間相同。宋七力再以「心念口演」的實相法，以「境界」表達出意識創造物質，改變物質與影響物質。Nat 當時忙著做筆記。

作者曾見過宋七力在聚會的場合中變化「天食」，如百香飯、山珍海味。地球上任何的飲料和食物皆可隨著宋七力「心念口演」而出現；色、香、味俱全，令人嘆為觀止。宋七力面對著 Nat 示現「平行宇宙」，扭轉乾坤……。意識轉移換位空間。例如：宋七力讓 Nat 突然「自見其身」，坐在紐約自己的家裡。瞬間又令 Nat 坐在高山峻嶺的空中，觀望著山谷下的河流有天女沐浴……。接著又放光照見，回到兩千多年前的東方之星與夜睹明星，瞬間轉換時空回到現場，以意識變現「拉麵」，使 Nat 之妻子吃得嘖嘖稱奇。

　　Nat 在美國已攝受到分身「放光」，因此，不僅自見分身，而且能隨著宋七力的「心念口演」見萬象。所以 Nat 的「意識」已產生「光能量」。宋七力為了證明意識本身沒有功能，於是對 Nat 說：「你現在已完全看不見自身了，你已無法再出現萬物了。」宋七力仍以「心念口演」斷滅 Nat 的光能量，及斷除其意識能量，當場使他失去實相，境界無法展現。Nat 愕了一下！？宋七力緊接著說：「你的境界又回復了！」Nat 返回重現境界。此斷滅了光能量；意識流同時失落，實相境界消失，由此「斷滅」。

　　宋七力已回答了 Nat 的三個問題：意識創造物質、意識改變物質、意識影響物質，仍須依據宇宙光明體的光能量而成立。宋七力繼續暢演實相；當場的內容皆以實相表達。白天變黑夜（亦

法身觀

可把黑夜變實相境界的白天），例如：隨著心念口演，瞬間令你從室內轉移到北極或南極，冰天雪地之下，你忽然急凍發抖；在發抖之時，再以秒速處於沙漠中，立刻由冷凍變為極熱，再回復常溫。

宋七力在《本尊道全集‧意識流》（第 100 集）中，以老子所云：「天下萬物生於有，有生於無」（〈第四十章〉）。闡釋實相法。例如：在 Nat 的眼前空間，飄落無數張美鈔，美鈔是實相的美鈔。與真實的美鈔完全相同，如前文提到柏拉圖的神能模仿萬物，搬運落在眼前的空間。當你正在看手上撿到的美鈔時，宋七力說：「美鈔消失，『有生於無』了」。千變萬化說不盡。

宋七力分身之「放光」照明，宇宙天地萬物展顯嶄露無遺，充分顯示生命的奧妙、真空妙有，有如量子真空，不斷湧出次元粒子……。「放光」不僅使自見其身者親證生命連續性、超越性，超越時空，超越人生的種種限制，且實現了莊子的理想──「至無而供其求」（〈天地〉）。你想要食物，就如願地出現食物（天食），你需要伴侶，出現理想中的偶像（如來明妃）。種種不可思議的「放光」照明現象，只能說：「自知不隨他。」一心生萬法、「萬法唯心，亦即萬法唯識」。

作者認識宋七力已三十六年，在未見宋七力之前，作者先見

第六章 宋七力對「本心」思想義理實踐的詮釋

到了他的「分身」。三十多年以來，宋七力總是應邀請而談天說「本心」。「本心觀」的理論提示了十五年，另外二十年帶動應邀者顯現「實相」與「法身」。一直到 2024 年以「境界」突顯「大道之行」，實現「天人合一」的理論。雖然宋七力已被媒體輿論妖魔化，但他似乎無動於衷，如如不動。宋七力的「分身」清淨光明，卻被現代人審判、圍剿、汙衊、仇視。

宋七力安分守己，與世無爭、從未損人利己、光明正大竟然被時代的洪流所淹沒？宋七力說；「分身」與「放光」，永遠存在於人間，無所不在。印證《阿含經》言「法性常駐」。自見其身者經由自身「法性」所流出。因此；人人有法性，人人可分身。宋七力親證「以本心為主」！所以宋七力顯相，成為宋七力分身——「自見其身」；自性法身。

以上的實證，旨在說明宋七力所言的「分身」是個人的「自見其身」，源自「本心」自我的實現，每個人都具有個體、獨特性的親身經驗。宋七力的「分身」與「放光」，依類現形，每個人「本心」的顯發都會受到提升，都有殊勝且獨特性、個體化的體證經驗，亦即具體化自己行動，或自己呈現於具體中。這些皆自證、自知、自明。印證「本心」是人類主體性的存在。誠如雅斯貝爾斯所說：「一切現實的東西，其對我們所以為現實，純然因為我是我自身。」[57]

法身觀

　　無論如何,「分身」的思想所具備的是光明,就像肉身的腦海儲藏著人生經驗的記憶[58]。經由以上對「分身」與「放光」的概述,古今中外哲學家所言的宇宙本體論,即可獲得合理,且簡易的詮釋。職是之故,「分身」與「放光」的哲學意義,在於人不能簡單地把人性、主觀性和客觀性、真理性絕對地對立起來,人的內在主體絕不是單純趨向外在客體的那種本有的統一性,而是以人的方式所建立的主體與客體、思維與存在的更高的統一體。就人的實踐和認識都離不開主體性而言,對外部世界的真理性認識不是直觀的照鏡子式的反應,而是依人的主觀認知結構的性質所進行的一種能動反應、選擇和建構。

　　就「光」的現代意義而言,勒維納斯(Emmanuel Lévinas)以為:「光」是那樣一種東西,通過它,有些東西有別於我們自己,但早就好像出自於我。被照亮的客體是我們遇到的東西,但從它是通過我們遭遇它而被照亮這個事實來看,它就像是出自我們。「光」並不具有一種根本的陌生性[59]。他所言的「光」,正深刻地說明「光」的真正體性,這無疑為宋七力放光之說,融入了更多主體性哲學(同一性哲學)的理據。以下即論述人達到「分身」與「放光」後的境界。

第三節　宋七力對「天人合一」境界的詮釋

　　中國傳統的文化向來極重視人在宇宙中應有的位置，故把人定位為天、地、人三元哲學，視人的整體存在為全體的價值。若能與之合一，就是人生最高的價值，也是最終的境界。所謂的境界，意指對完美人格終極理境觀念的建構，此境界只能透過工夫實踐，方可完美地呈現。諸如儒家的「聖人」，莊子喻為「真人」、「神人」、「至人」；道教成「仙」，佛教稱「佛」、「菩薩」等，都是指涉生命實踐所可能達致的境界。

　　從歷史的根源而言，天人合一所體現的是人與大自然合而為一的和諧，這樣的和諧樣態是中國人特有的中庸境界。由核心意義來說，是指道德最高的境界，它要求人透過德性的修養以達天、齊天、與天地參，由其內在意義來說，是指人既然列於與天地齊等的地位，則人與人、物與物、人與天、天與物的差異皆完全消解了，結果體現民胞物與的宗教情懷。羅欽順即云：「天人物我，其理本一，不容私意安排，若有意於合物我而一之，即是牽之私，非自然之謂也。」[60]

　　唐君毅從宗教、哲學、文學、藝術等方面分析，認為「天人合一」的思想可以顯示中國哲學乃至整個文化特點，也顯現出中國文化與西方文化間根底的差異，而在西方文化的傳統基本上是

法身觀

「天人相分」的。他說：「心之虛靈的明覺，廣大無際可以含攝萬物。於是人心與宇宙無間隔障礙，天人合一、人與宇宙合一成為必然的結論。」[61] 唐君毅再指出：

> 天人合一是中國哲學上的中心觀念，這一觀念直接支配中國哲學之發展，間接支配中國的社會政治文化的理想，所以在中國哲學上流行著「天人合德，天人不二，天人無間，天人相與，天人一貫、天人合策，天人之際，天人不相勝，天人一氣的話[62]。

「天人合一」是中國儒家的名詞，源於《易經》，其開宗明義就講「體用不二」，有了「體」，才能顯「相」，目的是要「用」，進入了「用」，則達到體、相、用一體，表達出本體的完整性，圓成實性。《本尊道全集・萬法唯識》就指出，能夠「用」，在人部就「離苦得樂」，在天部就「了脫生死」。牟宗三說：

> 孟子言「本心即性」。《中庸》、《易傳》之言「性體」、「道體」，乃至「誠體」、「神體」，都是「體用不二、即用見體」。「體」是道德創生的實體，「體」創生萬事萬物即是實現而存在之，且「體」是直貫於其所創生實現者。這萬事萬物實然存在之呈現，即是此實體自身之「用」。其中，體用關係是「全用是體」、「全體是用」，此即體用圓融義[63]。

308

第六章 宋七力對「本心」思想義理實踐的詮釋

宋七力說明《易經》的體用不二、天人合一，以及佛法的不二法門[64]，即顯體發用，體用不二，不二即合一。傅偉勳說：「弔詭之語，就表層言，似是而實非；就深層言，似非而實是不二法門之所以具有弔詭性，乃是由於不二並非單純呆板的同一或一致，而是超越一與多（或『二』）的對立，但又含藏容許此類對立產生的無限可能性的本來源頭」。[65]

可見「不二」，實包含深刻的辯證意義。「合一」意何所指？宋七力以為，簡言之，就是安住，安住在真如本心的位置，安住在空性之中，誠如《心經》云：「不生不滅，不垢不淨、不增不減。」這即為「合一」的意義。無論如何，人若沒有真切的實踐，則無境界可言。境界所顯發者，必然以實踐為前提與保證，如此的境界，方不致淪為玄虛的主觀臆想與空洞的浮光掠影。

「天人合一」的思想，實為中國哲學的重要特質，亦是大別於西方哲學天人相分大異其趣之處。在傳統希伯來文化的宗教觀中，並不認為人透過發掘內在的真性可以成就價值，必須仰賴上帝的恩寵與救贖，因此，西方基督教主張人人皆具有原罪，必須依賴上帝的恩典才能獲得救贖，這是一種依靠他力（神力）的解救方式，與儒、釋、道三家一般強調自力救濟有本質上的不同。其次，西方傳統哲學對宗教的探討，都是透過知識的方法來加以推理窮究，並非由實質的實踐工夫入手，也就不能真實領會宗教的真正精神[66]。然而「天地境界」，能自行擴散及蔓延，使人被一

種絕對莊嚴的沉默所攫住。而至真、至善、至美的境界，就是人生最終的目的，是以斯賓諾莎即言：「為了達到人生最高的完善境界，凡是不能促進目的實現的東西，我們將一概斥為無用，我志在使一切科學皆集中於一個最終目的，換言之，我們的一切行為與思想都必須集中實現這唯一目的。」[67]

宋七力強調，現代人欲實行「天人合一」的境界，必須「勇敢地自行啟發思想的超越，超脫出權威式的教條規律，開拓出寬廣的所知量！『本心』即『自然而然』沿著廣大的所知量超脫出離，躍進宇宙生命的精神領域。」[68]整個「心道（學）」內完全離不了體、相、用，這正符合宋七力所說的與「本心合一」。《本尊道全集‧照見五蘊皆空》說明：

> 首先要合一，「合」即是平等、不二、無差別，合了才說「用」，「用」表示已生般若了。你就是法身，不二，法身一動一靜地與你互應感通，相同步調，才說「用」法身，如果法身一動一靜，你皆沒有注意到，則在不知不覺中，自己變得無明，反而責怪法身無用。還是以無用為大用吧！你若懷疑，不知所以然，法身自然無用。

宋七力認為，所有現象都離不開「相」和「性」，也都是出自

於真如本心,皆歸於一體。當「本心」完全顯發的時候,就沒有分別的概念,因為「實相」是言語道斷的。宋七力以龍樹《中論‧觀法品》所云:「諸法實相者,心行言語斷,無生亦無滅,寂滅如涅槃。」說明「本心」顯發之後自然地生般若智慧,智慧是自然地流露的。般若智是針對實相表達,不必經過五官知識、經驗來判斷[69]。《本尊道全集‧照見五蘊皆空》指出:

> 龍樹的《大智度論》是在解說實相的,實相的內容一目瞭然,馬上即知道是般若智!如果還要分析、判斷等等,便淪為知識了。所以,般若是面對實相的一靜一動,以取代「靈性」的語言。我只是提供你認知和體證、自覺、自悟、自證、自知、自明。實證足夠,你就活在涅槃中,即在世間中,最後臻於究竟涅槃之境。簡言之,不分彼此,不二[70]!

這就是龍樹所說的「涅槃與世間,無有少分別,世間與涅槃,亦無少分別。……涅槃之際,及與世間之際,如是二際者,無毫釐差別。」[71]這就是說,如來所有性,即是世間性;如來無有性,世間亦無性。這與牟宗三所說:「千佛菩薩,大乘小乘,一切聖賢,俯就垂聽,各歸寂默,當下自證,證苦、證悲、證覺,無佛、無耶、無儒,消融一切,成就一切。」[72]亦有異曲同工之妙。明乎此,則「青青翠竹,鬱鬱黃花,無非般若」

73。宋七力繼而指出，老子所講的「善建者不拔，善抱者不脫」〈第五十四章〉，以及在《莊子・在宥》中，廣成子對黃帝說：「我守其一，以處其和。」也同樣是講要回歸「本心」，不能脫離「本心」，但如何才能與「本心」合一？

《本尊道全集・照見五蘊皆空》加以解釋說：「只要『意識流』融入『本心』不生不滅的空無狀態，並安住在空性中，就與廣成子的『守其一，以處其和』，就活在當下了。」要以「意識流」的方式與「本心」進行「合一」。王陽明在〈大學問〉中說：「大人者，以天地萬物為一體者也。」宋明理學是從格物而後致知，進一步與天人合一，合一後自然「致良知」、「致良能」。

印度教的「梵」、「阿特曼」，講的也是「本心」，所以印度教追求的終極目標「梵我合一」，和中國的「天人合一」實無二致。此間的「梵」及「天」，所指的就是內在的自性本心，肉身不了解真實存在自我意識之中的真主[74]，又豈能和外在的神靈契合？佛教的「菩提心」，與印度教的「梵我合一」，亦是「天人合一」的概念。耶穌的原教義流傳至今，其內涵為「耶穌是真主」，及「我們只有一個真主耶穌」！

上帝與耶穌合為一體，成為「只有一個真主」的「一體」

第六章 宋七力對「本心」思想義理實踐的詮釋

觀。宋七力認為，此「一體觀」與印度梵我合一類似。《奧義書》、《梵經》、《薄伽梵歌》三大印度經典都具有「不二」的思想。對於《維摩詰所說經》的「不二法門」，《本尊道全集‧唯識所現》指出：

「不二」，就是沒分別、沒執著，學道就是針對「不二」[75]。凡是難於顯發本心者，或許由於善於分別、分析、判斷，若能抓到重點，離開執著、分別，進入本心中道。由中道與本心融合，入畢竟空。「本心」就在畢竟空迎接你，若你已登入彼岸，你就自見其身——「觀自在」了[76]！

《本尊道全集‧天人合一》解說：性相一如，指性與相同出於「本心」，見相即見性。相含有法性，性相不二。能知性相不二，當下入不二法門。不二亦即中道義[77]。宋七力說明，直到西元二世紀，龍樹建立「中觀」論，以與「不二」的觀念相互輝映，亦即與「真如本心」合一，如此一來，你就與天地渾然一體。

宋七力說：「耶穌說上帝就在你的心中，表達『合一』的觀念。這個『上帝』如果是人內在的『本心』。那麼，耶穌也有合一的觀念。」宋七力接著說：「耶穌說得好：『當你們使兩者合一時，你們就可以進入天國了』。耶穌又說：『我與父原為一，我在你們面前，就如同你們看見了父。』《聖經》內容

313

法身觀

的『三位一體』，正是合一的觀念。」[78]宋七力指出：「真如自性本心」是主體，真神、真主屬於客體。」

在《聖經》中，耶穌的話，其內涵有主客合一之意，所以耶穌說：「我與父原為一體。」耶穌的「合一」觀念與中國哲學「天人合一」思想的差異，在於「本心」，天人合一出自「本心」觀體系，如莊子所言的「真君」、「真宰」等。莊子以「本心」建立了「天人合一」的學說，莊子認為每個人自身內在的「本心」即是上帝，故標示出「同帝境界」之語，即同於釋尊所開示的眾生皆有佛性，故人人皆可成為佛[79]。但耶穌的「合一」觀念是與天父合一，所有人皆沒有成為上帝的「神性」，故人人皆不可成為上帝。

宋七力總是不斷劼切地強調，藉由「分身」顯相，向現代人表明本心觀，回歸「本心」，肯定「本心」，建立「本心」只為了體現法身，以獲得生命的最終的意義和價值。經由「法身」的「宇宙意識」而實現中國哲學的理想目標——「天人合一」。此實現或許符合《心經》、《金剛經》等大乘佛教的共同目標。依「法身」實踐此目標，所謂上帝的國、天國、極樂世界或「彼岸」，「法身」自然可以馬上令你體證中國哲學所言「吾心是宇宙，宇宙是吾心」的義理。宇宙就在「本心」中，「意識宇宙」亦存在於「法身」的「宇宙意識」裡。

第六章 宋七力對「本心」思想義理實踐的詮釋

宋七力善於引用《經典》來表達自己的境界,並以境界相應自己的理論,因為「天人合一」的義理,根本難於用語言或文字表達,境界必須以實證與之共鳴。所以說:言語道斷!不可說或無法可說。因此,《維摩詰經》問:「如何入『不二法門』?答:『聖默然』」沉默!無言語可說[80]。

猶如無法用言語形容「法身」,以實相觀法身,但又如何形容「實相」?實相無相、非相,既然無相、非相,一切言語無法形容,只好說:「不可思議。」「不可思議」即「境界」。「實相」不可思議,龍樹的名言:「自知不隨他。」最適宜詮釋「實相」不可思議的境界!

「實相」乃凡夫眼睛所不能見者,自見其身本身就是「實相」,自己直到看見自己的法身出現在眼前的空間,瞬間轉換,出現在另一個時空。實相境界所轉換移動的山河大地、草木瓦石等等,皆是實體,例如,在宋七力的顯相照片中引長城入室、山景瀑布等風景區,透過「放光」照見,由外移轉入內。無內外、無遠近。圓成實性,一切天地萬物皆與真實世界沒有分別。心物合一,精神物質化。實行了現代量子力學理論;「心念即物質」。與天地萬物渾然一體,唯有自見其身者能「自知不隨他」。自見其身者若能體證實相境界,本身即是「道體」。宋七力以為,「道體」或者勉強可以用老子的「道生萬物」作註解。有關「道體」,《

法身觀

本尊道全集・守元抱一》解說：

> 自觀身實相，無次元、無空間、無時間，所以無古今、無遠近、無內外。隨意轉換天地萬物，瞬間移動。因此，「道體」、「法身」與道冥合、同行，與道合一，就在實相境界的「當下」！當下的道體自見其身；法身就在實相中見到永恆[81]。

法身出離的自見其身者，經由「意識流」連繫而銜接外在的法身。法身於外在時空天地的一切活動，經由「意識流」傳遞給自見其身者，所以無遠近、無內外。例如法身在冰天雪地中，天氣冷凍，自見其身者同時感受到零下的溫度。宋七力對於「分身」出離後的一切狀況，皆一目了然，體驗深刻，同時存在，同時進行。因此，「自知不隨他」，無異無分別。這是「意識流」的作用。簡言之，肉身與分身的交流管道，名「意識流」。

《本尊道全集・諸相非相》提到：「心能轉物，心物合一。」[82]因為「本心」的法性，相應滲入宇宙光明體，故布虛空、遍法界。當宋七力面對「常隨眾」「心念口演」時，提到杯子，杯子就出現，說到蓮花，蓮花也出現，由小小的事物擴大至無量無邊的虛空法界，皆隨「心念口演」呈現，甚至古今中外人物、風光、景色等，皆活靈活現，這皆為現實化、實體化的臨場感，依所知量所顯現天地萬物，能合一和相融。所以「心念口演」的實相，即《

楞嚴經》所云:「心能轉物,即同如來。」他說:「這杯茶你把它看成酒,喝下去就是酒,以茶變酒。酒下肚後,隨著血液循環,五臟吸收,都看得很清楚。眼識能看遠、看近、看內,自己法性流露出來,就是無盡緣起。」[83]法性一旦流露,不受任何障礙,無礙,與意識結合成「意識流」,隨宇宙光明體穿梭流行於時空,直入法界。自見其身者目睹自己的「法身」存在於一切時空,任意出入法界,令人欣慰不已,與「真人」、「神人」、「至人」的境界相差幾何?

「本心」已經顯發完整,「般若」無量廣大,得到解脫之後自然淨化,所謂「淨化」,可說是解脫。「本心」顯發圓滿的時候,與萬物合一,融於萬物間[84],就是一個宇宙。在此境界中,人人皆可逍遙自在,超越時間、空間、超越生死。由於「本心」是空性,無喜亦無樂,喜樂出自於法性所結合的意識,若無意識,則無法欣慰不已。

宋七力接著說自證的理論,此「意識」指自見其身者的「自我意識」,含五官意識與阿賴耶識。「自我意識」融合在法性中形成的「意識流」,在有生之年的自見其身者所具有所謂的喜樂,欣慰不已。針對自見其身者而說。如果自見其身者的肉身死亡,則「意識流」轉入「法身」的「宇宙意識」中。

法身的「宇宙意識」獨立於外在時空,與自見其身者的肉身

法身觀

存在或滅亡，無關緊要。因自見其身者在有生之年中已解脫，這種意識「轉換」，《維摩詰經》或名「背捨」。《維摩詰經‧菩薩品第四》云：「解脫是道場，能背捨故。」〈弟子品第三〉、〈佛國品第一〉皆云：「稽首已到於彼岸。稽首能度諸世間。稽首永離生死道。悉知眾生來去相。善於諸法得解脫。」永離生死道，已到彼岸，即是解脫、「轉換」的含意；解脫，「轉換」到彼岸，當體即法身，脫離生死道了。當體的意義在於「自我意識」（肉身）「轉換」成「宇宙意識」。換言之，法身取代了肉身。當體照見五蘊皆空，當體即空，當體觀自在（法身），當體迴光返照，當體放光照明天地萬象時，宇宙人生皆空（實相），釋尊正是由此證出宇宙諸法皆空而成大道。宋七力說：

> 「萬物」由你的意識轉換成實相，例如，海水鹹鹹的，或火熱，冰冷……。從實相體會鹹的海水，肉眼看不到的實相（海水），實相所見，比肉眼下的海還要清晰，甚至海底下的景物也一目了然。如此分出天地萬物轉換成實相世界亦名解脫，物質世界轉換成「意識宇宙」。泰戈爾的「意識宇宙」，就是這個相對的世界，物質世界與實相世界，也是整個宇宙以相同的個別方式，仰賴我們的「意識」去實現[85]。

由自心而融入大宇宙中，大宇宙能融入自心中，與印度聖哲

泰戈爾所說的「意識宇宙」[86]不謀而合。泰戈爾云:「印度的瑜伽認爲透過高度專注與靜心的過程,我們的意念確實能達到不再是知識的一種知識,主體與客體合而爲一的無限之境,那是一種不能言傳,只能意會的存在狀態。」[87]亦指人類從有限的生命透過超越的神性而能進入永恆的宇宙,和宇宙合一。宋七力說:

> 合一以後,「本心」以大日形態出現,《大日經》云:「大日自心出。」你會發現自己的額頭上放光現大日,自見其身者額頭放光是合一的現象,進而照見天地萬物,萬象自然畢露。受、想、行、識的識,隨意轉化萬象,沿著意識流,上與天地同流,下與萬物合一[88]。

宋七力將本心論、宇宙論與人生論融通為一個整全的有機體,且言「本心」與宇宙萬有的關係皆真實不虛,當下能與「本心」合一,即「天人合一」當體即「空」。當體「生實相,見如來」。宋七力指出,所謂空無的狀態是:「畢竟空、中道空,是真如本心之所在。安住在『合一』的狀態,雖然不生不滅,即真空生妙有。」[89]他再指出:「『法性常駐』,不隨人死而輪迴,仍然如如不動,常駐於宇宙時空。」[90]

故顯發「本心」,「法性」緣起,意識起動,挾著法性與意識結合的「意識流」出離,無所不在,超越時空而獨立存在——因此說;「法性常駐」。宋七力再明示:

法身觀

已達「天人合一」的自見其身者，所以能上與造物者遊，而下與外死生無終始者為友。獨與天地精神往來，與萬物合為一體，是自見其身者的特色，也是法身的生命意義。這是對在世的自見其身者而言。肉身與法身合一，分身就是你，你就是分身：「天人合一」[91]。

宋七力又談到，分身（自性法身）的「宇宙意識」，與時間、空間、質量、能量合一後，「意識宇宙」自然的形成，始能無所不在，並超越時間、空間的方式永恆存在於宇宙中。因此，自見其身者必定當下就是永恆，當下「宇宙意識」存在著「意識宇宙」，當下與法身合一在永恆中。前文引述《起世經》所言：「凝聚、安立、常住，……形成法界，亦即法身之『宇宙意識』。」宋七力以為：「無論是現代意識宇宙學、量子理論，宇宙皆以『意識』為根基，開展出實相，而『實相』正是未來量子理論的核心，『實相』也是人類延續生命的根本。」[92]

宋七力在《宇宙光明體》中提到，釋尊與耶穌的「本心」與光明體融合相應，釋尊相應「無量光」，耶穌則融合上帝的光[93]，充分地顯現出人類「本心」的存在。若無「本心」，則以何種生命形式超越與永恆？這正是天人合一、三位一體的具體實現。宋七力引用《楞嚴經》釋尊對說法第一的富樓那云：「我之所以無礙，不是我有異術，祇是合如來藏，本覺妙明，圓照法界，小中可以見大，大中可以

320

見小，性與相圓融無礙。」來解說「妙明」指般若，般若的妙用。「小中可以見大，大中可以見小」是指法界無時間、無空間的超越性，無異無分別的廣大體性，宋七力再加以解釋說：「湛明的真如本心圓照法界，照明一切差別、無量差別的事相，歸於真如本心的圓照，小中可以現大，大中可以現小，互不相妨，即所謂性與相本不相礙，圓融無礙。」[94]《華嚴經》云：「一切眾生皆有如來智慧德相。」《圓覺經》亦云「一切眾生本來成佛。」此如來德相的來源是「本心」，性相一如。法性脫離肉身而獨立於外在時空。法性起作用時，當下即圓融無礙。

　　顯相萬張照片中出現的法界大日、天冠光與漩渦光，直接實證了宋七力「分身」與「放光」的理論。法性光屬於自性光明，法性光往來於宇宙光明體，構成「三位一體」，此合一必須經由「眉心放光」而圓滿實現，法性流露就自然有光[95]。此法性「光」仍攝受宇宙光明體的體性而發生。此法性光也自然流露「自見其身」，甚至促使自見其身「實體化」。精神實體化的過程，仍是一種能量的「轉換」。當光的能量塑造物質相同的形式，轉換實體化的「質量互換」原理，與現代量子力學「心念與物質」的原理相當，但仍是以「意識」作為背景。柏拉圖的神能把宇宙萬物摹仿搬運落在眼前的空間。這種萬物「摹仿」，同理與光的能量物質化，透過「轉換」而「質量互換」，皆從實體物質摹倣其型相而落在宋七力眼前的牆壁裡。這在《本尊道全集・照見五蘊皆空》中

法身觀

有所說明：

> 釋尊解釋「五蘊現法界」。宋七力以「心念口演」的方式，把金字塔等景物，轉移進入在牆壁裡。由物體轉換成能量模型，也是柏拉圖的「理型」與「形式」互換。量子力學說；意識是量子的現象，意識經由照見轉換而成實相，所以在牆壁裡的金字塔等景物，皆從實體物質摹倣其型相而落在牆壁裡[96]。

如何將金字塔、長城、阿布辛貝神殿、清真寺……等景物摹倣、轉移、融入室內的牆壁？宋七力的答案是放光「照見」[97]。宋七力心念口演，宇宙光明體放光照見。光明體為何要相應配合宋七力？宋七力只是個凡夫、平凡人，光明體為何放光？依人的觀念，應該是為國王、總統等大人物放光？主因在於宋七力從八歲時就「遇斯光」。三十九歲自然地「眉心放光」。眉心放光照見五蘊皆空，大地萬象或實體景物皆可由心念轉移，落在眼前的空間。宋七力以親自的體驗而如是說。因此，萬張的顯相照片均由「放光」照見，涵蓋照見「法界藏」。

柏拉圖能放光嗎？柏拉圖的哲學並沒有提及，但他的宇宙論，可以輸入精神，使其比原有的更完美、更理想。柏拉圖的神是光或是「本心」？宋七力認同柏拉圖的神摹倣天地萬物搬運落在眼前的空間。外面的搬運活動過程，依何種能量落在眼前的空

間,這裡與外面的那裡如何相應連結?他接著解釋:

> 這有如《莊子・在宥》『尸居而龍見』,指安居在裡面,怎會在外面活動?『淵默而雷聲』,指在裡面都很安靜,怎麼外面聲勢很浩大?發動起來無所不容,突破超越了人的概念。這是放光照見的實相境界特色,這也是本心的功能,『如以虛靜推於天地』,在無的狀態中,放光相攝互入[98]。

因此,宋七力顯現分身放光,隨心所欲,心念口演照見,縱橫自在、出入自由,其行徑有如《莊子・田子方》的神仙境界:「夫至人者,上闚青天,下潛黃泉,揮斥八極,神氣不變。」又如《莊子・逍遙遊》的「神人」,「不食五穀,吸風飲露,乘雲氣御飛龍,而遊乎四海之外。」奧古斯丁對此境界亦有類似的描繪說:

> 我們神遊物表,凌駕日月星辰麗天耀地的蒼穹,再冉上升,懷著更熱烈的情緒,嚮往「常在本心」,……一再升騰,達於靈境。在那裡生命融合於古往今來萬有之源,無過去、無現在、無未來的真慧。真慧既是永恆,則其本心自無所始,自無所終,而是常在;若有過去未來,便不名永恆。[99]

法身觀

　　莊子所言的「神人」,「不食五穀,吸風飲露」。宋七力心念口演,即可變化「天食」,天地間的美食、各種食物,隨其意識物質化;山珍海味,隨時可出現在自見其身者眼前,任你享用,口味依你的心念調整。這種「天食」的示現,於宋七力聚會道場中已司空見慣,不足為奇了。總之,凡自見其身者皆可享受「天食」。

　　「天食」根據「宇宙意識」變化而成。宋七力「心念口演」,「分身」示現。因分身具備「宇宙意識」。宋七力的肉身只是「五官意識」。五官意識僅適應人生吃喝等飲食。「天食」是出世間的法界享用,但也首次見到人間也有「天食」。這實毋須大驚小怪,少見多怪,百聞不如一試,只要你已自見其身,即可至無而供應其所求。

　　「天食」屬於意識創造物質。如何創造?從「宇宙意識」創造出來,意識無中生有地發生「天食」?這就是現代科學家在研究的量子學。「宇宙意識」如同量子真空一樣。「宇宙意識」是一種光能量所變化而存在於「分身」(自性法身)。所以「分身」亦成了「分化身」。

　　「分身」如何產生「宇宙意識」?由宇宙光明體性與人類的「法性」相互攝互入形成「宇宙意識」。科學家未「遇斯光」,又如何相信不疑!?雅斯貝爾斯也說:「那些沒有能力瞭解真理的人,就讓他們誤解罷!」[100]宋七力只能說:「法性如是!」湯川秀樹曰:

324

第六章 宋七力對「本心」思想義理實踐的詮釋

我研究基本粒子已有多年，至今已發現了三十多種不同的基本粒子，每種基本粒子都帶來某種謎一樣的問題。當發生這種事情的時候，我們不得不深入一步考慮在這些粒子的背後到底有什麼東西？我們想達到最基本的物質形式，但是，如果證明物質竟有三十多種的不同形式，那是尷尬的；更加可能的是萬物中最基本的東西，並沒有固定的形式，而且和我們今天所知的任何基本粒子都不對應。它可能是有著分化為一切種類基本粒子的可能性、但事實上還未分化的某種東西。用慣用的話來說，這種東西也許就是一種渾沌[101]。

虛空的宇宙意識，提供人類一個可實現的理論。《本尊道全集‧照見五蘊皆空》談到，虛空的宇宙意識若如同量子真空一樣，但粒子從何而來？它們是從量子真空自然不斷地湧出「次原子粒子」，形成量子狀態、領域。量子理論與愛因斯坦的狹義相對論也必須整合「合一」，始有強大的「量子場論」[102]。如果分身的「宇宙意識」是一種粒子，那種粒子又從何而來？是量子真空而來，那麼只好說「真空妙有」了。量子真空不斷湧出「次原子粒子」，形成量子狀態、領域。

量子理論學家如果從「法身」與「宇宙光明體」著手研究此真空妙有的「意識」如何進化成「宇宙意識」，而且能產生如此強大的能量，使之能量物質化，甚至意識能變化物質，意識能改變

325

法身觀

物質，意識也能出生「天食」，可是，這種意識的能量從何而來？猶如量子理論中的粒子從何而來？宇宙光明體與法身的「宇宙意識」可促使量子科學家找到答案。量子理論只針對與愛因斯坦狹義相對論「合一」，然後產生「量子場論」，從追蹤意識能量，這或許是徒勞無功的！？

科學界也的確開始有越來越多的人願意接受「意識」可能就是導致粒子波函數塌縮的因果力源頭，像是知名科學家蘭薩（Robert Lanza）與天文學家博曼（Bob Berman）在其合著的《生物中心論》（Biocentrism）中主張，「意識」影響粒子是對雙狹縫實驗（Double-slit experiment）最合理的說明，並藉此提出一套不同的世界觀來解釋整個宇宙的生成變化。

而諾貝爾物理學獎得主，也是量子力學奠基者之一的魏格納（Eugene Paul Wigner）也主張：「若不考慮觀察者的『意識』，就不可能以完全一致的方式，建立起量子力學的定律。」[103]。宋七力指出：「此無所不在的意識，與法身、「宇宙意識」同等性質」。宋七力也說：「『宇宙意識』可以存在於任何地方，遍布十方，『宇宙意識』無所不在，所以法身無所不至。中國哲學所謂：『上下與天地同流』、『上與造物者遊，而下與外死生、無終始者為友』，因為宇宙意識也是一種量子，一種光能量。」[104]因此《本尊道全集‧意識宇宙》說：

「實相」與「意識」具有直接的關係,「實相」經由西方哲學判斷認定的「純粹意識」所展現。「意識」開展出多層次的進階,當深度、廣度臻於「宇宙意識」而與深層的「量子真空」合一,此「合一」狀態所表露的種種物理現象、能量狀態、量子狀態,也正是現代量子物理學所謂核心的「實相」[105]。

肉身也有主客二分,宇宙天地也有主客二分,統一叫做合一、天人合一。量子理論即使與愛因斯坦狹義相對論整合,但他在臨終前仍沒法解決「統一場」的問題。因此,欲詮釋「宇宙意識」,務必回歸「本心」,本心顯現法身時,與法身合一,就了解諸法實相和宇宙生命的內容。進而與宇宙本體合一,自然地一望而知「宇宙意識」根源的動向和突破。宋七力說:「在宇宙意識靜的狀態之中,本心憑藉法身宇宙意識如實在自我意識之中體證宇宙意識與自我生命的圓融無間,從而使生命原本所固有的偏限性得以突破,轉換成連續性。」[106]《觀無量壽經》云:「是心是佛,是心作佛。」這表示已攝受到「無量光」,所以才有如此的示現。佛又名如來、法身。法身、如來;佛與宇宙光明體有直接的關係。

宋七力所遇到的「宇宙光明體」,指法界大日,或天冠光、漩渦光。「本心」是人類個體的主體。當其主體相應攝受到宇宙光明體時,人的法性「放光」而化出人的形象,成為「法身」或如來

法身觀

，因此，「是心是佛，是心做佛」。《華嚴經‧如來出現品》云：「又普震動諸世界網，一一塵中，現無數佛。隨諸眾生性欲不同，普雨三世一切諸佛妙法輪雲，顯示如來波羅蜜海，又雨無量諸出離雲，令諸眾生永度生死，復雨諸佛大願之雲，顯示十方諸世界中。」總體而論，宋七力在《「天人合一」實證境界》中指出：「以本心為主，乃聖哲之道，帝王之學。」有關其「本心」的義理及實踐的詮釋，現歸納為以下七點：

一、人人心中各自有一個最原始的生命（本心），這是每個人獨一無二的生命之「主」。

二、為了「明心見性」，直入「法性」，必須先超越自我的執著，掙脫自我的限制，凡禁戒等儀式，限制了法性的流露。禁忌、戒律屬於養身工夫，與大道無關，重身輕心，如何生實相、見如來？

三、向道者的目的在於「解脫」、「出離」。唯有「法性」令你「出離」、「解脫」，也只有「法性」令你生實相，見法身（如來），入法界。法性攝受相應宇宙光明體，始能流露法身。「明心」指顯法身。「見性」，指見到法性；見法身之意。「明心見性」。簡言之，「本心」顯法身了。法性之所以能流露法身，關鍵在於宇宙光明體所「化」。因此，在「光」中化萬相，經曰：「諸佛如來光中出」。

四、離心（本心）無法身。離心無正道！心離則迷失生命的方向，陷於釋尊所說的「無明」中。故《佛經》鼓吹：發「阿耨多羅三藐三菩提心。」

五、《大日經》概要，「即心即佛，即身即佛」，《觀無量壽經》亦云：「是心作佛，是心是佛」。「內在」無明於「本心」。豈能認知「外在」的諸佛、上帝、天神、菩薩！必須先返求「內在」諸己[107]，自然明了「外在」的神、佛、上帝……。

六、諸佛、如來、上帝。仍是指宗教上的「宇宙光明體」所化，存在於宇宙光明中，無形無相，本身就是「光」，依類現形象。形象成了信仰者的觀念偶像。

七、宗教以「宗」為本源。教導人認知心中的「本心」，恢復本源——本來面目，返本歸真。

總而言之，宋七力對「天人關係」[108]的親證，從體道境界提升為「道體」。自證、自明、自知、自言自語，非經由哲學思辯論證或大師的認證肯定。以「境界」突顯理論。境界是宋七力個人的「境界」，與宗教大師無關，但與釋尊所開示的經典有關。宋七力「本心」思想的簡單概念，只是提供向道者作參考，目的只要

法身觀

使向道者能「自見其身」而已。唯有自見其身，五官意識轉換成「宇宙意識」，就可依著「宇宙意識」存在於不死之地；菩提心地；法界！

因此；宗教的目的不只是禪定、打坐、誦經、祈禱或閉關、素食、戒律⋯⋯。

若「自見其身」，當下實現宗教的目的。脫離常年宗教的局圍。方東美即說：「所謂的大思想家，他的精神的轉捩點，首先就是要超脫解放；其次則是在超脫解放達於最高度的時候，還要再迴向人間世。以同情瞭解的精神，來把他所接觸的現實世界，都變做理想世界的化身；如此一來，一切人類都變做精神自我的顯現。」[109]所以自見其身（分身）；自性法身，奠定宋七力「本心」的中心思想，也是向道者的理想目標。如果你再問：「如何自見其身？」宋七力答：「繞來繞去，重複又重複地說：『以本心為主』！從「本心」入門，就是《維摩詰經》的不二法門。

第六章 宋七力對「本心」思想義理實踐的詮釋

【註釋】：

1. Gadame, Praise of Theory : *Speeches and Essays*, New Haven and London, Yale University Press, 1998, p.56.

2. 加達默爾著，薛華等譯，《科學時代的理性》，北京：國際文化出版公司，1988年，頁79。

3. 見其所著，《道德的理想主義》，臺北：臺灣學生書局，1985年，頁39。

4. 見其所著，《中國哲學之會通十四講》，臺北：臺灣學生書局，1990年，頁90。

5. 見其所著，何兆武譯，《歷史理性批判文集》，北京：商務印書館，1990年，頁164。

6. 見其所著，苗力田譯，《尼各馬科倫理學》，北京：中國社會科學出版社，1990年，頁1。

7. 宋七力著，《法身顯相集》，頁375。

8. 參閱加達默爾著，夏鎮平譯，《讚美理論》，北京：三聯書店，1988年，頁46。

9. 愛因斯坦說：「生活中總有一些東西是永恆不變的，無論是命運之手，還是人的一切誤解都奈何它不得。」見其所著，海倫・杜卡斯等編，高志凱譯，《愛因斯坦談人生》，頁51。

10. 《本尊道全集・真如法身》，頁28。

11. 宋七力所著，《法身顯相集》，頁384、385。

12. 宋七力所著，《法身顯相集》，頁92。

13. 見其所著，潘培慶等譯，《薩特哲學論文集》，合肥：安徽文藝出版社，1998年，頁89。

14. 陳獻章著，《陳獻章集》，全二冊，北京：中華書局，2012 年，卷 4,〈與林郡博〉。

15. 見其所著,《《阿含》、《般若》、《華嚴》及《法華》佛陀放光之研究》，臺北：文化大學哲學研究所碩士論文，2009 年，頁 1。

16. 參閱曹郁美著,〈《華嚴經》世尊「十次放光」之探析〉，載於《華嚴學報》，2012 年，第 3 期，頁 114－115。《尚書·堯典》稱堯:「光被四表，格於上下。」可見理想人物皆具有光明盈徹、光芒外耀的特點。

17. 陳玉蟬著,《《阿含》、《般若》、《華嚴》及《法華》佛陀放光之研究》，頁 2。

18. 見其所著,《《阿含》、《般若》、《華嚴》及《法華》佛陀放光之研究》，頁 1。

19. 見其所著,〈《華嚴經》世尊「十次放光」之探析〉，頁 1。

20. 「著衣持鉢」，是手上放光；「入舍衛大城乞食」，說明世尊從路上經過，讓每個人都可以看到祂眼中放光；「飯食訖」，就是口中放光；「洗足已」，就是腳上放光；「敷座而坐」，就是通身放光。這在在說明世尊時時刻刻都在放著般若的光。世尊的行、住、坐、臥，及一舉一動，處處也都綻放著光。

21. 見其所著,《中國大乘佛學》，臺北：黎明文化事業公司，1984 年，頁 224。

22. 《華嚴經》對放光的說法是，法藏應具四項意義，第一,「現相表法」：如來具卅十二相，為眾生說法時。因根器不同，為應所知量，遂以放光感召。第二,「驚起信心」：眾生沉迷空花，執著顛倒妄想，知幻不捨離，故予放光提振信心。第三,「觸照救苦」：佛光普照，能生撫慰眾生功德的效用，令離煩惱心開意解。第四,「集眾遠召」：法身放光周遍法界，其他淨土眾生悉皆蒙受，特來赴會，同霑法義。

23. 見其所著,〈《華嚴經》世尊「十次放光」之探析〉。她講述放光的意涵,「光」即佛的語言，佛之證覺內容是不可宣說的無上奧祕，佛「以光說法」才是他的宣揚、教化之方式。換言之,「光」是佛與菩薩共同的交集、溝通的管道。

24. 《華嚴經》問：究竟誰在說法？是釋尊不動本處，法身到天界、人間化作大菩薩代為說法，亦可說是隱其本相，由法身佛扮演菩薩代佛說法。故本經不但釋尊放光，法身佛示現之菩薩亦放光，此種「放光說法」，即謂「本相說法」。

25. 《大方廣佛華嚴經・卷十一》曰：「菩薩有十行。三世諸佛之所宣說。何等為十。一者歡喜行。二者饒益行。三者無恚恨行。四者無盡行。五者離癡亂行。六者善現行。七者無著行。八者尊重行。九者善法行。十者真實行。是為十行。」

26. 淨土建立兩種回向，其一是「往相回向」，即以己之功德回向一切眾生，願同往生阿彌陀如來的安樂世界其一是「還相回向」，即生彼土已，成就一切功德，願回來生死稠林而教化一切眾生，使向淨土。回向或作迴向，回者；回轉也。向者；趣向也。回轉自己所修之功德而趣向於所期，謂之回向。十迴向乃指：一名「救護一切眾生離眾生相迴向」、二名「不壞迴向」、三名「等一切物迴向」、四名「至一切處迴向」、五名「無盡功德迴向」、六名「隨順平等善根迴向」、七名「隨順等觀一切眾生迴向」、八名「真如相迴向」、九名「無縛解脫迴向」、十名「法界無量迴向」。

27. 《十地經・卷一》以為，十地是：一名「極喜地」、二名「離垢」、三名「發光」、四名「焰慧」、五名「難勝」、六名「現前」、七名「遠行」、八名「不動」、九名「善慧」、十名「法雲」。

28. 「等覺」，就是所證覺體與佛相等，又望於妙覺，猶有一等，故名「等覺」。

29. 《三藏法數・二十六》曰：「自覺覺他，覺行圓滿，不可思議，故名妙覺性。」

30. 《大方廣佛華嚴經》與《大佛頂首楞嚴經》中所列「十信位」的次序如下：一名「信心」、二名「念心」、三名「精進心」、四名「慧心」、五名「定心」、六名「不退心」、七名「護法心」、八名「回向心」、九名「戒心」、十名「願心」。

31. 見其所講述，《地藏菩薩本願經》，（分身集會品第二）。

32. 參閱方魁燦著，《審判宋七力分身》，頁81。

33. 宋七力所著，《法身顯相集》，頁414。

34. 《本尊道全集・道法自然》，頁9、10。

35. 《嘉泰普燈錄・卷十八》云：「問：『永嘉道，不見一法即如來，方得名為觀自在，此意如何？』曰：『獼猴弄藕膠。』云：『千江有水千江月。萬里無雲萬里天。』」

36. 參閱其所著，吳永宗等譯，《二十世紀法國思潮：從柏格森到萊維－施特勞斯》，頁 122－124。

37. 《本尊道全集・照見五蘊皆空》頁 1。

38. 《本尊道全集・照見五蘊皆空》，頁 15。

39. 「你指示我反求諸己，我在你引導下進入我的心靈，我所以能如此，是由於『你已成為我的助力』。我進入心靈後，我用我的靈魂的眼睛──雖則還是很模糊的──瞻望著，……永定之光。……誰認識真理，即認識這光；誰認識這光，也就認識永恆。」見其所著，周士良譯，《懺悔錄》，北京：商務印書館，1963 年，頁 126。

40. 「常隨眾」，意謂著恆久精進地「常隨佛學」；學習佛陀累劫求道的精神，從初發心，乃至成道說法度眾生，所有法行，悉願隨順修學；學習佛的身、口、意、慈悲、平等，生生世世努力不懈。宋七力稱呼始終跟隨他的信眾，依佛家用語為「常隨眾」。

41. 《本尊道全集・分身實相》，頁 9。

42. 《本尊道全集・放光救贖》，頁 15。

43. 楊惠南著，〈光明的追尋者──宋七力〉，頁 17。該文口頭發表於「第三屆國際探學會議」。

44. 宋七力著，《法身顯相集》，頁 383。

45. 宋七力著，《法身顯相集》，頁 389。

46. 宋七力著，《法身顯相集》，頁 81。

47. 宋七力著，《法身顯相集》，頁 398。

48. 宋七力著，《法身顯相集》，頁 413。

49. 宋七力著，《法身顯相集》，頁 392。

50. 《本尊道全集・實相見如來》，頁 2。

51. 宋七力著，《法身顯相集》，頁 405。

第六章 宋七力對「本心」思想義理實踐的詮釋

52. 宋七力著，《法身顯相集》，頁 382。

53. 宋七力著，《法身顯相集》，頁 399。

54. 《本尊道全集‧實用法身》，頁 11、12。

55. 《本尊道全集‧意識宇宙》，頁 1。

56. 《本尊道全集‧實用法身》，頁 13。

57. 見其所著，王玖興譯，《生存哲學》，上海：上海譯文出版社，2005 年，〈導言〉，頁 1。

58. 聖奧古斯丁就曾說過：「我到達了記憶的領域、記憶的殿廷，那裡是官覺對一切事物所感受而進獻的無數影像的府庫。凡官覺所能感受的，經過思想的增、損、潤飾後，未被遺忘所吸收掩埋的，都庋藏在其中，作為儲備。」見其所著，周士良譯，《懺悔錄》，頁 203。凱西爾著，甘陽譯，《人論》，頁 84 云：「記憶包含著一個認知和識別的過程，包含著一種非常複雜的觀念化過程。以前的印象不僅必須被重複，而且還必須被整理和定位，被歸在不同的時間瞬間上。如果不是把時間看做是一個一般框架——看做是一個包含了所有個別事件的連續次序，這樣一種定位就是不可能的。對時間的意識必然地包含著這樣一種連續的次序的概念。」

59. 見其所著，余中先譯，《上帝‧死亡和時間》，北京：三聯書店，1997 年，頁 2。

60. 見其所著，《困知紀》，北京：中華書局，1990 年，頁 16。

61. 見其所著，《中西哲學思想之比較論文集》，臺北：臺灣學生書局，1988 年，頁 103。

62. 見其所著，《中西哲學思想之比較論文集》，頁 128。

63. 牟宗三著，《心體與性體（三）》，臺北：正中書局公司，1990 年，頁 480-481。

64. 《本尊道全集‧以無住為本》，頁 7-8。

65. 見其所著，《生命的學問》，臺北：生智出版公司，1998 年，頁 71。

66. 參考巨克毅著，〈當代天人之學研究的新方向－反省與重建〉，載於《宗教哲學》，1996 年，第 2 卷，第 1 期，頁 2。

67. Benedict de Spinoza, ed. and trans. by R.H.M. Elwes, *Ethic : Including the Improvement of the Understanding*, New York : Prometheus Books, 1989, p.5.

68. 宋七力著,《宋七力「天人合一」境界實證‧自然之道》,頁 21。「宋七力事件」,正為他提供了一個契機,使其不必再通過那些外部的價值範疇來審視、規範自身,而是通過逼視其當下的境遇,領悟個體生存的本質,從而開拓屬於自身的精神空間。

69.《本尊道全集‧守明抱妃》,頁 22。

70.《本尊道全集‧照見五蘊皆空》,頁 40。

71.《中論‧觀涅槃品》主要以遮詮的方式破斥那些妄見,1.破斥涅槃落入一切法空（無）、諸法不空（有）二見 2.破斥涅槃落入有。3.破斥涅槃落入無。4.破斥涅槃落入亦有亦無。5.破斥涅槃落入非有非無。6.破斥涅槃落入屬於十四不可記中的四句。

72. 其所見著,《五十自述》,臺北:鵝湖出版社,1993 年,頁 188。

73. 裴休編,《黃檗斷際禪師宛陵錄》。

74. 黑格爾指出:「人能超出他的自然存在,即由於作為一個有自我意識的存在,區別於外部的自然界。」見其所著,賀麟譯,《小邏輯》,頁 92。

75.《本尊道全集‧唯識所現》,頁 3。

76.《本尊道全集‧唯識所現》,頁 5－6。

77.《本尊道全集‧天人合一》,頁 8。

78.《本尊道全集‧照見五蘊皆空》,頁 11。

79. 宋七力著,《宋七力「天人合一」境界實證》,頁 26。

80. 維特根斯坦著,陳啟偉譯,《邏輯哲學論及其他》,頁 5 曰:「凡是可說的東西,都可以明白地說,凡是不可說的東西,則必須對之沉默。」北京:商務印書館,2014 年。

81.《本尊道全集‧守元抱一》,頁 2。

82.《本尊道全集‧諸相非相》,頁 24。

83. 《本尊道全集・諸相非相》,頁 13。

84. 《本尊道全集・真如法身》,頁 11。

85. 《本尊道全集・意識宇宙》,頁 6。

86. 《本尊道全集・照見五蘊皆空》,頁 34-36。

87. 見其所著,曾育慧譯,《人的宗教:泰戈爾論文集》,頁 197。

88. 《本尊道全集・意識宇宙》,頁 5。

89. 《本尊道全集・照見五蘊皆空》頁 1。

90. 《本尊道全集・意識宇宙》,頁 6。

91. 《本尊道全集》〈莫若以明〉,頁 5。

92. 《本尊道全集・意識宇宙》,頁 6‐8。

93. 耶穌對眾人說:「我是世界的光。跟從我的,就不在黑暗裡走,必要得著生命的光。」(《約翰福音 8:12》)「耶和華是我的亮光,是我的拯救,我還怕誰呢?耶和華是我性命的避難所,我還懼誰呢?」(《詩篇 27:1》)「你的言語一解開就發出亮光,使愚人通達。」(《詩篇 119:130》)「神就是光,在他毫無黑暗。這是我們從主所聽見、又報給你們的信息。」(《約翰一書 1:5》)神說:「要有光,就有了光。」(《創世紀 1:3》)「各樣美善的恩賜和各樣全備的賞賜都是從上頭來的,從眾光之父那裡降下來的;在他並沒有改變,也沒有轉動的影兒。」(《雅各書 1:17》)「求你使你的臉光照僕人,憑你的慈愛拯救我。」(《詩篇 31:16》)

94. 《本尊道全集・照見五蘊皆空》,頁 7。

95. 宋七力著,《法身顯相集》,頁 165。

96. 《本尊道全集・照見五蘊皆空》,頁 17、18。

97. 《本尊道全集・照見五蘊皆空》,頁 13。

98. 《本尊道全集・純素之道》,頁 5。

99. 見其所著,周士良譯,《懺悔錄》,頁 177。

100. 見其所著，鄒進譯，《什麼是教育》，北京：三聯書店，1991 年，頁 12。

101. 見其所著，周林東譯，《創造力和直覺——一個物理學家對東西方的考察》，頁 49-50。

102. 《本尊道全集・照見五蘊皆空》，頁 10。

103. Wigner, Eugene P. *The problem of measurement*, American Journal of Physics, 1963, Vol. 31, pp.6-15.

104. 《本尊道全集・意識宇宙》，頁 1。

105. 《本尊道全集・意識宇宙》，頁 3。

106. 《本尊道全集・自性光明》，頁 15。

107. 這就是《莊子・人間世》所言的「古之至人，先存諸己，而後存諸人」的道理。

108. 所謂的「天人關係」，就如同黑爾德（Klaus Held）所說：「對象從來不是孤立地向我們顯現出來的，不如說，它們是在其意義中相互指引的。因此，它們總是在某個意義指引的網絡中，在某個『境域』（Horizont）中向我們照面的。諸境域通過它們之間的指引構成一個境域性的總體聯繫，即作為普遍境域的『世界』（Welt）。」見其所著，孫周興編，倪梁康等譯，《世界現象學》，北京：三聯書店，2003 年，頁 120。

109. 方東美著，孫智燊譯，《中國哲學精神及其發展》，共上下冊，臺北：黎明文化事業公司，2005 年，冊上，頁 312。。

第七章 宋七力對「本心」思想義理詮釋與實踐批判

　　從哲學本體論的高度而論，本章所謂的批判，並沒有否定、挑剔或貶抑的意思。批判不是目的，而是手段[1]。因為如果不能從理性和精神的更深層次批判宋七力的「本心」理論和實踐的結論，則對其論述和評析，以及其發展及各種問題的解決，就難免是膚淺、片面或空洞的。保羅・弗萊雷曾指出：「人是『意識的存在』（conscious beings），而批判意識是人最高層次的主體意識。如何喚醒人們沉睡的批判意識，既是教育的主要目的，也是人們獲取自由的必然途徑。」[2]波普爾亦認為：批判即是運用「理性討論」的方法，這是自然科學和哲學所共同使用的方法，它包含兩個方面：一是我們應盡可能澄清所要解決的問題，從而提出各種可能的解決辦法，二是我們應批判地檢驗所提出的各種解決辦法，盡可能對各種解決辦法予以批判、反駁，而不是努力為之辯護，因為只有這樣，討論才會富有成果，才能找到對問題的明確的解決辦法──儘管最後選擇的辦法本身仍是可以錯誤的[3]。

　　因此，「批判」是不可能從純粹認知的「順從」中產生的，它必須依靠主體的反抗和自由。批判理論的每個組成部分，皆應以對現存的秩序，沿著理論本身規定的路線與現存秩序作反思為前

提[4]。如果批判者沒有以對現實深刻的反思、還原和實證的經驗批判為前提，它就會喪失知識的客觀品格和尖銳照亮現實的精神鋒芒。霍克海墨對批判的精神有非常深刻的刻畫：「好心的人，想從批判理論中得出一些結論，以便採取革命政治行動。然而，並沒有什麼確定的方法去促成這一點。唯一放之四海而皆準的道理是：人們必須對自己的責任有深刻的洞察。在變化繁複的歷史環境下，不假思索地和教條地把批判理論運用於實踐，只能有助於批判理論旨在譴責的那個過程。」[5]福柯曾指出：今天的哲學活動，如果不是用以向它自己施加壓力的批評工作，那它又是什麼？若它只是努力於弄清楚如何，以及在何種程度上，才能以不同的方式思維去為早已知道的東西尋找理由，那麼，哲學的活動究竟有何意義[6]？

故作為現代的知識分子，「既不是調解者，也不是建立共識者，而是全身投注於批評意識，不願接受簡單的處方、現成的陳腔濫調」[7]。一言以蔽之，哲學批判就是充分暴露固有的現成的對象不可克服的限度，並從這種限度的自覺中形成對未來理想社會的哲學想像，它所呈現的內在超越精神，均最集中地體現了哲學最深層的價值歸宿和旨趣，那就是對生命的自由和豐富性的辯護。

總之，對傳統文化，乃至人類文明的深刻批判和痛切反思的偉大精神的表現，是對民族的精神歷史和人類的文明進程的關懷

所顯示的一種永不自滿的追求，是從對健全人性的觀照，以識別其異化狀態的存在[8]。因此，批判作為否定現狀和實現理想的活動，乃是人類所特有的活動方式[9]；「沒有批判理論就不會有真正的文化改變。我們必須有能力從現有的明智的抉擇中，對於未來的真正的可能性有所展望。」[10]作者同樣懷抱以上批判的精神對宋七力「本心」思想義理詮釋與實踐作全面的檢視，以明作者撰寫本論文的用心、關懷及期許。馮耀明云：「要學習西方人透過批判柏拉圖的方式來尊敬柏拉圖，對中國人來說，似乎仍是相當遙遠的事情。」[11]以下即分別申論之。

第一節　從宗教而言

雖然宗教可以說是人類精神文化的總匯，它曾經是科學、哲學、藝術得以萌生、發展的必然依托和條件[12]。但韋伯（Max Weber）曾指出：「宗教發展中有一段偉大的歷史過程，即自古希伯來預言家們開始，徹底消除世界上的魔力，獲得這種過程的邏輯結局，然後與希臘人的科學思想相融，將一切通過用魔法的手段來追求拯救的做法，都看作是迷信和罪惡。」[13]所謂「徹底消除世界上的魔力」，它在另一部著作《宗教與世界》之中有更明確的論述，韋伯指出宗教隨著理性化越益發展，已被歸類為非理性的領域。他又以為：

這裡含有一層意義,即這樣的知識或信念:只要人們想知道,他任何時候都能夠知道;從原則上說,再也沒有什麼神祕莫測、無法計算的力量在起作用,人們可以通過計算掌握一切。而這就意味著為世界除魅。人們不必再像相信這種神祕力量存在的野蠻人那樣,誤了控制或祈求神靈而求助於魔法。技術和計算在發揮著這樣的功效,而這比任何其他事情更明確地意味著理智化[14]。

他們到底需要什麼樣的精神來守護人生中生命的價值?此答案已成為現代文明人極須解決的課題。在韋伯的論述中,「除魅」一詞,意指使世界解除神祕論與巫術的過程,由於自然與世界的神聖化也逐漸被解除,而為人所可以管理的,故此,不僅對超越嚮往的減弱,教會的力量也逐漸遞降,並且在社會、法律及各種制度的營運上,宗教慢慢地失去影響力,造成所謂的宗教危機[15]。換言之,所謂「除魅」,指的是世界中所有物質皆不具有靈性,社會開始以機械式觀點來看待有機體的宇宙,因此,人類開始以自身的力量去創建自己躬逢時代的秩序及自我存在的深層意義,並將宇宙中所有一切視為客體,從而加以操弄。

由以上所言,可見人類從充滿靈性滲透的知覺中,進到另一充滿規範倫理與秩序框架的世界,這是一個漸進的社會階段。美國著名社會學家與宗教社會學家彼得‧貝克爾(Peter L. Berger)(

又譯作伯格）大體上認同韋伯所謂的「除魅」化,但他以「世俗化」一詞代表這個過程。他明確地陳述「世俗化」的定義:「我們所謂世俗化意指這樣一種過程,通過這種過程,社會和文化的一些部分擺脫了宗教制度和宗教象徵的控制。」[16]。然而,他的思考並不止於「除魅」或「世俗化」的討論,同時指出宗教被削弱後人類將會付出什麼的代價。他認為撇開宗教本身的合理性和真實性不談,它本身有其獨特的功能。那就是對人生事務加以解釋,使人生經歷苦痛和罪惡具有意義的說法[17]。現代社會威脅到宗教的合理性,可是人類生老病死的苦痛仍需要面對,人類仍有被宗教安撫的需要[18]。就像雅斯貝爾斯所指出,近幾世紀的歷史似乎提供了我們一個深刻的教訓,那就是宗教的衰敗使一切都改變了。權威喪失了權威,例外已不成為例外。所以似乎一切都會令人質疑,一切都靠不住了。再也沒有無條件的絕對了,那就是:沒有什麼東西是真實無妄的,任何東西都無所不可。由於人再也找不到根據,無復安身立命之所,就滋長出悲觀與絕望。宗教已完全沒有力量。它現在就像是一個金玉其外,敗絮其中的東西,只要一遇到打擊,就毫無還手之力而土崩瓦解。但奇怪的是,當它自身崩潰的時候,打擊宗教者反而彷彿受到了什麼邪魔妖法,也同時隨之一起歸於盡滅[19]。

尼采宣告「上帝死了」,福柯因而大膽地預言:「人將被抹去,

如同大海邊沙地上的一張臉。」[20]上帝死亡，社會進入徹底的世俗世界中，許多人已無法清楚地認識宗教和藝術中的精神，故人的精神也幾乎銷聲匿跡[21]。精神的銷聲匿跡，表面的意思好像就是「無神」，但其深層意味是人崇高境界的沒落。

據以上所言，可知隨著宗教傳統精神的式微，理性意識的突顯，人在世俗世界中無從立刻尋覓到傳統社會曾有的人生歸屬感，及對生命價值超越性的嚮往。故唐君毅認為，人文精神非但不能排斥宗教，而且必須承認宗教的必要性，此宗教可以是有神、有靈而求人的皈依信仰者，亦可以是有聖人、有大人做理想的人格典範，而求人之相信自己亦能成為聖人、大人，且若依人文主義的立場而言，自當以成聖、成賢的宗教為是[22]。

當今的世界，人被現代化的異化壓迫得喘不過氣來，並已陷入外部環境日趨惡化和內心空虛、煩悶、恐懼等雙重壓力中，這是一種無限外向索取而不知回歸人本身的思維異化[23]。此時此刻，就有必要期待「宗教的回歸」。這種期待，在於永久地凝望一種超越而又真切的境界。德里達（Jacques Derrida）說，我們現在止步於「最無序、最易變成無序的地點它不是島嶼，也不是應許之地，而是荒漠——不是啟示的荒漠，而是荒漠中的荒漠。」[24]因此，宗教的回歸，是人在「本心」的迷途中，及在每下愈況的塵世中出現的覺醒和轉向。故伯格以為，人之需要宗教，在於「**充滿苦難和最終之死亡的人類狀況**

第七章 宋七力對「本心」思想義理詮釋與實踐批判

需要解釋，不僅能從理論上令人滿意，而且能在面臨苦難和死亡的危機時給予內心支持的解釋。」[25]懷海特亦認為宗教對人生有正面的效用，因為宗教是淨化內在心靈的信仰。他再指出：「就其理論這方面而言，宗教是一個普遍的真理系統，當它被誠摯地把握及生動地了解時，即具有轉化個性的能力。」[26]

尤其重要的是，宗教情感的昇華，不僅彰顯的是對道德境界的希冀提升、對美好理想的熱切期盼，而且也是現實人生的人文關懷、人類生存的終極關切。湯因比（Arnold Toynbee）等則以為，宗教在對人生的態度方面，可以鼓舞人戰勝人生中各種艱難的信念。這也就是宗教對於宇宙的神祕性，和人在其中發揮作用的艱難性根本問題上，為我們提供精神上滿意答案，並在人類生存中，給予實際的教訓和規戒，由此鼓舞人去戰勝人生征途上的所有困難[27]。鄭志明即曰：

> 宗教是人類歷史最悠久的精神文明，與生命相互成長的精神體系，也是與人類生命共同成長下的文化內涵。它是人類最深層的心性價值系統，也就是人們心靈的寄託、依靠[28]。

因此，宗教莫大的價值及對人精神影響之巨大，實昭然若揭，若缺少了宗教，世界將會變成物欲橫流的精神沙漠，人將會

失去前進的原始動力；幸福、美好和歡樂也將離我們而去。正因為宗教浸染著倫理的要素，康波斯塔（Dario Composta）才點出，在歷史上，所有的宗教都教導世人一套道德。真正的道德都帶有宗教性[29]。故宗教是一種社會性的心智活動，它的客觀性不是來自物件的客觀性，是來自全體的社會實在本身。是以宗教為每個具體的人提供了更豐盛而美好的生命，使每個人都能形成對於世界構造的認識[30]，就這一點來說，宗教認識與科學認識並無多大差別。宗教總是試圖用理智的語言來轉述實在，它本質上與科學所採用的方式並無不同之處，兩者都企圖將事物聯繫起來，建立它們的內部關係，並將之分類，使之系統化，我們甚至已經看到，科學邏輯的基本觀念是起源於宗教的[31]。

黑格爾對宗教的措辭是最佳的註腳：「信仰在這裡不是，而且根本不是同知對立的，反之，信仰寧可說就是一種知，前者只是後者的一種特殊的形式。」[32]質言之，只要是基於人類本性的社會存在，宗教就無所不在，只要文明延續，宗教便會永遠發揮凝聚的作用。故其本質不是不可觸碰和難以捉摸的神靈、不是未知的恐懼、不是上帝的觀念，亦不是純粹的幻想；宗教埋藏在一切社會生活，乃至人性的深處。在人的心靈需要滿足及安頓時，「宗教回歸」，實勢所難免。在西美爾看來：

作為靈魂的現實性，宗教也不是已經完成的東西，不是固定不變的

實體,而是一個生機勃勃的過程;雖然一切傳統內容牢不可破,每個靈魂、每個歷史瞬間還是必須獨自創造出這樣的過程來;宗教的活力和核心就在於,現有宗教不斷進入感情之流,情感活動又必須不停地重新塑造現有宗教[33]。

按照以上的理解,個體內在的宗教性是不會消亡的,它也會持續地創造出客觀的宗教文化。宗教的社會功能在於提供社會整合的形式,把多種不同的宗教因素相互連結、同甘共苦,也就是通過個體與某種超越體的聯繫,克服人自利性,賦予人的存在意義和價值,並且使特定整合群體內的人際關係和睦、融洽,形成穩定社會內在的秩序。他說:

要求彌補零散的此在,要求調和人自身中以及人與人之間的矛盾,要求替我們周圍一切飄忽不定之物找到可靠的基點,到嚴酷的生命之中和之後尋求正義,到生命紛雜的多元性之中和之外尋求整合性,對我們恭順以及幸福衝動的絕對物件的需要等等,所有這一切都孕育了超驗觀念[34]。

宗教充分地表達的整合作用是一種以超驗精神施加的整合,它使個體與他人在精神上連接起來。它是社會整合性的絕對而純粹的形式。西美爾對宗教的社會功能確有遠見卓識。其實,宗教

絕不屬於純粹的觀念範疇，所有參與宗教生活中的人，都是現實中的人，只不過他們由此產生的心理、激情和觀念，都在一種神聖存在的支配和傳播下得以生成。人的歸宿既不是純粹地對宋七力的崇拜，也不是他允諾的「天人合一」境界，而是由理性和想像力構思的[35]、適合這個世界某些崇高計畫的實現。人在行動時的動向，源於個人自由地選擇自己喜好的內容，而個人自我的超越的方式，由其「理想自我」與「事實自我」的互動來決定。兩者的互動將產生新的需要和方向，而需要是獨立理性發展的動力，在對象一旦呈現時，它即立刻加以回應。獨立理性不斷地自我超越，以期達到自訂的最高理想。故人的宗教實踐，源自於獨立理性的主動意願，並非由宋七力或其他主宰所支配。康德在《純粹理性批判》即說：

> 我們的時代是真正的批判時代，一切都必須經受批判。通常，宗教憑藉其神聖性，而立法憑藉其權威，想要逃脫批判，但這樣一來，它們就激起了對自身的正當的懷疑，並無法要求別人不加偽飾的敬重。理性只會把這種敬重給予那經受住它的自由而公開的檢驗的事物[36]。

宗教就是社會的反映，因此，宗教的複雜性，實際上也反映社會的複雜性。宗教只是社會生活的特例而已，因此，宗教也會有社會的整合作用。一定的宗教維繫著該類社會的群體，我們保

留宗教,實際上就是在尊重一部分群體的理念和生活方式。我們允許宗教活動的進行,就是允許陳舊的社會體系對於群體的調適作用,只要達到整合目的,或者說社會團體的目的,各類方式都值得去尊重。我們以穩定的腳步向前發展,因而需要把宗教逐步地引進我們人生的軌道上。我們不去否定宗教,就是不否定我們過往的社會形式,不否認我們曾經擁有過的文明,一旦否認,就會造成我們認識上的混亂和精神價值的衝突。當然,這一切的前提都要我們穩定地向前邁進,同時將「本心」按部就班地導入我們的人生軌道上。但宗教學者杜瑞普(Louis Dupre)提醒世人說:

> 現代人的生活具有多面性,並且各自獨立發展,宗教信仰對於這種發展有何貢獻,尚在待考之中。然而,相信上帝存在對於一個人來說,既不能增進他的科學知識,也不能銳化他的商業判斷,更不能提升他的哲學感悟。從另一方面看來,宗教又不能僅僅作為人生的許多側面之一;只要它不再對全盤人生潛移默化,它就難免沒落到可有可無的境地。[37]

這是一個值得思考的問題。宋七力體會到「除魅」化的階段已結束,「宗教回歸」實為現今世局燃眉之急!目前許多宗教以組織化,現在已經流於形式,失去了宗教本來特具的精神,也缺乏

整合的能力。宋七力的「本心」思想卻掌握宗教的精髓及精神，表現強大的整合能力，可說是臺灣現代民間傳統最有包容性的宗教之一。宋七力唱言「人人皆有法性」，並可成道；又勸人向道，更強調「本心」的重要性，因為它乃開啟分身與放光的關鍵，若人人凡事皆以「本心」為重，則人人皆能擁有「愛人如己」、「人溺己溺」的精神，如此，社會必能一片祥和。特別重要的是，他為人們的現世，擬出一個「淨土」，它是通向精神領域的大門。凡是相信者即可進入其中，且都可以開啟自己的「本心」，因而獲得生命的提升，邁入一個永恆的世界，在這裡，人人皆可免於遭受現世的一切普遍而無法避免的傷痛，尤其是死亡！

進一步而言，人在宗教的天國這一幻想中尋找超人，結果找到的，只是他自身的反映，於是，「**他就再也不想在他正在尋找和應當尋找自己的真正現實性的地方，只去尋找他自身的映像，只去尋找非人了**」[38]。一旦人認識到了這一點，人的世俗存在就否定了人間宗教的存在，也正在此時，宋七力也開始在世俗的生活中去把握人的「本心」和顯現人的「本心」。他從現實的人之存在入手，把人看作是現實性的存在，認為只有在對「本心」真切地覺醒中才能理解人的「本心」和實現人的「本心」。換言之，對人的現實的覺醒必須由「本心」來完成，人的「本心」覺醒的維度也就能在「分身」中充分實現出來，信眾在體驗、實證「自見其身」中，便能親身「對看」到人存在的一切現實，也充分地突顯了人永恆的「本心」

。

總而言之,宋七力的「本心」思想和「分身」在生命連續性方面是功不可沒的,而且在整合人生的無常和法性常駐、短暫和永恆、現世和來世方面,亦居功至偉。

若我們僅僅在理論上熟悉或把握一種宗教概念或內涵,那麼,我們也無法恰當理解宗教之為宗教,以及不同文明傳統所可能存在的宗教向度[39]。在今天的人類學任何一個領域,都不可能存在一個真正的一致意見。在用來討論原始宗教的所有詞彙中,沒有哪一個詞彙的定義沒有爭議性。這種情況決定了沒有任何研究取向可作為絕對的「權威」[40]。

然而,由於全球的宗教信仰數不勝數,而各教派不論在信仰對象、儀式、教規、義理、密契經驗、規模等皆不雷同,局限在所難免。其實,體證超越的進路是多元的,這些進路即形成多元的宗教。各大宗教的體證,自然會在信仰的熱情下從事判教的工作,但在多元的宗教中,判教應不單判定彼此的差異或真假,而在於促進各大宗教的溝通與對話,同時藉此反思如何使自己的宗教信仰系統更趨完善。故以誠信及虛偽的觀念代替真與假,是建立多元宗教最重要的一步,因為宗教若一味講求真與假,就必然以自己的宗教為真,而以異於自己的宗教者為假,如此難免將宗教導向極端的排他。多元宗教便無法取得共識,更遑論共存了。

法身觀

約翰希克說：

> 世界各大宗教都是人類對超越的同一終極實在的不同回應。與我們人類宗教本性的交合中，產生了作為宗教崇拜的位元格對象——諸神和作為默觀對象的非位元格的絕對者，它們都存在於實在者與人類心靈的交會處，實在者本身既超出了我們人類的概念系統，但又是我們存在的普遍在場根基。宗教多元主義這一名稱指的是這樣一種觀念[41]。

約翰希克又指出：作為塑造人的幾種主要文化方式的世界各大信仰，體現了對實在者或終極者從自我知覺過程和相應的概念回應中趨向實在的轉變，而人明顯地能夠觀察到幾乎同樣發生的過程，因此，可以把各大宗教的傳統，看作可供選擇的救贖解脫、覺悟或圓滿[42]。

但時至今天，宗教世界已不再是一個共在共有、互助互資的和諧整體，這種理想中的和諧從未真正實現過，而是某一個宗教自以為是地手握各種權利的單一團體來全面對抗世間所有其他的宗教。這樣的矛盾和衝突，就像「『共有的太陽』落山了，只有『人們各自為自己點亮的燈光』照耀著黑暗。」[43]在此黑暗中，終究還是將社會結構和整個世界帶向一片荒蕪、無聊、混亂、孤獨的險境。因

此,促進宗教的和平與宗教對人類生存問題的關懷,是二十一世紀人類的重要使命之一。哈貝馬斯對當代社會中,宗教公民和世俗公民兩者提出了「互補的學習過程」。這種學習過程包含了狹義和廣義兩個層面。狹義的學習過程要求在其間能夠進行相互學習,瞭解彼此的立場和訴求。這種學習過程之所以是「互補的」,因為它不同於以往的世俗主義,不僅向宗教一方提出不對等的負擔。哈貝馬斯對雙方都提出了規範性的要求:「世俗的公民就其擔當國民的角色而言,既不應從根本上否定宗教的世界圖式的潛在的真理性,也不應剝奪有信仰的公民同伴用宗教的語言參與公共討論的權利。」[44]

另一方面,有宗教信仰的公民必須意識到他們處在一個多元觀的世界中,他們自己所持有的世界觀僅是多種世界觀中的一種。狄爾泰(Wilhelm Dilthey)對世界觀類型即有所說明,每一種世界觀都取決於具體的歷史條件,所以是有限的和相對的。不同類型的世界觀都是相互並行不悖的[45]。不同的文明共處於同一個人間世中,猶如康德所謂「森林中的樹木一般」,他曰:「正是由於每一株都力求攫取別的樹木的空氣和陽光,於是就迫使得彼此雙方都要超越對方去尋求,並獲得美麗挺直的姿態那樣,反之,那些在自由的狀態之中彼此隔離而任意在滋蔓著自己枝葉的樹木,便會生長得殘缺、佝僂而又彎曲。」[46]如果由多元文明構築的世界歷史秩序,完全被某一種文明同質化,無異於

將一大片的森林變成一顆獨木。文明之間的共存雖然有無數次大小的競爭、衝突，但更有交流與融通，兩者並存的張力，在正面的意義上體現了文明的共榮機制[47]。因此，宗教公民必須學會與現代科學和世俗國家互相協調[48]。

此外，黑格爾指出宗教對國家所做成的難題。其一，宗教認為，只要保持一顆虔誠的「宗教心」，就能把握宗教的真理。是以教會以宗教虔誠為幌子，號稱國家法律只是針對普通人的，不是針對有「宗教心」的善人，所以只要你虔誠，就不應該在法律的管轄範圍之內，你就可以為所欲為。在黑格爾看來，這其實只是以「宗教」的名義，聽任自己的任性和激情，逃避國家法律的責任。其二，出於宗教的傲慢，放棄對於「真理」的認識。在我們的時代中，宗教被擺佈成一種論戰式的虔誠，不論這種論戰是否與真理的需要相同，或是僅僅與未獲得滿足的虛榮相同，總之，這些都不是力量而是軟弱的表現。人不下一番研究工夫來克制自己的意見和培養自己的意志，使之受紀律支配，並由此把它提高到自願服從，而竟然去找尋最便宜的做法，即放棄對客觀真理的認識。宗教以自身的傲慢，放棄了真理，卻不放棄以宗教態度來評判一切的立場，由此，他們肆意評判國家制度和法律本性，並且自以為，一切意圖和主張既然都以宗教為基礎，就不能以為他們是膚淺或不正直而加以指責[49]。這是試圖以宗教態度代替國家制度，以自身的膚淺來盲目地指責國家。其三，出於宗教的狂熱，

招致國家動盪不安。在黑格爾看來，國家是一種「精神」的現實，它的原則必須在現實的機制中分化出來，在國家範圍內各行其道，各司其職。

但宗教是一個內外相連的「整體性精神」，如果以宗教這個整體來運行於國家的一切中，那麼它勢必要求每一特殊物都來體現這個「整體」，而這只有通過破壞「特殊物」才能奏效。由此，它會排斥國家的一切具體制度和設施、破壞法律秩序、排斥社會的一切。黑格爾強調，這將是一種狂熱。因為「狂熱」不會讓「特殊差別」在整體中自行發展，它不能容忍在現代國家中被肯定下來的各種特殊利益，所以一定是要把它毀滅。「宗教狂熱」的危險，在於它不只是一種內在的情緒和觀點，還要轉向現實，要求在現實中把自己實現出來，這終將導致國家的動盪與顛覆。因此，他堅決地主張：「宗教本身不應成為統治者。」[50]黑格爾所言，確為洞見。若我們不想被自己個人的信仰做成國家的難題，則其言確值得再三玩味、深思熟慮。

第二節　從密契經驗而言

密契主義是英文"mysticism"的翻譯，它一般被譯為「神祕主義」，然而「神祕」一詞帶有隱藏的、不理性的及不可討論的意

思，易於給人一種非理性宗教狂熱的印象。為避免這字面上帶來的誤解，沈清松將之翻譯為「密契主義」，他認為這比「神祕主義」不但在語音方面近似，而且在語意上亦較切近"mysticism"，能揭示與終極實在密相契合之意[51]。密契在希臘的本意是指在古時，神祕教派向新成員傳達道理的事情，它是宗教領域中深刻而神祕的內心體驗，也可說是內心與神超乎尋常結合的任何形式，故它既特別，又與一般人的生活經驗迥異[52]，常常被局限於形容特殊及純屬私人的忘我狀態[53]。但大部分的信徒或群眾大多不曾達到這種狀態，因而易於導致負評[54]。

其實，假使仔細地從宗教的內容來看，宗教觀念則不應光歸結為對超自然物的信仰，同時也表現為非人格的超自然現象的信仰，以及對各種自然現象之間那些超自然聯繫的信仰[55]。美國宗教學者坎特韋爾‧史密斯（Wilfred Cantwell Smith）說：「不論是一般性的宗教還是任何一種特定的宗教，其本身都不是一個可以加以概念性地理解的實在，也不是學者或信仰者予以探究或關注的有效物件。」[56]史蒂斯（W. T. Stace）即指出：

> 「密契主義」一詞是一個不幸的字彙，它給人聯想到的是模糊不清、糊塗不明的思想。它同時也令人聯想到神祕詭異、江湖騙術。它也時常和宗教聯結在一起，許多學說及哲學家對此特殊的宗教詞語

一向有成見，即討厭它[57]。

據上述所言，吾人就可以為宋七力對「本心」的實踐——「放光」和「分身」之所以備受世人異樣的目光，找到一些適當的理由。威廉‧詹姆斯（William James）提到「宗教經驗」與他強調與「密契的意識狀態」相關。他說：「個人的宗教經驗是以密契的意識狀態（mystical states of consciousness）為其根基與中心。」[58]而所謂「密契」的經驗，他以四個特性加以界定，即：一、不可言說（Ineffability）：「密契」經驗的內容無法以適當的語言來表達。二、知悟性（noeticquality）：「密契」經驗是一種對某種事物透徹地觀察後所得出的深刻理解、啟示，雖然無法言傳，但充滿意義和重要性，通常對於未來還帶著一種奇特的權威感。三、頃現性（Transiency）：神祕狀態無法維持很久。當經驗消退時，只剩下模糊的記憶，但當它再度發生時，卻可以被認出來。四、被動性（Passivity）：雖然密契狀態的來臨可以經由預備性的刻意操作來激發，但當這種特別的意識來臨時，密契主義者會覺得自己的意志好像中止一樣，而且有時候真切地覺得好像有個更高的力量將他握住[59]。

以上四個特性的界定，大抵能說明宗教經驗的特性，亦能明確地指出密契經驗的特質，實有助於進一步了解宋七力放光及分身的密契經驗。

在中西哲學史上，有許多哲學家，例如柏羅丁（Plotinus）、聖奧古斯丁（Saint Augustine）、筆名迪奧尼修斯（Pseudo-Dionysius）、埃里傑納（Duns Scotus Erigena）、聖多瑪斯（St. Thomas Aquinas），還有孔子、老子、莊子等等，都曾經有過超越表象的密契經驗，或是曾經討論過密契經驗，也因此，密契經驗與哲學的相容性大體上可由他們獲得例證[60]。哲學對密契經驗的探討也曾擴大理性的範圍，因而使理性概念不會流於偏狹或封閉，不必把哲學理性或密契經驗相互對立，拘泥於區辨「哲學」是理性的而「密契經驗」是非理性的。相反的，密契經驗也是有意義的、可以理解的，這樣的肯定本身，亦擴大了理性的性質與範圍。故密契經驗是一種超越表象，融入神聖真實的經驗，但此經驗本身並不排斥表象，相反的，無論在密契經驗之前或之後，皆可經由表象而與一般經驗相媒介。破壞表象、否定表象，只突顯了密契經驗超越表象的一面，並不因此就證成密契經驗排斥表象的論點[61]。

換言之，宋七力可經由「分身」而超越表象，直趨真實，亦可經由象徵性表象，表現「本心」真實的豐富內涵。可見密契經驗與廣義的理性作用是相合的，也因此是一種理性的經驗，而不是非理性的，況且密契經驗也因此可與日常生活經驗相互結合，而雙方沒有排斥性。理解和非理解並不是對立的，而是人發現密契的過程。人反省自己所有的經驗，發現每一個經驗因自我的主

體能環環相扣,並在評估中找到其意義。如此一來,一個未明瞭的行動,它雖然還沒有清晰的知識作為反省的基礎,但亦是人有限和無限的媒介,也形成人生的整合。它比反省的範圍更廣、更深,因為人不能完全表明他所體驗到的。可是這並不在於表達方式和能力的限度,而主要在於無論人如何表明,都必需將生活「定下來」,及將之「對象化」,但也因此失去其活力和與其根源的聯繫,這就是人和密契溝通的重要管道之一[62]。人對「無限者」或「超驗」的渴求、不是「理性的誤推」或錯覺,而是使人一切意識活動成為可能的先驗根據[63]。按照史華茲(Benjamin Schwartz)的看法,神祕主義的精髓在於「靈智(gnosis)概念」。「靈智」可以令人獲得一種特殊的知識,這種特殊知識之所以特殊,就在於它可以直接把握終極的「實在」(Reality),這個「實在」無法用言語溝通,但卻是人類所有的來源,正由於這一點,令神祕主義在某個意義上獲得了宗教的外觀[64]。是以人不應追問自己是否能認知宋七力「分身」和「放光」的真實存在,而應追問人如何認知宋七力「分身」和「放光」的真實存在,因為人的認知總是朝向存在界和形上境域開放的。無論如何,就如黑格爾指出:「現實性呈現於人們意識面前,最初大都是採取偶然性的形式。」「但偶然事物僅是現實事物的片面形式。科學,特別是哲學的任務,……在於從偶然性的假象中去認識潛蘊著的必然性。」[65]

也就是說，密契經驗是理性活動的深化，而非相反理性。它應是日常經驗的延伸，且終需返回日常生活。密契經驗亦可成為人在生活過程中自我瞭解的形式之一，它不但不可以與理性相反，及以違反日常生活來困惑世人，反而應以深化、聖化，並以拓展人的「本心」為目的。事實上，這正是平常人的日常意識的狀態。所有對宋七力「分身」和「放光」存在的證明，都顯示出人對密契經驗相關的尋覓，但他們之所以會呈現問題，乃因為這些經驗皆無法完全滿足人心對超自然的肯定。無論反對或肯定其存在，這都是人本有的精神活動[66]。

除非人放棄精神，不然他不能完全封閉自己。那麼，人生無論在日常生活或在特殊的境況中，總有某一種密契的經驗。問題是他是否能意識到，並在反省中加以分辨，並評估之。若不肯定宋七力的「分身」和「放光」這類密契的經驗，則無法充分理解人、自我與自然的關係，更難以解釋這三者奧妙的關係，也無法對整體宇宙有嶄新的認知模式。愛因斯坦說：

我們最美麗的經驗就是在真正藝術和科學的搖籃中最基礎的情感。對某種我們不能參透的存有的知識，對最深刻的理性與及最輝煌美麗彰顯的知識，就是奧祕的經驗（the experience of mystery）。

威廉‧詹姆斯曾描繪，密契狀態是對於推論的理智所無法探

測之深刻真理的洞悟。它雖然無法言傳,但充滿意義與重要性,通常對於未來還帶著一種奇特的權威感。當我獨自走在海邊時,這些解放與調和的思潮向我蜂擁而來;現在,又一次,就像很久以前在道菲納的阿爾卑斯山,我有一股跪下來的衝動,這一次則是跪在無邊無際的海洋、無限的象徵之前。我以前所未有的方式祈禱,現在才知道真正的祈禱是什麼:就是從獨我的孤寂,回歸到與萬有合一的意識,跪下時猶如死者,起身時已如不朽的人。陸地、天空與海洋共鳴,彷彿是一首圍繞世界的大協奏曲。這就像所有以往的偉人在我周圍合唱[67]。故密契經驗絕非是「見仁見智」或「信者恆信之,不信者恆不信之」的問題。方東美即坦言:

> 從有限世界如何體驗一種無窮境界,在那無窮境界中,人好像成了無限止的生存,完全失落在無窮世界中;然後從這裡發現具體有限的生命不能適應那無窮的領域,再發現自己是有限的,污穢的、不純潔的、有罪惡的;最後再設法由罪惡逃離,由有限、污穢、不潔、有罪的世界中逃離,發展出一個神怪世界,在其中探討生命的意義與價值。這種都是宗教上神祕經驗的事,而不是理性上的理性考量,不是只講哲學就能辦到的[68]。

由此觀之,密契經驗就是宋七力對「本心」實在性精神的完

全佔有。他的「分身」和「放光」是延長人密契的視野（Horizon），是發現人的有限相逢於無限中，他力求能突破人間種種外在現象的限制，希望能達到永恆的、莊嚴的、神聖的生命境界。

如此，「分身」和「放光」的密契經驗在自我通傳和啟發中，顯現為人活下去的泉源，其神聖的光輝，使人原來在尋覓中無法尋獲的答案得以解開，人因此能在信仰中使絕望轉化為希望。然而，與超經驗的親近或相交是奧祕的，因為人看不見、聽不到，它是形而上的[69]，但經常被提醒它是存在的、能採信的[70]。而且由於密契經驗的「頃現性」、「被動性」，人不可能永遠停留其中，只能一直生活在非本真的狀態中，在對返回「本真」的絕望中逐漸喪失了對本真的記憶。

因此，馬丁·布伯（Martin Buber）云：「人無『祂』不可生存，但僅靠『祂』則生存者不復為人。」[71]人在密契經驗中可以在某種程度上與「本心」結合，但這種結合並不徹底，因為能有密契經驗者（分身與放光者），仍然可透過更高深的修行及體悟而臻於更高層次的結合。何況人與「本心」結合的經驗不能在現世間不輟地延續下去，密契經驗過後，人仍須回到群體內過其日常的生活。

換言之，人在世時的密契經驗中，依然未能完全達到目標。因為現世的形軀屢屢阻礙人與「本心」徹底地結合。因此，宗教

經驗本身有著諸多問題，就密契經驗的性質而言，它是一個私人的經驗，短暫易逝且不常發生，從而無法證實。即便有群體崇拜、禱告或狂喜等現象，恐怕也很難推斷群體中的每一個人所經驗到的皆是同一個客體，如何由個人主觀經驗推知宗教經驗客體的存在？又如何可知該經驗客體某種超越的存在？

即使宗教經驗是真實的，論者對於宗教經驗是否具有共同內核又有不同意見，即令使用同樣的術語來描述或報告密契經驗，這些術語也未必具有相同的涵義，因為語言的使用總是脈絡性的，其意義總在脈絡之中產生，故無法保證確認它所描述、指涉的對象物的性質。

故各宗教傳統的密契經驗的內容也是不一樣的。比如，印度教徒的「梵」的經驗與基督教徒對於上帝的經驗之間就有相異。但是我們相信，越是清醒就越能夠清楚地說明的密契經驗，對於人格的成長與統合，就越有助益，同時能夠幫助人去認識密契經驗與普遍人性，乃至存有的本真呈現的關係，是以密契經驗雖然看起來是個人的經驗，屬於私人領域，但亦能夠具有公共性，甚至引導人走出文化的困境，開啟新天地的先知性來源。

第三節　從信仰而言

　　蒂利希（Paul Tillich）[72]將人的信仰稱為「冒不確定的險」、「終極關懷」[73]，信仰是無限的，有限者的理智永遠無法直接去經驗或證實它，因此信仰永遠不能像科學和邏輯那樣確定，但信仰需要勇氣，人要成為他所要成就的狀況，便要有存在的勇氣，而勇氣就是不顧非存在這一事實，而對存在進行自我的肯定[74]。人在本性上不能沒有信仰和追求，他必須為自己設定一個為之終身奉獻的目標，可是科學始終無法給人生信仰的定位。當上帝不復存在，維繫人精神的凝聚力逐漸減退、削弱，超越性的精神力量不得不讓位給現代性的物化力量。然而，信仰並不單指宗教而言，對倫理、藝術、文化等本身的價值亦具有強烈的信仰，並且加以肯定。這種強烈的信仰和存在的認可，決定人的行為態度，這種行為態度不計較功能和效用[75]。詹姆斯則深信宗教信仰可強化人生的「奮發心態」（strenuous mood），他說：

> 究竟我們相信這世界裡只有一些有限的要求者，還是相信有一位無限的要求者，會令我們對具體的苦罪的態度完全不同。若是後者，我們為了那一位無限的要求者的緣故，可以喜樂地面對悲劇。在那些有宗教信仰的人裡面，各種能量、忍耐力、勇氣和處理人生苦罪的能力，都被釋放出來[76]。

第七章 宋七力對「本心」思想義理詮釋與實踐批判

　　如此一來，有自我犧牲精神的道德抉擇也成為可能。信仰為道德奮鬥開展了無限的空間，使道德能量的刺激力提升至極限。假使道德奮鬥好比演奏音樂，有神的世界則擁有無限的音域。故道德理想的要求顯得有嶄新的客觀性和重要性，它所奏出的音樂也顯得有滲透性、粉碎的能力和帶悲劇味道的挑戰性[77]。故信仰不但並非在對人性的壓制，反而可使人性完全發揮，因為對超越的信仰為自我轉化提供了基礎，且開拓無限的空間。宗教信念的確立，將為人的心境帶來持久的寧靜，也正是這種寧靜心境的形成，給重建人間樂土成為可能。

　　以傳統的中國而言，就是對神廟，祠堂的信仰。宗教信念維繫了凡人跟神聖的交流，滿足了人心靈中神聖維度的需求，而宗族的祠堂，則維繫了人與人間血親倫理的關係。通過神廟，人覺得自己的生命跟自然，跟生命投放的客觀環境，與底下的土地血肉緊緊地相聯。通過祠堂，人能感覺到自己生命的周圍皆是自己的血親、手足，與自己的生命有休戚與共的關係。生活在有神廟及祠堂的環境中，人人永遠都不會感到孤獨、寂寥、無助。尤其是，世人對冥界的信仰必須存在，這好讓陰陽兩界能在淼淼幽光之中相會、呼喚、傾訴、擁抱。愛必須有一個出口，真正的死亡把出口堵住了，但信仰打開了一個空隙，讓愛一點一滴地流淌而出，即使只有如夢、如幻、如詩的片刻、似真還假，也能療幾寸傷、止幾分痛。

可惜的是，世俗化的趨勢給我們這個時代造就了大批沒有任何信仰的人。西方宗教傳統的危機正是道德危機的前提和表徵。薩特也認為：「上帝不存在是一個極端尷尬的事情，因為隨著上帝的消失，一切能在理性天堂內找到價值的可能性都消失了。」[78]追溯道德哲學崎嶇而艱辛的尋根之路，啟蒙學者帶著理性的光輝與智慧推翻了宗教倫理的絕對命令，將理性置於道德哲學的至善世界中。但隨著對沒有幸福社會的真實感受，人終於坐立不安，對未來的人生灰心喪志。換言之，傳統形而上學的理念論與宗教的彼岸信仰雖然共同維繫了一個道德世界，而人在歡呼雀躍的同時，卻忽視了現實生活的混亂、冷漠、與虛無[79]，而對有心人艱辛地建立的道德世界加以破壞與粉碎；在求善或是抑惡的徘徊與彷徨中，受驅逐和詛咒的歪風與險惡，又重新回到人的世界，甚且變本加厲。田立克即云：

> 信仰是一個發自整體人格的集中式行為，其目標是要追求生命的終極意義。如果某個人的信仰藉著與其本身之心靈力量契合的象徵加以表達，那麼他內心的力量便不再會混亂無序。信仰為人提供了一個集中的目標，並藉此為人類有意識到生活指示方向[80]。

故宋七力的詮釋實有其功效，因為他為人類提供了一個美好生活指示的方向。無論如何，怎樣將宋七力的神聖指示落實到世

俗生活當中，指導人的社會行為；信仰由之成為道德生活的源泉，這才是一個重要的問題[81]。在處理宗教信仰的性質時，與處理一般知識上的信念，如「我相信太陽是宇宙的中心」、「鬼神不存在」等信念，不能不作分辨，若只以理據是否充分、是否理性等作為兩者的判準，這是有問題的。因為宗教信仰與一般知識信念有本質上的差別，而宗教信仰和理性的關係，則複雜和多層次，一個人相信某宗教，成為信徒，其理由可以有很多，有些是理性的，有些是非理性的，有些在表面上是非理性的，但在深層次上是理性的，因為這牽涉到人的存在狀態，並不能簡化為某些教條理據上是否成立的哲學辯論來處理。一個人相信神創造世界，並不一定使他成為基督徒；同樣，一個基督徒也不一定要認真地相信五餅二魚、處女生子、水變成酒、耶穌死後復活等這些神蹟。當然，有些教條是宗教信仰的核心，如上帝存在、末日審判、天堂與地獄等問題，不相信就不算是基督徒，但縱使如此，一個信徒對自己的信仰產生動搖，往往不是因為發現安瑟倫（Anselm）的上帝存在的本體論論證不合理，而是經歷過一些人生的危機，如破產、疾病、死亡等，因而懷疑上帝的存在。信仰某一個宗教不是純粹哲學論證的事情，同樣，動搖一個宗教信仰也不是純粹哲學論證的事情。可以肯定的是，人有根據理由行事的能力。正如布蘭頓（Robert Brandom）所說：「我們服從於更好的理由所特有的力量。」[82]唯其如此，我們才可以勸服他人或被他人勸服。實際上，沒

有人會否認世間充斥諸多矛盾、爾虞我詐、勾心鬥角的現象,而這正是人類追求宗教信仰心理的一個深刻的動機。祈克果(Søren Kierkegaard)即云:「沒有冒險,就沒有信仰。因為信仰乃正是個人之內在性的無限熱情與客觀的不確定之間的一矛盾。如果我能客觀地把握到上帝,則我不必信仰,但正因為我不能如此做到,我就一定要信仰。」[83]

宗教信仰雖然牽涉個人的問題,但並非全部可以由理性來證明,儘管如此,檢驗一些論證宗教信仰的資料或陳述,依然可以稀釋或過濾出信仰和理性的部分,並針對信仰進行探索和解釋。從而以哲學的角度,探究相關觀念形成的原因,及涵涉那些議題,而關於理性論證的部分,更可檢測其普遍性及有效性。安瑟倫雖然曾說:「主啊,我不敢圖洞察你的尊嚴,因我絕不以我的理解力來和你的尊嚴相比擬,但我切盼多少能夠理解你那為我所信所愛的真理。因為我不是為要相信始尋求理解,乃是為要理解而相信的。因為我深信,除了我相信了,我決不會理解。」[84]但僅有相信是不夠的,信仰只是理解的前提,它還有待於進展到理解本身。故他主張:「當我們在信仰上有了根基之後,如果我們對所相信的不努力追求進步的理解,就未免是大缺陷。」[85]宗教信仰嚮往的,其實是人類最深層的真實及價值的規範。故信仰宋七力「本心」思想的「分身」或「放光」並非對其個人的崇拜,而是他們自己心坎中最真實及價值的體現。

第四節　從「人人皆可以成道」而言

宋七力無論在其著作或演說中，屢次強調「我有的到最後你們都會有」、「人人有『本心』」，「人人皆可成聖」、「成道」，如此這般高的理想或標準，一般人皆以為像「烏托邦」一樣高不可攀，遙不可及，但正由於它的近似不可實現性，反而決定了烏托邦的性質，因為烏托邦的力量是保持自己完整人格的力量，如果沒有預示未來的烏托邦展現的可能性，或理想目標的思考，我們就會看到一個頹廢的現在，就會發現不僅在個人那裡，而且在整個文化中，人類可能的自我實現都受到了窒息[86]。

因而，「烏托邦」仍然具有打破現狀通向未來的可能性；它試圖將人放在最複雜困難的處境，以使人對存在具有更加鮮明、強烈和無限的自覺和自主。究其實，高不可登似乎是一個空想，可是有空想總比沒有空想好，空想是凌駕於人類的標準，它鼓舞與激勵勇者攀登和跳躍，使不可能逐漸接近可能[87]。因為人的「本心」就是人類社會道德的根基，人生來既具有，就具備了。在天性和人性，聖人和凡夫俗子是生而平等[88]，佛與我同類、同位[89]，兩者沒有差別。

正因為人人都具有「本心」的良好天性，就人的本性而言，人人皆可以成道、成聖、成佛[90]，這多麼令人充滿希望，也更為未

來帶來溫暖的熱源!「可能」定必能轉變為「實現」!烏托邦「遠在天邊」,卻「近在眼前」!這是宋七力對人主體自覺性所寄予的一種無限信心,「本心」在個體身上發展的可能性才得以解決,這不光折射出人孳孳不息地追求永恆的價值,也反映出人一以貫之的文化自覺與自信。尤其重要的是,他明顯地把個體的生命提高到前所未有的程度,對人的作用也充分地加以肯定。這樣強烈的自我意識,更突顯作為人的自豪和優越。他這樣做,並非由於對於理性,或者對於沉湎於密契經驗、或者通過神祕的幻想去發掘靈魂深度傲慢的能力,而是通過深深的體悟,求助於普遍的人類經驗,一種人人皆具有的「本心」。希望的條件,與個人對信仰的體驗有關。若非有真正的體驗,就很難明白希望之於個人生命的魅力[91]。宋七力也曾經歷過烏托邦熱誠的召喚,他不會止步於家庭或個人的幸福。因為現實的開放性不僅體現在時間上,也體現於人不可能畫地自限,僅僅注目於個體自身,因為「幸福不是源自其他人的不幸,而是源自其他人的幸福」[92]。宋七力個人的具體烏托邦概念,時刻提醒人與人命運之間的緊密聯繫,令人奮勇地衝破一切狹隘、受制的經驗。人是一個過程,沒有所謂終點。人類前進的腳步永不會停止,只要人超越了現在的自己,那麼不管是不是達到尼采所說「超人」的境界,就已成為「超人」了。尼采曾說:「我們的意志要求一個目標,它寧可要一個空虛的目標而不願沒有目標。」[93]只要人類的薪火沒有熄滅,只要人的心中還充滿希望和愛,只要

人還渴望幸福的生活，就能不斷地超越自己，邁向全新的未來。

恩斯特・布洛赫（Ernst Bloch）認為：「未來愈是擺在面前，期待意向本身就愈是強烈地、灼熱地『燃燒起來』。」[94]「只有尚未被意識到的東西才是未來更美好生活的前意識，才是新東西的心理出生地」[95]，故馬丁・傑伊（Martin Jay）才會說：「烏托邦是與當代現實的引力保持距離的批判的源泉，不是提供行動的計劃。」[96]其實，我們從自己的歷史經驗中，也知道所謂「絕對的」、「至高無上」或「放諸四海而皆準」[97]的真理或理念，幾乎都是一種純粹的理想。即使如此，許多人仍然願意生活在自己或他人製造的「永恆的夢幻」中，仍然認為哲學總要有一個究竟至極的「邏輯前提」，這樣，它才能為人類及其各門學科提供穩定可靠的基礎，給予所謂「形上學的奠基」[98]。

無論如何，我們只有在專注於完成一件有意義的事業上，才能獲得生命的充實與昇華。人本身不值得停留，只有超越人的本能，用盡自己的生命邁向成為堯舜之路，如此才能在無盡的時空長流中獲得自己認可的存在，也才會讓自己發光發熱。若堅持這個信念，至死方休，即使最後我們不一定能成為佛（道），但至少能「庶幾無愧」了。尤其值得一提的是，人人若有「成佛」的念頭，則人人的「本心」皆存善念，如此一來，社會遂趨於和平安康，「烏托邦」便指日可待了。即使人無法「成佛、成道、成聖」，但只要人能對宋七力誠懇地激勵人心的金玉良言加以認識、

法身觀

了解、尊敬、重視,進而加以面對、擁抱、實踐,則「佛、道、仙」就已在我們的心中了。

但就如老子所言:「萬物負陰而抱陽。」(〈第四十二章〉)「禍兮福之所倚,福兮禍之所伏。孰知其極?其無正。正復為奇,善復為妖」(〈第五十八章〉),可見凡事皆有利和弊。若我們曲解宋七力所言,以為人人皆可平白地「成道」,「一切眾生悉有法性」[99],則過度誇大人能成就道的「種子」,反使自己變得蒙昧無知,若我們進而以此自欺欺人,則無疑踐踏了聖哲的勸勉。此外,洛羅‧梅(Rollo May)云:「這個烏托邦式的目標萬一達成了,我們養育的將會是一群馴良、軟弱的閹人,並可能會併發暴力,而使現有的文明倒退。」[100]

楊國榮對孟子人人皆可為堯舜之言,曾指出,孟子一再地指出,聖人與老百姓乃同屬一類,作為同類者,聖人與一般人也具有不少互相通融之處,聖人本身即來自普通人之中,而不是一種超驗的存在。這從存在的意義上看,聖人與普通人一開始便有一種內在的關聯,這種關聯同時又使理想與現實得到了溝通;聖人作為理想的人格典範,首先是現實社會中的一員,同樣,在現實的「我」與理想的典範之間也沒有不可踰越的鴻溝。這體現的是一種普遍的道德自信,而在這種樂觀自信的背後,則蘊含一種道德上平等的觀念。在強調道德理想植根於現實人倫的同時,孟子對理想超越於現實這一特徵似乎有所弱化:當他由聖人與民同類

而導出凡人皆可以成聖時，理想人格與現實人倫的接近這一面，肯定顯得較為突出，而其超越現實這一面則似乎顯得有點相對不足[101]。楊氏其評析確能一語道破孟子所言的盲點。

孟子對於人的理解總是偏向於道德性。他所謂「不忍人之心」（〈公孫丑上〉）、「人皆可以為堯舜」（〈告子下〉），強調的都是人的道德性。「修身」首先就是「格物、致知、誠意、正心、修身」（《禮記・大學》），通過這些過程，把潛在的道德性實現出來，最終目標即成為「齊家、治國、平天下」（《禮記・大學》）的聖賢。孟子所賦予個體的只一種道德性而非權利性。進而言之，儘管人人皆有高潔、神聖的「本心」，如同《維摩詰經・佛道品》所言的「火生蓮」身受火焚的煎熬，也不能消滅其向上竭力成佛的決心，只要他一念頓悟，就可以「放下屠刀，立地成佛」（《五燈會元》）。可是這個與佛不二的心是「佛心」、「菩提心」，也是「空寂無住」[102]的「涅槃妙心」[103]它世緣全絕、一塵不染、無差別相、神妙莫測，與儒家的道德心有天壤之別[104]。究其實，宋七力論人，主觀地認同孟子、王陽明等的說法，遂從他們的角度看待「人之所是」──人人皆有法性，皆可成堯舜，與「人之所應是」──復歸「本心」。但如此的詮釋，在於他們主觀的信念所導致。事實上，人的複雜程度，絕非某些觀點所能全部囊括，人的存在是個體生存永恆的內在動力，充滿了難以言說的奧祕和困惑。世界是一個永無止境的複雜

的網絡,實為有機體和無機體密切相互作用[105]。而人人共處在一張神奇的生活之網中,所以每一個人的行動,都和旁人有千絲萬縷的糾葛和牽連[106]。若只是從單方面地觀照、對比,從而對「人之所是」作出自以為合宜的詮釋,並依此對「人之所應是」作出謀劃,則是仍有待商榷的問題。雖然是如此,我們還是可以據其所論,作為「人之所以為人」,是與「人之所以應為」的參考。

總之,人人皆具可成為另一個「宋七力」,或成為「堯舜」,或莊子的「至人」,這三者是否能真實地呈現,端賴各人「盡心」、「全性」、「保形」、「存神」等涵養工夫的深淺厚薄而定,拉康(Jacques Lacan)指出,「至善」其實也就是傳統形而上學所講的「實在」,人要以「空性」來認識、理解,並通過欲望和時間的辯證法來思考。它無法觸及,但又具有無比的吸引力,因為善的領域正是圍繞著這個完全不能觸及而又具有吸引力的中心組織起來的,問題在於,如此一來,「至善」也易於產生不少負面的效應[107]。由此而言,人人必有「成道」、「成聖」的潛能,但人人未必確能使「成道」、「成聖」的潛能如實地實現出來。

最後,吾人對宋七力「本心」思想義理詮釋與實踐作批判的同時,也應對過去對宋七力不當的批判加以批判,因為在新的時代和歷史條件下,進行展開和嶄新地構建宋七力「本心」思想義理的文化理想時,絕不能連同他處的時代所附加於其上陳舊的看法或成見置之不理,而全盤地接受。有關過去一些對宋七力含沙

射影的言論或莫名的指控，吾人亦必須進行批判。這是要批判地傳承宋七力優秀而獨樹一幟的傳統文化——「本心」思想義理——在新的時代和歷史條件下予以發揚光大。他試圖在現代性生活條件下加以推崇和復興，這不僅是大有可能實現的，而且對弘揚真正的優秀傳統文化也是有莫大的禪益。

【註釋】：

1. 「批判並不必然是某種結論的前提，它是需要去做的事情。它應該成為那些戰鬥的人、那些抵制和拒絕現狀的人的工具。它的作用應該是在衝突和對抗的過程中，拒絕的嘗試中。」Barry Smart, *Foucault, Marx and Critique*, Routledge, London and New York, 1983, pp.135-136.

2. 見其所著，顧建新等譯，《被壓迫者教育學（修訂版）》，頁 13－14。

3. Karl R. Popper, *The Logic of Scientific Discovery*, London : Hutchinson, 1986, p.16.

4. 參閱霍克海墨著，李小兵等譯，《批判理論》，重慶：重慶出版社，1989 年，頁 271。

5. 見其所著，李小兵等譯，《批判理論》，〈序言〉。又杜威（John Dewey）著，傅統先等譯，《人的問題》，頁 13：「關於生活的這樣一個精密的和徹底的批判，便是哲學。」上海：上海人民出版社，1986。

6. 參閱其所著，《性史》，張廷琛等譯，上海：上海科學技術文獻出版社，1989 年，頁 163。

7. 薩義德（Edward Wadie Said）著，單德興譯，《知識分子論》，北京：三聯書店，2016 年，頁 40，

8. 參閱鄧國偉著，《回到故鄉的原野》，廣州：廣東人民出版社，1998 年，頁 218。

9. 參閱孫正聿著，《理論思維的前提批判》，遼寧：遼寧人民出版社，1992 年，頁 4。

10. Charles Reitz, *Art, Alienation, and the Humanities*, Albany : State University of New York Press, 2000, p1.

11. 見其所著，〈儒家本質與大心主義──敬答楊祖漢先生〉，載於《鵝湖學誌》，1998 年，第 20 期，頁 233。

12. 參閱馮今源著，〈加強理論研究正確認識宗教〉，載於《世界宗教文化》，1995 年，第 2 期，頁 4。

13. 見其所著，龍婧譯，《新教倫理與資本主義精神》，合肥：安徽人民出社，2012 年，頁 88。

14. 見其所著,載於馮克利譯,《學術與政治》,北京:三聯書店,1998年,頁29。

15. 參閱劉述先著,〈論宗教的超越與內在〉,頁5。

16. 見其所著,高師寧譯,《神聖的帷幕:宗教社會學理論之要素》,上海:中國人民大學出版社,1991年),頁128。

17. 參閱伯格著,曾維宗譯,《飄泊的心靈——現代化過程的意識變遷》,臺北:巨流圖書公司,1988年,頁254。

18. 參閱伯格著,曾維宗譯,《飄泊的心靈——現代化過程的意識變遷》,頁255。

19. 參閱其所著,王玖興譯,《生存哲學》,頁88–89。

20. 見其所著,莫偉民譯,《詞與物:人文科學考古學》,上海:三聯書店,2001年,頁506。

21. 參閱康定斯基(Wassily Kandinsky)著,查立譯,《論藝術的精神》,北京:中國社會科學出版社,1987年,頁74。

22. 參考其所著,《人文精神之重建》,頁53–55。

23. 「在思維之中,我們人類獲得了我們最高的可能性,同樣通過思維我們也可能陷入毀滅的境地。」雅斯貝爾斯著,李雪濤譯,《大哲學家》(修訂版,共上下冊),北京:社會科學文獻出版社,2005年,頁80。

24. 見其所著,杜小真譯,《宗教》,北京:商務印書館,2006年,頁22。

25. 見其所著,高師寧譯,《天使的傳言》,北京:中國人民大學出版社,2010年,頁29。又唐君毅主張,中國思想中的宗教與道德便可連成一片,亦即宗教思想包含於「人文主義」的思想中;人文思想不必反抗對治宗教思想,它亦可成立,同時亦以言「天人合德」了。參考其所著,《中華人文與當今世界》,臺北:臺灣學生書局,1975年,頁451–452。

26. Alfred North Whitehead, *Religion in the Making*, The Macmillan Company, 1960, p.15.

27. 參閱其等著,荀春生等譯,《展望二十一世紀——湯因比與池田大作對話錄》,北京:國際文化出版公司,1985年,頁363。

28. 見其所著，《宗教生死學》，臺北：文津出版社公司，2009年，〈自序〉，頁1。

29. 參閱其所著，李磊等譯，《道德哲學與社會倫理》，哈爾濱：黑龍江人民出版社，2005年，頁32－33。

30. 張曙光著，〈在「自然選擇」與「自由王國」之間——實踐、唯物史觀與現代人的境遇（下）〉，頁9，註3云：「人類傳統文化的價值，主要保留在世界各大宗教之中。宗教對於人性、生死、人類世俗社會的問題有著深刻而獨到的理解和解決方式，對人類的精神追求、宗教感、認同、超越、道德規範、信仰和終極關懷等價值，以及科學、藝術甚至哲學的發展等，都有重大貢獻。宗教在歷史上也出現過災難性的問題，桎梏過人的自由的心靈。而能夠給民眾以信念和希望，適應現實社會及其世俗化，而且對現代性問題給予一定診斷和治療的宗教，是具有與信仰相協調的理性的，對於我們理解信仰與理性、神聖與平凡、現實與超越、有限與無限的關係，可以提供大量的智慧啟示。馬克思恩格斯對宗教給予歷史地看待，並沒有簡單的否定。國家政策也要求我們尊重人們的宗教信仰。」見其所著，載於《現代哲學》，2022年，第2期。

31. 參閱涂爾幹（Émile Durkheim）著，渠東等譯，《宗教生活的基本形式》，上海：上海人民出版社，1999年，頁564。

32. 見其所著，楊祖陶譯，《精神哲學》，北京：人民出版社，2006年，頁371。

33. 見其所著，曹衛東譯，《現代人與宗教》，北京：中國人民大學出版社，2003年，頁20。

34. 見其所著，曹衛東譯，《現代人與宗教》，頁85。

35. 薩特說：「想像並不是意識的一種偶然性的和附帶具有的能力，它是意識的整體，因為它使意識的自由得到了實現；意識在世界中的每一種具體的和現實的境況則是孕育著想像的，在這個意義上，它也就總是表現為要從現實的東西中得到超脫。……所以，所在每時每刻也總是具有著造就出非現實的東西的具體的可能性。而這些也就是多樣的動因，這些動因在每時每刻都決定著意識是否要僅僅得到現實或者說它是否要去從事想像。非現實的東西是在世界之外由停留在世界之中的意識創造出來的；而且，人之所以能夠從事想像，也正因為它是超驗性自由的。」見其所著，褚塑維譯，《想像心理學》，北京：光明日報出版社，1988年，頁281。

36. 見其所著，鄧曉芒譯，《純粹理性批判》，〈序言〉，頁 3。

37. 見其所著，傅佩榮譯，《人的宗教向度》，新北市：立緒文化事業公司，2006年，〈導論〉，頁 30。

38. 馬克思等著，中共中央馬克思恩格斯列寧斯達林著作編譯局編譯，《馬克思恩格斯選集》，卷 1，頁 1。

39. 參閱李彥儀著，《先秦儒家的宗教性之哲學省察》，臺北：國立政治大學哲學系博士論文，2015 年，頁 5。

40. 基拉爾（Rene Girard）著，陳明珠等譯，《雙重束縛：文學、摹仿及人類學文集》，北京：北京華夏版，2006 年），〈序言〉。

41. John Hick, *Dialogues in the Philosophy of Religion*, New York : Palgrave, 2001, p.16.

42. John Hick, *Problems of Religious Pluralism*, London : Macmillan, 1985, p36.

43. 卡爾・洛維特（Karl Löwith）著，李秋零等譯，《世界歷史與救贖歷史——歷史哲學的神學前提》，北京：三聯書店，2002 年，頁 41。

44. 見其所著，鬱喆雋譯，《在自然主義與宗教之間》，上海：上海人民出版社，2020 年，頁 87。

45. 見其所著，《夢》，收錄於田汝康等編選，《現代西方史學流派文選》，上海：上海人民出版社，1982 年，頁 6－7。

46. 見其所著，何兆武譯，《歷史理性批判文集》，頁 9。

47. 參閱利科（Jean Paul Gustave Ricœur）著，薑志輝譯，《歷史與真理》，上海：上海譯文出版社，2004 年，頁 274－287。

48. 參閱哈貝馬斯著，鬱喆雋譯，《在自然主義與宗教之間》，頁 4。

49. 參閱其所著，范揚等譯，《法哲學原理》，第 270 節附釋，頁 272。

50. 見其所著，范揚等譯，《法哲學原理》，第 270 節補充，頁 283。

51. 參閱沈清松著，〈表象、交談與身體——論密契主義的幾個哲學問題〉，註 1。

52. David Regan, Experience the Mystery : Pastoral Possibilities for Christian Mystagogy, London, Geoffrey Chapman, 1994, p.12.

53. 參閱杜瑞普著，傅佩榮譯，《人的宗教向度》，頁471。

54. 霍爾巴赫（Paul Heinrich Dietrich）即對奧祕（密契）極盡挖苦、嘲弄的能事，他定義「奧祕為不可能理解的，但必須絕對相信的東西叫做奧祕。這對有信仰的人來說是易於接受的。慈悲的上帝對人的無知深感煩悶，決定啟發他們。他特意走下自己的寶座，以便把人類全然不能理解的真理教給他們。每當在宗教領域內碰到與健全理智相矛盾的、教士不能解釋的東西，就可以說，這是奧祕。教會的祕訣就在於此。他認為奧祕的意義為，《聖經》中有一些章句，在因信仰不堅定而不能登上被放棄理性的神聖道路的人看來，是毫無意義的；神學家卻常常在其中發現奧祕的意義。」見其所著，單志澄等譯，《袖珍神學或簡明基督教辭典》，北京：商務印書館，1981年，頁20-21。由於霍爾巴赫為法國著名的無神論者，其言自有所偏，難得事理之實。

55. 參閱克雷維列夫（Иосиф Аронович Крывеле）著，王先睿等譯，《宗教史》，共上下卷，北京：中國社會科學出版社，1984年，卷上，頁3-4。

56. 見其所著，董江陽譯，《宗教的意義與終結》，北京：中國人民大學出版社，2005年，頁12。

57. 見其所著，楊儒賓譯，《冥契主義與哲學》，臺北：正中書局，1998年，頁5。

58. 見其所著，蔡怡佳等譯，《宗教經驗之種種——人性的研究》，新北市：立緒文化事業公司，2004年，頁457。

59. 威廉·詹姆斯著，蔡怡佳等譯，《宗教經驗之種種——人性的研究》，頁458-459。

60. 參閱沈清松著，〈表象、交談與身體〉，載於輔仁大學哲學系所編著，《哲學論集》，1997年，第30期，頁37。

61. 參閱沈清松著，〈表象、交談與身體〉，頁42。

62. 參閱武金正著，〈拉內與奧祕相遇〉，載於輔仁大學哲學系所編著，《哲學論集》，1997年，第30期，頁21。

第七章 宋七力對「本心」思想義理詮釋與實踐批判

63. 參閱關永中著,〈士林哲學的超驗轉向——若瑟馬雷夏（上）〉,載於《哲學與文化》,第 15 卷,第 9 期,1988 年,頁 628。

64. Schwartz, Benjamin, *The World of Thought in Ancient China*, Cambridge, Mass.: Belknap Press of Harvard University Press. 1985, p.193.

65. 見其所著,賀麟譯,《小邏輯》,頁 301、303。

66. 參閱武金正著,〈拉內的與奧祕相遇〉,頁 23。

67. 參閱其所著,蔡怡佳等譯,《宗教經驗之種種——人性的研究》,頁 456。

68. 見其所著,《原始儒家道家哲學》,臺北:黎明文化事業公司,1993 年,頁 96。

69. 就如老子所言:「視之不見名曰夷,聽之不聞名曰希,搏之不得名曰微。此三者不可致詰,故混而為一。」(〈第十四章〉)

70. 康德即曰:「人類精神一勞永逸地放棄形而上學研究,這是一種因噎廢食的辦法,這種辦法是不能採取的。世界上無論什麼時候都要有形而上學;不僅如此,每個人,尤其是每個善於思考的人,都要有形而上學,而且由於缺少一個公認的標準,每個人隨心所欲地塑造他自己類型的形而上學。至今被叫做形而上學的東西並不能滿足任何一個善於思考的人的要求;然而完全放棄它又辦不到。」見其所著,龐景仁譯,《未來形而上學導論》,北京:商務印書館,1995 年,頁 163。

71. 見其所著,陳維剛譯,《我與你》,臺北:桂冠圖書出版公司,1991 年,頁 26。

72. 蒂利希（Paul Tillich）又譯作田力。

73. 何謂「終極關懷」？蒂利希對此有過許多闡述和解釋。在《系統神學》中,他把終極關懷當作人的存在及其意義,「人最終關切的,是自己的存在及意義。『存在,還是不存在』這個問題,在這個意義上是一個終極的、無條件的、整體的和無限的關切的問題。」Paul Tillich, *Systematic Theology*, Volume 1, The University of Chicago Press, 1951, p.14.蒂利希又認為,終極關懷是人類精神的基礎,其文化表現形態就是宗教,「宗教,就這個詞的最廣泛和最根本的意義而言,是指一種終極的眷注。」因為「宗教指向人類精神生活中終極的、無限的、無條件的一面」。見其所著,陳新權等譯,《文化神學》,北京:工人出版社,1988 年,頁 7。它居於人類精神整體中的深層。換句話說,從人類存在的意義上,終極關懷指的是整體的、無

381

限的、最終的、普遍的人文關懷,從個體存在的意義上,終極關懷指的是人對自身存在及其意義的關注和思考,並在深刻思考基礎上所作的生活實踐。人對終極關懷的思考表現在人對思想深度的追求上,人對終極關懷的實踐則體現在人對「新存在」目標的追求中。因此,終極關懷是人不能隨便超越和選擇的,這就是人不能不關涉的關心。對於人來說,此關心是無條件的,是人的根源性關心,是其他一切關心行為的出發點和歸宿。這樣的關心,就可以稱為「終極關懷」。蒂利希說:「『關懷』一語意謂著體驗的『生存的性格』。終極的事項,只有採取終極的態度才能獲得。那是對無限制關懷的呼應,而不是對那我們得用漠然的客觀態度去把握的名為『絕對者』或『無限者』的至高者。它是我們完全投身的物件。當我們注視它時,它也要求我們放棄我們的主體性。它是激發無限的熱情的關心者,當我們要將它作客體時,它反而使我們成為它的客體。」Systematic Theology, Volume 1, p.12. 故「終極關懷」不但指人的關心和期待,而且有生存性的意義參與其中。他說,關懷「意味著我們涉足於其中,意味著我們帶著心思參與了它們。」Paul Tillich, The New Being, SCM Press Ltd., 1956, p.153. 蒂利希指出了關係的兩個方面,被關懷的物件和他的關懷過程的關係。從被關懷的物件意義來說,終極是一種存在,一種作為關心和期待的目標的物件性存在。這是關心和期待的前提。沒有它,就沒有作為過程和關係的關懷存在。從關懷的過程和關係來看,終極本身就是一種無止境性,一種作為無限過程的存在狀態。它總是處在邁向目標的過程和關係中。沒有它,也就沒有作為物件和目標的關懷存在。關懷的物件和關懷的過程是兩個帶有無限性質的絕對。終極性的存在和終極性的追求是一體的兩面。

74. 參閱蒂利希著,成窮等譯,《存在的勇氣》,貴州:貴州人民出版社,1998 年,頁 120 頁。

75. 參閱杜維明著,《現代精神與儒家傳統》,北京:三聯書店,1997 年,頁 78。

76. William James, The Will to Believe & other Essays in Popular Philosophy : Human Immortality, New York:Dover Publicaion 1956, p.213.

77. William James, The Will to Believe & other Essays in Popular Philosophy : Human Immortality, p. 212-213。

78. 見其所著,周煦良等譯,《存在主義是一種人道主義》,上海:上海譯文出版社,1988 年,頁 12。

79. 當精神生活慢慢陷入後現代主義的深淵,「隨興活動」成為生活方式的準則,反理性主義的甚囂塵上、人文理性的日漸退縮、功利主義的極度膨脹,使現代人陷入虛無主義的泥潭,進入「意義空場」的物化世界中。伊格爾頓即認為,「現代主義思想的標誌性特徵是一種信念,認為人的存在是偶然的——沒有根基、沒有目標、沒有方向、沒有必然性,人類本來很有可能從未出現在這顆行星上。這種可能性掏空了我們的現實存在,投射出恆常的失落和死亡的陰影。即使是狂喜的時刻,我們也頹喪地知道腳下的根基宛如沼澤——我們的身分與行為缺乏牢固的基礎。這可能讓我們的美好時光變得更加珍貴,也可能讓它們變得毫無價值。」見其所著,朱新偉譯,《人生的意義》,南京:譯林出版社,2012年,頁13。

80. 見其所著,魯燕萍譯,《信仰的動力》,臺北:桂冠圖書出版公司,1994年,頁91。

81. 有關這方面,可參閱涂爾幹著,渠東等譯,《宗教生活的基本形式》,頁240–255、454–458;池田大作(Ikeda Daisaku)等著,梁鴻飛等譯,《社會與宗教》,成都:四川人民出版社,1991年,頁414。

82. Robert Brandom, *Making It Explicit*, Harvard University Press, 1994, p.5.

83. Søren Kierkegaard, *Concluding Unscientific Postscript*, trans. By D.F, Swenson Princeton University Press, 1941, p.182.

84. 見其所著,謝扶雅等譯,《上帝存在論》,載於《中世紀基督教思想家文選》,香港:金陵神學院托事部、基督教輔僑出版社,1962年,第3部,頁181。

85. 見其所著,謝扶雅等譯,《神何故化身為人》,載於《中世紀基督教思想家文選》,第3部,頁208。

86. 參閱蒂利希著,徐鈞堯譯,《政治期望》,成都:四川人民出版社,1989年,頁215、217。

87. 正如大衛·哈威(David Harvey)所說:「無論如何,烏托邦夢想都不會完全消失。它們作為我們欲望的隱蔽能指而無處不在。從我們思想的幽深處提取它們,並把它們變成變革力量,這可能會招致那些欲望最終被挫敗的危險。但那也無疑比屈服於新自由主義的退步烏托邦理想更好,以及那些給予可能性如此不良壓力的所有利益集團、勝過生活在畏縮和消極的憂慮之中以及不敢表達和追求替代的欲望。」見其所著,胡大平譯,《希望的空間》,江蘇:南京大學出版社,2006年,頁196。

因此，在面臨危機時，烏托邦的精神仍是激發人探尋另一種可能性的巨大動力，不論在人生形態還是審美層面均是如此。

88.「即使在最黑暗的時代，人們還是有期望光明的權利，而光明與其說來自於理論與觀念，不如說是來自於凡夫俗子所發出的螢螢微光，在他們的起居作息中，這微光雖然搖曳不定，但卻照亮周遭，並在他們的有生之年流瀉於大地之上」。阿倫特著，鄧伯宸譯，《黑暗時代群像》，新北市：立緒文化事業公司，2006年，〈作者序〉。

89. 西塞羅著，沈叔平等譯，《國家篇、法律篇》，頁156－157。云：「無論我們會怎樣界定人，一個定義就足以運用於全體。這就充分證明，人與人之間沒有類的差別；因為如果有，一個定義就不能用於所有的；而理性，唯一使我們超越野獸並使我們能夠推斷、證明和反證、討論和解決問題並獲得結論的理性，對我們肯定是共同的，並且，儘管人的所學有不同，但至少在具有學習能力這點上沒有區別。」北京：商務印書館，1999年。

90. 唐君毅曰：「中國先哲言人性，亦稱天性，故又由天地之性、萬物之性、萬法之性，以言人性。人能成聖、成賢、成佛，而至誠以如神，乃更可由人之成聖賢之性、佛性、神性，以言人性。」見其所著，《中國哲學原論・原性篇》，香港：新亞書院研究所，1968年，〈自序〉，頁1－2。

91. 參閱程立濤著，〈人生理想的希望哲學闡釋〉，載於《教學與研究》，2015年，第7期，頁92。

92. 恩斯特・布洛赫著，夢海譯，《希望的原理》，上海：上海譯文出版社，2012年，第1卷，頁19。

93. 見其所著，陳芳郁譯，《道德系譜學》，臺北：水牛出版社，1987年，頁74。

94. 見其所著，夢海譯，《希望的原理》，上海：上海譯文出版社，2012年，第1卷，頁113。

95. 參閱其所著，夢海譯，《希望的原理》，頁123。

96. 見其所著，單世聯譯，《法蘭克福學派史（1923－1950）》，廣州：廣東人民出版社，1996年，頁317－318。

97. 《禮記・祭義》曰：「推而放諸東海而準，推而放諸西海而準，推而放諸南海而準，推而放諸北海而準。」

98. 參閱羅蒂著，徐文瑞譯，《偶然、反諷與團結》，頁69。

99. 《涅槃經・如來性品》曰：「我者即如來藏義，一切眾生悉有佛性，即是我義。」

100. 見其所著，朱侃如譯，《權力與無知：探索暴力的來源》，新北市：立緒文化事業公司，2003年，頁29。

101. 參閱其所著，《重回戰國——孟子新論》，臺北：開今文化事業公司，1993年，頁172-174。

102. 《金剛三昧經》曰：「無住無生。乃是無生。菩薩。若生無生。以生滅生。生滅俱滅。本生不生。心常空寂。空寂無住。心無有住。乃是無生。」

103. 晦翁悟明撰，《聯燈會要・卷一》記載：「世尊在靈山會上，拈花示眾，眾皆默然，唯迦葉破顏微笑，「吾有正法眼藏，涅槃妙心，實相無相，微妙法門，不立文字，教外別傳，付囑摩訶迦葉。」

104. 儒家的「本心」是道德創生的實體。

105. 參閱大衛・格里芬著，馬季方譯，《後現代科學：科學魅力的再現》，北京：中央編譯出版社，1995年，121頁。

106. 參閱黑格爾著，朱光潛譯，《美學》，卷1，頁240。

107. 參閱納塔莉・沙鷗（Nathalie Charraud）著，鄭天喆等譯，《欲望倫理學：拉康思想引論》，桂林：灕江出版社，2013年，頁9。

第八章 宋七力「本心」思想義理的價值、意義與展望

　　所謂「價值」，佛洛倫思（Florence）等表示：「價值是影響人類行為的普遍性、組織性的原則，是影響人類最深遠的基本問題。」[1]麥克萊蘭・福斯特（George McClelland Foster）以為，「每個文化的形成都自有一套價值體系，對文化都有穩定的作用，可以確保人行動與思想的正當性，決定該行為是否被社會所認可，是維繫社會的重要因素[2]。」阿布拉姆・卡蒂納（Abram Kardiner）云：「價值體系不是只有意識性（抽象的邏輯運作）的，而是更具體的關係到文化中的每一項行動。」[3]塔爾科特・帕森斯（Talcott Parsons）曰：「價值是個人奉行和支持的集體系統的，因而派生出它們自己在集體中的角色的特定方向或類型的行動的信仰。」「價值可被理解為在行動的經驗調節中發揮作用的程度和機制」、「價值規定了人的總方向。」[4]

　　可見，「價值」是從可以得到的模式、手段和目的中選擇合乎需要東西的概念。它是指：一、人類行為的判準指標；二、人與人之間或人與環境之間的普遍原則；三、價值體系可以是維繫社會結構、大眾彼此間秩序的重要因素，既是個人的需要，又是社會的鼓勵或限制。

「意義」是人的文化創造活動和文化交往所形成的,「意義」是人有目的、有意識的生命創造活動,體現人類的生存方式。它建立人與自然、人與人、人與社會之間的關係。「意義」與文化的一種內在聯繫,在本質上,表明「意義」是人的文化存在、人生命價值的尺度,也是人與動物最大差異的所在。就人的生活來說,「意義」還含有許多不同層次的意涵,即人能否對意義的領悟,發現意義、創造具有意義的生活,亦即能否把意義轉化為人生明確的意識,在個體的生活中實現人生命的價值[5]。總之,一切意義都和人的生存現實和體驗相關。故只要有生命,就必定有意義的存在。然而,意義只能產生於自我與他人、自我與人類的關係之中,而對他人和人類的同情或者愛,又是意義得以產生的對話共同體存在的前提[6]。

其實,生存是意義的源泉,在意識層面上對意義的領悟,其實都不過是生存的演變形式而已。一切意義都必須從人的生存開始。當然,在自覺意識層面對生命意義的思考,及由此帶來的困惑時,確實顯示了生命的豐富性和超越性。「意義」具有許多不同的層次,艾溫・辛格認為「意義」區分為認識論和價值論兩方面,在使用「意義」一詞時,既是在認識論的層面上,闡明某種事情和某個事件的意義,而且大量地在價值論的層面上,即表達出人的情感、願望和價值取向,它揭示、表明人的最高價值,體現出人所懷抱和追求的人生理想,而這理想是人行動的目標和生活

法身觀

的依據[7]。人總是不斷地追尋生活的意義，渴望實現自身的價值。杜威即云：「意義比真理更廣泛，也更有價值。哲學應該關注意義，而非真理。」[8]

宋七力對「本心」義理的詮釋與實踐，一而再，再而三地突顯上述的普遍價值和意義。生活的意義當然離不開解釋和說明，但生活的意義需要創造，乃人類所永不能停歇的價值追求，如此，才能發展出一種有意義的生活，以下即就價值和意義兩者加以論述。

第一節　宋七力「本心」思想義理的價值與意義

《景德傳燈錄》云：「若心取法，即涉外因緣，即是生滅義。不取諸法，即是真如義，聲聞聞見佛性，菩薩眼見佛性了達無二名平等性。性無有異；用則不同。在迷為識，在悟為智；順理為悟，順事為迷。迷即迷自家本心，悟即悟自家本性。一悟永悟，不復更迷，如日出時，不合於暗，智慧日出，不與煩惱暗俱。了心及境界，妄想即不生，即是無生法忍。本有今有，不假修道坐禪。不修不坐，即是如來清淨禪。」「自家本性」若迷，輕則混沌一生，重則社會失序、人倫崩壞。更沒有展現潛能實現本性的自由[9]。

第八章 宋七力「本心」思想義理的價值、意義與展望

宋七力適時地對「向道者」提出一套完整的「本心」思想，期能使人返本去迷。因為人只有回溯到自己的「本心」，才能在一個有堅實內容的深處，獲得客觀世界中再也找不到的立腳點。他看到「影響人類最深遠的基本問題」，並能從本根揭示解決之方，「規定了人的總方向」，這實在是難能可貴。人要活出自我，就必然需要心靈與精神境界的修養和改善，也就是「本心」的提升。

宋七力這樣重視個體生命價值的思想，實不容忽視。他回歸「本心」的方案雖然舉步維艱、寸步難行，然而從整個人類歷史大背景之上加以考察，則發現它仍然具有積極的意義，其價值也是顯而易見的。宋七力的整體思想的重點在「本心」理論上，其特色又傾向「實踐原理」及「實踐論」的展現，他的「本心理論」釐清及說明了「本心」與存有及光體的存在、價值、意義與功能的關連，故其論對闡述人的生存面向和實踐面向，具有極深刻及有價值的獨到見解。因此，他藉由詮釋而建構的意義，即成為人理解存在現象的認知基礎，人的世界也因而擁有了相對應的獨立性與無限性。

宋七力的「本心」思想義理，即為人人皆能真實地成就自我生命終極意義的「甚易知」、「甚易行」[10]的學問。由是觀之，宋七力的詮釋能使人從迷惘及失落的氛圍中走出來，而且對人之所以為人的理由，覓得極具哲學意義的解答。

法身觀

詮釋是人的一種根本欲求，走出自己，破解陳舊的說法，宋七力在申論「本心」時，將自己與他人、事物、大自然的關係重新朗現。他保留不可重複的獨立個體的意義，為整個社會生活作出自己的貢獻。這深深地透露出他對人生、生命、感性的眷戀和熱愛，及真心關注世人短暫的生命是否具有崇高、遠大的意義和永恆的價值。

儘管宋七力無法透過語言把「無限的理想」述說清楚，但他已提出一個不是方法的「方法」來接近「無限的理想」，故他的問題意識是清楚的。無論如何，他「無限的理想」仍繼續被人瞭解、詮釋，宋七力「本心」思想的價值正在無窮地演進中。

「分身」和「放光」不僅寓有佛教的精神和密契經驗，而且包含中國遠古時代的「集體意識」，體現人對自身的無限與超越的欲求及自我最高的實現，更是一個積澱了深遠的歷史文化和大眾心理最初的象徵原型，是以「分身」和「放光」所呈現的不單是其本身的屬性，還承擔了實現性的使命。由於這些思維的互滲互透的功能，導致「分身」和「放光」衝破了現實與想像界的藩籬及鴻溝，由抽象、神祕、想像的物象進入現實的世界中，從而使「潛能」與「實現」並非形而上學的專有名詞，其意義真摯懇切和深微遠大。

尤有進者，宋七力提以「本心」取代原始宗教的人格神，以

第八章 宋七力「本心」思想義理的價值、意義與展望

實現人與宇宙的合一,同時創造萬物,他更用「分身」和「放光」來實現「本心」的體態,是以他走的是以形上學代替宗教的路,這正反映出現代宗教性格的進步,及其開出對萬物本體的另一個答案及觀念,這同樣意義非凡。莫里斯(Charles W. Morris)曰:「一種觀念表示某種東西的意義,一種理想則是這種東西,即當它的意義被斷定為具有很大吸引力時,會促使人們去達到它。」[11]躬逢一個劇烈轉變的關鍵時期,感受最敏銳,反應最強烈的就是「知識分子」,他們反思傳統文化的限制,並從內心深處反省和強烈地關切人生命的最終價值,以其誠摯的心和信念,尋求哲學義理的突破,以作為世人的指引明燈。

宋七力之所以為學術貢獻一生的歲月,一方面出於理智的興趣,另一方面出於對向道者的關懷,他所宣示的「回歸本心」、「自見其身」、「精神超越」、「立己立人」等,這些皆為使文明圓滿的內在動力,故不論吾人是否信仰宋七力,只要能體認他宣示的義理及人的價值——人的尊嚴、權利與義務、人性的神聖性,就能在心中形成一股強大而莫之能禦的動能,促使神性發展得更文明,更可使不同的教派團結和合作,其價值是有目共睹的。

隨著時代的演變,科技與文明日益發達,人類理應更加自由、幸福;生活之中的各種束縛亦應日益消減。然而,人類依然背負各種枷鎖、罣礙及牽累,無法從羅網之中縱身而出。故如何

使禁錮在所固有的局限性中的自我分身而出,從而在心靈的關照下,體悟宇宙與自我生命的合而為一,這就是宋七力為向道者所提出的永恆問題[12]。他的「本心」思想與實踐彰顯出現代社會所特具的意義,點出人性的根本需要,並穿透時代的迷障,在過去、現在,乃至於未來,繼續影響世人存在的價值。

　　文明儘管快速演變,然而若不能掌握人生的核心價值,生命終究還是空虛失落。人是世界上最不容易滿足的動物,而宋七力一生所著重者,正在於如何認識、並滿足人性中最幽深且核心的需求。無論如何,沒有人願意生活在形與神俱受壓迫、折磨、束縛之中。宋七力「本心」思想義理的當代詮釋所呈現出來的多樣化觀點,正顯示它們層次豐富多樣的特點,其獨具的價值也自不待言。人生如旅,行色匆匆,每個人經歷的都是有生必有死的一個旅程,唯一不同的是中間的旅程是否有意義,是否有價值[13]。雖然人的生存及生命價值問題本身至今還是撲朔迷離,可是我們相信,透過宋七力對「本心」思想義理及實踐的詮釋,我們可以逐漸逼近真正有價值的生存方式。

　　實際上,雖然人類每前進一步,對世界認知面就會擴大一點,就會顯示出對自然規律的無奈,對人類社會發展規律認識的無知,對實現美好理想的失望,但成道並非完全的虛幻與子虛烏有,在人類歷史不同階段,人類的幻想一直在激勵其行動,而每一次集體的、有目的社會活動都是在不斷地推動人類社會發展的

同時，也更加理性地看待自己的智慧與追求，更加理智地對待科學與真理，更加重視尊重他人[14]，善待自己。

宋七力強調「人人皆可成道」的烏托邦構想，為人類指出了理想的目標，從而使人獲得精神的慰藉及安身立命的根本。他說的「人人皆可成道」，並非指人生而為佛，而是人人需要作「本心」上的努力，也就是實踐「本心」，實即克服一己之私，向著萬物一體、民胞物與的精神境界邁進[15]。宋七力站在理想的彼岸觀照現實的此岸，以尋求與之對話，從而使現實的此岸朝理想的彼岸逐步地邁進。這種態度在現代化生活中，實有建設性的時代意義。

所謂生命的價值與意義，不是在現成的框架或是知識序列當中，而是在自身的運動中，在奔向自身命運操作的趨向中，作為實踐自己生命的藝術家雕塑、刻劃與創造。將自身的生命當作是絕無僅有的藝術珍品。如此一來，生命即為一場表面與內在潛藏的光影不斷交織的過渡[16]。

總括而言，我們不能期待宋七力對「本心」的所有實踐活動，都能在每一個領域中恰如其分地成就各種人文的價值，但以人存在的終極價值為主導的實踐行為的宋七力，卻能應對此價值與其他人文價值之間，有足夠的自覺和相應的措置。

作為知識分子的宋七力需要面向未來，憑良知去做他自己應

法身觀

做的事情、全心地維護那從人的「本真」[17]處開掘出來的終極價值，用生命去守護它所告示的真理。

第二節　宋七力對「本心」思想義理的展望

　　所謂的展望，是指對宋七力「本心」思想義理的詮釋與實踐的估量或預測，因為任何一種學說、理論系統，或一個有價值的哲學體系，皆有進步的空間與發展[18]。人類福祉的獲得並不應僅停滯於目前的層次，也自有其追求更高的空間和目標可展望與期望。嶄新的發展，應是一個文化過程，它處在觀念、文明和文化價值等更廣泛、深刻的層次上。要實現這樣的一種發展，就必須把人類群體在漫長歷史中記載其人生哲學的所有可信的文化，皆吸引到這一建立文明的事業中來[19]。

　　本文所言，即就宋七力對「本心」思想義理的詮釋與實踐，論述其發展的前景。黎志添指出：「在傳統中國宗教文化中，宗教信仰者如道教徒或佛教徒的著述、翻譯經典等，都是屬於宗教團體內部的事情，從來沒有發展出把宗教現象作為一客體而進行客觀和系統的研究。反之，具系統而客觀的宗教研究卻在西方學術界發展來。」[20]事實上，談論宗教與政治議題一樣敏感、難以人人都志同道合，因為大家可能來自不同的

種族與文化、遭受的際遇也不儘相同,以致其認定的信仰及價值皆有雲泥之別[21]。

正因為如此,人們才需要以尊重的態度來看待宗教信仰,故繆勒(Max Müller)曰:「不可詆毀、嘲笑或仇視任何教派。」[22]這誠為至理的名言。然而,現今很多反人文主義的種子已潛藏在世俗化的人文主義之中,當人將「上帝」拋諸腦後之際,夢想人自此就能頂天立地,再沒有任何東西可以壓迫他,卻發現取上帝而代之的是另一隻又一隻更邪惡和兇猛的妖魔,對人的壓迫反而與日俱增。而抗拒這些發展的人文主義卻處處演變為非理性主義或懷鄉病,不僅排斥科技,貶抑理性,而且無法跟得上現代的文明。

透過整個發展的回顧,當我們思考近代人文主義的內在張力時,也讓我們認識到今天的人文精神其實面對不少嚴重的危機。在這處境中,或許我們應重新思考近代人文主義發展的方向到底有沒有問題,而宗教又能為人文精神作出什麼貢獻?這是現今宗教所必須面對的課題,更是所有主要展望的事項。吾人現在應該研究的是現實問題,因為世界不是圍繞著新的喧囂的發明者運轉,而是圍繞著新價值的創造者運轉[23]。

現代社會中價值是日趨多元的,探討價值共識的思路、方法、管道也應該是開放的、多種面向的。價值的差異與共識,越分別,則越通達,越求其同,則越見其異,越判其異,則越見其

同。

　　現代民主社會越來越向合理的、多樣態的方向發展，有越來越多的不可調和的宗教、哲學理論共存於民主制度的結構中，故我們應該把這些多元，看作是一種正常的狀態和持久的條件。哈貝馬斯認為：「聯繫本身分裂為價值領域的多元性，並且喪失了它自身的普遍性。」[24]現實社會中的多元價值各有其不可取代的長處，應該在具體研究中扎實地以一種傳統中的理論和技巧，補充另一種傳統的基本主張。不追求牽強的綜合，在多元共存、多法並用的局面中，使每一種理論更深刻、更豐富，使每一種溝通方式更實際、更有效。

　　要而言之，無論是何種作為人生永恆真理不同形態的宗教信仰皆各有局限，各有勝場。它們都遵循終極關懷的視域顯現其永恆的真理。但沒有任何一種宗教信仰可以獨佔永恆真理的本身，從而達到宗教真理的完全呈現；相反地，每一種類型的宗教信仰都是其本身不完美性、相對性、視域性的顯現，這就決定了它們必須通過不同宗教信仰的互相包容、對照，才能理解自身的局限，從而向其他宗教真理形態開放，消化並吸收其他形態的宗教真理，以此方式豐富和提升自己的宗教，這本身就是一種在宗教史中展開的自我超越。

　　現世社會直接的對象是人的生命，也就是人的本性活動、德

性與人的公共善,而非神聖的生命與恩寵的奧祕,因此社會不得強迫要求人民必須有某種共同的宗教信仰,更不可棄現世實際的生活不顧,甚至提倡政府無用論,如此才能成全完整的人格[25]。漢斯‧昆(Hans Kung)云:「我們一次一次地看到,諸多宗教的領袖及其成員煽動侵略、狂熱、仇恨和敵視,甚至將他們引起的暴力和流血衝突合法化。宗教常常被濫用於純強權政治的目的,包括戰爭。我們對此深感厭惡。」「我們知道諸種宗教不能解決地球上存在的大量環境、經濟、政治和社會問題」。「只有諸種宗教消除了由其自身產生的那些衝突,克服彼此間的傲慢、猜疑、偏見甚至敵意,它們才是可信的」。「就宗教領袖而言,當他們挑起對那些不同信仰者的偏見、敵意、仇視,甚至發動宗教戰爭或將宗教戰爭合法化,他們理應受到人類的譴責,失去其追隨者」[26]漢斯‧昆所言,也正是世人最大的期盼。

　　宗教是獨特的經驗普遍化的結果,它本身帶有強制的性質及神祕的氣息。而現代媒體把這兩者發揮到了極致,也把普遍化的要求發展到了極致。如此一來,媒體傳播了宗教,也瓦解了宗教。從表面上看,宗教借媒體的力量而傳遍全球,並在一定程度上成了全球化的動力之一。然而,媒體也丟失了宗教的靈魂。這不僅僅是因為媒體使宗教所依賴的祕密不再是祕密,而且是因為媒體使人分散了人分享共同精神空間的興趣和對祕密的興趣。這

就是說，媒體在本質上是與宗教經驗相互衝突的，因為媒體是以公開性為存在條件的，它的功能和職責就是揭露、挖掘、公開。雖然其公開化和媒體化的必要性和可能性，但媒體並不能通過公開化的功能保證宗教精神的可靠性、完整性和有效性。相反，媒體上的形象幾乎總是污染、扭曲和侵蝕宗教精神。媒體傳播的只是宗教知識，而非宗教經驗。

宋七力的事件，就因媒體投大眾所好，結果是譁眾取寵，逾越了媒體本身所該扮演的角色。期盼媒體能回歸專業、負責、自律和良知，重新建立媒體與宗教的關係，如此一來，宗教才能重拾其在社會上該有的地位。啟蒙運動對理性和文明的進步滿懷信心，事實上，理性被視為促進社會進步的重要工具，布洛克（Alan Bullock）認為：啟蒙運動了不起的發現，就是把批判理性應用於權威、傳統和習俗時的有效性，不管這權威、傳統、習俗是宗教方面的、法律方面的、政府方面的，還是社會習慣方面的，都要提出的問題，要求進行試驗。不接受過去一貫所作所為，或所想進行的東西，已經成為十分普遍的方法論[27]。而這些哲學家應用批判理性之所以如此奏效，是因為他們同時有著一種同樣是新發現的自信，如果人類能從恐懼和迷信中解放出來，包括對宗教的假偶像，他們就會在自己的身上找到改造人類生活條件的力量[28]。

隨著社會現實的不斷轉型、發展，它與人文科學、自然科學

和各種社會文化成果是相互滲透、融合的趨勢更加明顯。新的內容、研究方法將層見疊出。這就是說，多樣性、可變性，其實質上的新穎性特徵，仍然是未來在很長一個時期內可以預期宗教發展的必然趨勢。在這樣多元化的世界中，人類福祉的獲得並不停滯於倫理的層次，還有更大的空間可展望。然而，不同傳統之間的論述與交流，應可帶我們進入一個全新的語境。

如果宗教想要對現代人有任何價值，它就必須適合他們生活環境的需要。為了實現此目的，宗教思想家必須按照流行的哲學和倫理思潮給予宗教意義重新的解釋[29]。當代新政治神學的主要倡導人之一的默茨（Johann Baptist Metz）更表示，宗教對社會、人生責任的執著和反思，為進行一種具有神祕性和政治性雙重機制的信仰實踐，抵制一切力圖對宗教進行徹底的社會限制或者進行抽象的理論描述的嘗試[30]。

宋七力的「本心」思想要能現代化，亦即參與世界哲學界的哲學討論，此討論的方式是透過概念和論證進行，故其思想若不能以概念和論證陳列出來，則無法參與世界的哲學對話。職是之故，哲學家應該更開放和傾聽多元的思想交流，而非待在各自領域的象牙塔中閉門造車。當前的哲學和宗教更須要拋開既定的知識與觀念，深入地探究宋七力的「分身」及「放光」，致力於「本心」義理的實證以提供對人類的積極和正向的貢獻。

此外,與中國各代的主要典籍,擴大而深刻地研究宋七力「本心」思想的義理實踐的宗教性,並進一步分析其在現今學術界中宗教性的消長或轉化,甚至可以再進一步將研究視野放大到整體世界的思想發展史中,檢視各向度的交替,或者查探其可能存在的新向度,同時挖掘宋七力現存的理論發展的可能性。如果我們想要存活到一個可活的未來(a livable future),就必須讓自己的雙手掌握力量去創造、恢復與探索不同的故事,以全新的主角、更好的情節,並至少有某些快樂結局的可能[31]。

埃里克・沃格林(Eric Voegelin)云:「人類本性核心之點在於,對根基以追問著的知曉與知曉著的追問這種形式敞開。通過這種敞開,秩序從存在根基直接流入人的存在。——這超越一切內容、形象、以及模型。」[32]「知曉」與「追問」本身刻畫出的是智性的體驗,它不是對某物的體驗,而是對追問本身的體驗,是人在這種體現中向存在最根基生成的體驗。當宋七力以「本心」的實踐方式「知曉」與「追問」人是什麼時,他給出的答案,當然是基於人的探尋以敞開生存根據的真理。無庸贅述,宋七力對「本心」義理詮釋與實踐當然不應成為世人唯一的生命觀念或標準,其他各家傳統學說的優良成分,西方「本心」思想中的重要學理,以及其他許多與其相關的思想可以相輔相成的各種學科,都可加以揀擇萃取,而共同成為未來人類足以適應新世紀的嶄新觀念和價值。

只是，現今全球局勢的氛圍，已像本論文第三章所言的不利於人生命健全的發展，同時人與人之間的相處，就如同《莊子》言「喜怒相疑，愚知相欺，善否相非，誕信相譏」(〈在宥〉)，社會又如何能和諧？

　　誠然，展望未來，「大同世界」確是一個「烏托邦」，但從理論而言，宋七力「本心」思想義理有嚴謹的哲學基礎；就現實而言，宋七力「本心」思想義理符合人類的共同要求；就時機而言，宋七力「本心」思想義理能解決人類潛在的危機；從長遠而言，宋七力「本心」思想義理讓人保有對永恆的憧憬。故宋七力「本心」思想義理詮釋與實踐中所蘊涵的精華成分，相信必然是強化二十一世紀生命思想中的力量之一。

【註釋】：

1. Florence Rockwood Kluckhohn and Fred L. Strodtbeck, *Variations in Value Orientation.* Evanston, Illinois, and Elmsford, New York：Row, Peterson and Company, 1961, p.341.

2. George McClelland Foster, *Traditional Cultures and the Impact of Technological Change,* New York：Harper & Row, 1962, p. 18–19

3. Abram Kardiner, with the collaboration of Ralph Linton, Cora Du Bois and James West, *The Psychological Frontiers of Society,* New York：Columbia University Press, 1945, p. 237.

4. 見其所著，梁向陽譯，《現代社會的結構與過程》，北京：光明日報出版社，1988年，頁140、144、145。

5. 參閱何萍著，〈試論偶然性的本體意義〉，收錄於吳根友等主編，《場與有——中外哲學的比較與融通（四）》，武昌：武漢大學出版社，1997年）頁337。

6. 參閱孫利天著，《死亡意識》，長春：吉林教育出版社，2001年，頁153。

7. 參閱艾溫·辛格所著，郜元寶譯，《我們的迷惘》，頁26–27。

8. John Dewey, *The Collected Works of John Dewey, 1925–1953：Philosophy and Civilization,* ed. by Larry A. Hickman, Charlotte：Intelex, 1996, p.4.

9. 參閱佛洛姆著，蔡伸章譯，《人類之路：倫理心理學之探究》，頁236。

10. 老子曰：「吾言甚易知，甚易行。」（〈第七十章〉）

11. 見其所著，定揚譯，《開放的自我》，上海：上海人民出版社，1987年，頁9。

12. 永恆問題值得追問，雖然不可窮盡，也不存在終極的答案，但可使追問者獲得一種尊嚴，因為它是一個不斷地更新的對話。參閱喬治·斯坦納（George Steiner）著，李河等譯，《海德格爾》，北京：中國社會科學出版社，1989年，頁3。

13. 參閱黎惟東著，《孟子與莊子的生命價值哲學》，臺北：五南圖書出版公司，2020年，頁369。

14. 康德說：「尊重是通過理性概念自己產生出來的情感，是一種使利己之心無地自容的價值覺察。」見其所著，苗力田譯，《道德形而上學原理》，上海：上海世紀出版社，2015年，頁13。「尊重人就是把他們看做有絕對價值的行為者，從而承認不應該把他們當做只是具有有條件的價值的、為我們的目的服務的東西。」湯姆・彼徹姆（Tom L. Beauchamp）著，雷克勤等譯，《哲學的倫理學》，北京：中國社會科學出版社，1990年，頁193。實際上，尊重他人就是尊重自己，因為對方是和我們具有同等的尊嚴，我們對他人的人格貶低，在一定程度上也就是對我們自己的侮辱、貶損。故黑格爾云：「成為一個人，並尊敬他人為人。」見其所著，范揚等譯，《法哲學原理》，頁46。

15. 「孟子提出了兩個著名的命題，『人皆可以為堯舜』『舜何人也；予何人也，有為者亦若是』，這兩個命題，並非是說人人都必定成為堯舜，而只是說人人都生而固有『四端』『良貴』，雖然這僅是仁、義、禮、智四種道德的萌芽、開端，但是，以此為起點，經過主觀的努力，道德的教化和環境的培養，人人都有成為堯舜之可能。」劉鄂培著，〈孔孟對中國文化的主要理論貢獻及對中華民族和人類的影響〉，載於韓國孟子學會編，《孟子研究》，1999年，第1輯，頁198。

16. 陳奕竹著，《光影之間──從影像論生命》，高雄：國立中山大學哲學研究所碩士論文，2015年，頁49。

17. 這種對「本真」（Authenticity）存在開顯的過程為生命「存有模式」，是一種本真的生命展現模式；反之，此有因不恰當的理解方式而遮蔽了自身存有真理的顯現，則只是存有整體意義遮蔽下的開顯，此過程即為「擁有模式」而不是「開顯模式」，這是一種非本真的生命展現。佛洛姆曾界定這兩種生命模式的意涵和差異如下：我指的是兩種基本的存在情態，兩種對待自己和世界的不同取向，兩種不同的性格結構。這兩者何者為主，決定了一個人整體思想、情感和行為。在（存）有的生存情態中，我跟世界的關係是一種佔有或擁有的關係，我要每個人，每樣事物──包括我自己──都是我的財產。在存有的生存情態中，我們必須分辨兩種意涵。其一是跟擁有的情態相對照，……意謂著活潑與對世界的真誠關切。其二是跟「外表」相對照的，其所指的是本真的本性，真實的實在。參閱佛洛姆著，孟祥森譯，《生命的展現：人類生存情態的分析》，臺北：遠流出版公司，1994年，頁33-34。又「本真」；是一個「個性詞彙」，而不是一個「道德詞彙」。正是基於此，它是多面的並且需要過分地解釋。但是無論以什麼方式，所有的解釋都集中於『成為

真實』的意義,而不是『成為複製、偽造』。因此說,本真的人是一個『真正地生存的人』,然而,非本真的人是『不真實的』;如此這樣的人僅僅是沒有存在,是活著但是沒有生活著。Agnes Heller, *A Philosophy of Morals*, Oxford : Basil Blackwell Lid., 1990, p.76.。雖然很多人認為這兩種生存的選擇都體現了本真的特點,但赫勒更贊同普遍範疇下所進行的生存選擇的本真。因為這種本真是開放的、是社會的,它伴隨某種德性的實踐。本真是一種姿態,一種下決心致力於此種選擇的姿態,其實,現實生活中的人一旦以這種姿態生存,則他就不再是偶然存在的人,而是轉換成為有明確的生活目標、確實生存的個體。此外,本真在赫勒看來不僅涉及個性、態度和行動,同時也涉及人的知識——特別是對於自己或者他人的知識。「本真的人們知道他們自己(盡可能地),並且根據他們較深層的自我行為和行動。儘管他們不需要向其他本真的人敞開這種他們自我的知識,但是他們正常地都這樣做。因此,本真的人們彼此向對方相互敞開他們各自的自我中交流(成為相對坦率的),儘管他們通常並不向非本真的人敞開自我(在這種意義上他們保持匿名狀態)。相互理解是本真存在的相互理解。然而,如果一個本真的人與一個非本真的人交流,那麼結果將是相互誤解。」Agnes Heller, *A Philosophy of Morals*, p.77。這些解釋,應有助吾人了解「本真」的現代意義,也補充宋七力對「本真」所隱含的道理。

18. 發展(development)一詞在西語中,原指某種看上去不活動的東西逐漸活動起來,或某種肉眼看不見的東西逐漸顯示出來的過程。因此發展具有「發育」、「展開」的含義,這個含義在十七、十八世紀以來近代科學和哲學的文獻中與「演化」、「進化」在使用上的含義幾乎相同。根據吉登斯的考證,「進化」或「演化」(evolution)一詞源自拉丁語 evolutionem(主格 evolutio)「(書籍的)展開」,是 evolvere 的動作名詞,意為「展開」和詞根 volatus(「旋轉」)構成。最初的意思是指羊皮書籍書頁的展開。「直至十七世紀晚期,這個詞才逐漸形成它的現代含義,開始指一種歷經一些可以識別的階段的有序變遷過程」。參閱其所著,李康等譯,《社會的構成》,北京:三聯書店,1998年,頁342。

19. 參閱弗朗索瓦‧佩魯(François Perroux)著,張寧等譯,《新發展觀》,北京:華夏出版社,1987年,頁4。

20. 見其所著,《宗教研究與詮釋學》,香港:中文大學出版社,2003年,頁6-7。

21. 即使在同一時代同一國度中,由於政治、經濟、文化的差異,人們幾乎像是生

活在不同的世紀。參閱別爾嘉耶夫著，雷永生等譯，《俄羅斯思想》，北京：三聯書店，1995年，頁240。

22. 見其所著，陳觀勝等譯，《宗教學導論》，上海：上海人民出版社，2010年，頁5。

23. 參閱尼采著，楚圖南等譯，《尼采文集》，北京：改革出版社，1995年，頁133。

24. 見其所著，洪佩鬱等譯，《交往行動理論，第一卷——行動的合理性和社會的合理化》，重慶：重慶出版社，1994年，頁315。

25. Jacques Maritain, *The Rights of Man and Natural Law*, Gordian Press；Inc, 1971, pp.25-27.

26. Hans Kung, A Global Ethic, The Declaration of the World's Religious, pp. 17,21,22,31.

27. 參閱其所著，董樂山譯，《西方人文主義傳統》，北京：三聯書店，1997年，頁84。

28. 參閱布洛克著，董樂山譯，《西方人文主義傳統》，頁89。

29. 參閱賓克萊（L. J. Binkley）著，馬元德等譯，《理想的衝突：西方社會中變化著的價值觀念》，北京：商務印書館，1986年，頁287。

30. 參閱其所著，朱雁冰譯，《歷史與社會中的信仰》，北京：三聯書店，1996年，頁11。

31. Val Plumwood, *Feminism and the Mastery of Nature*, London：Routledge, 1993, p.196.

32. 見其所著，朱成明譯，《記憶：歷史與政治理論》，上海：華東師範大學出版社，2017年，頁197。

法身觀

第九章 結論

　　有關宋七力思想「本心」義理詮釋與實踐的問題，這是自古以來所有宗教的問題，所以實在沒有必要只針對宋七力而言，因為即使沒有他的存在，世上已有和將有難以數計比宋七力「分身」和「放光」更令人匪夷所思的超經驗存在。能釐清宋七力的問題，也便能釐清宗教的一些問題。無可諱言，宗教對人的生存扮演極重要的角色，這並非哲學所能取代的[1]。

　　一部人的歷史，就是追求幸福的歷史。沒有宗教，人如何奢求幸福！既然如此，則宗教的目的必定是善的，而善之目的，自然為拯救[2]，使個體從現今生活無窮而普遍的痛苦中超拔出來，更拯救個體的未來靈魂，使之在彼岸世界具有形而上學的價值。然而，拯救必須有其「法」。

　　任何宗教要使人從此岸世界達到彼岸世界皆必須有其「法」，宋七力的分身和放光也是「法」，可是「法」分為「道法」及「陰謀之法」或「權詐之法」，就像水、火、刀等一般，端看使用者的存心、目的、對象和方式，若其存心、目的不良，對象和方式錯誤，此三者頓為凶器。若正確，則有利蒼生。儒家的仁、義、禮、智等，與道家的「無為」、「虛靜」等亦復如是；作者聽聞宋七力近期於〈光明體照見〉開示會場向同道解說「舉身放光」大

放光明的功能。其中示現「隱身法」。「隱身」、「顯身」乃心法，與外來的稱之「術」是有所區別。[3]

故有心人士利用「分身」和「放光」的顯相照片，作出違法亂紀的勾當，自然與宋七力無涉。就像王莽也是學儒學，但他篡位，當然與儒家無關！我們可以探討宋七力對「本心」思想的詮釋及實踐研究的觀點與方法，而不是去判定何種答案才是絕對的真理。

從宋七力「本心」義理詮釋與實踐而論，人之所以為宇宙的中心，及有其優越的存在價值來發現自己的定位，乃在於「本心」的顯發及實踐。換言之，「本心」的顯發及實踐是因人而生。人是為證成人之存在的優越性，遂設定了「本心」的顯發及能加以實踐的存在，以作為人之有其優越價值的超驗根據。

因此，他對「本心」的顯發及實踐的詮釋，就不能簡單地以為是反映了人對人自身的認知，也同時深刻地反映了人對人自身的期許及承諾。從而也就使得「本心」的顯發及實踐不僅保證了人存在的優越性，同時也提供了人建構其自我認知的參照對象。宋七力藉由詮釋和實踐來說明自己所經歷的「本心」朗現及密契經驗，從而賦予這兩者拯救的意義，以使人從現今世局低迷的氛圍中脫身而出，使得存在的現象更合理。

法身觀

　　然而,由於宋七力「本心」思想,其「分身」和「放光」之義理詮釋與密契經驗是相契合,目前此種思想的超越性換來的是曲高和寡,這是想當然耳的事。故他的詮釋不管在學術界或宗教界皆沒有獲得特別的注意。事實上,宋七力對中國經典的超越性詮釋,有時難免讓人誤以為有斷章取義之嫌,而且誤解宋七力對同一概念會有多種反反覆覆地重述的用心。關於上述兩項的說法;在一般教學或平常溝通對話時或許就是如此表象的感覺。作者(也是常隨眾)對上述兩項提出說明;宋七力引用經典的用意非發揚佛經理論,這個在前面章節已交代很清楚,不再贅述。

　　要而言之,宋七力「本心」思想主軸是顯發「本心」。強調:「經典是作參考,是導引我們,好像一盞明燈,告訴我們路怎麼走,走那個方向,經典不是實相,也不是法身。真正法身是每個人親自體會、印證出來,這一生向道的目的,也就是實現宗教所謂的生命永恆。」宋七力闡釋:「大道廣大、無偏私」。適度引用理論是作參考,過多的理論反而讓五官意識擋住了法性的流露;法性顯發、攝受、流露非人的行為可作。法性顯發是自然流露的方式,不受外在影響,「心」安靜不動,達到如禪宗所言之「八風不動」——大禪定。而常隨眾證道體會歷程皆因遇斯光—「天冠光」、「漩渦光」、「大日」的相應展現體大、相大、用大。

　　宋七力常說:「去者不留、來者不拒。不分男、女、老、幼、富、貴

第九章 結論

、貧、窮...，有心向道都是高貴的人」。因此，每一場的開示會，宋七力以展現實相境界表達會重複再重複的宣講「本心觀」，其熱誠、只是希望同道不虛此行，人人都能顯發「本心」。沒有分高、低、先、後，眾會者如沐春風，「常隨眾」跟著宋七力「心念口演」「當下」進入境界的體證，嘆未曾有的體驗，內容依類現形，非一成不變，當場享受大道之行，沉浸的氛圍是法喜充滿。跟著宋七力聲音同步演繹，甚至有時，宋七力還未及開口，常隨眾的境界已先出現宋七力要表達的內容，有了這種不可思議的驚奇和驚艷，就不會說出他是反反覆覆的重述一件議題，宋七力面面顧到，招呼新來的信眾直到每個人都能攝受實相境界，用信眾聽得懂的言詞解說，樂此不疲的讓同道「依空滿願」。其真誠、耐心、用意的良善，放眼看來有誰堪與他相比呢？以論說同步境界的展演開示生命的大道之行是宋七力的創見。

此外，他對中國傳統哲學中的「本心」詮釋，似乎超越、顛覆了傳統，而展顯現耳目一新，以使其「分身」和「放光」等密契經驗及詮釋合理化，但這些現象只可說是人心不古，須待時間來證明。或者我們應該發掘和發展宋七力「本心」思想的意義，為現代社會提供一些更新的精神資糧及熱源，作者認為「分身放光」大道之行，開啟 21 世紀新紀元。歸根結蒂，向道者的心中皆想像和渴求與完美及絕對的「本心」合而為一，令人頓然脫離堪忍世界而進入極樂彼岸，這種想像和渴求就像呼吸一樣自然，尤

法身觀

其是理性對無限而絕對「本心」的嚮往與自然的要求[4]。人類的歸宿既不是對上帝的直接崇拜，也不是被賜福者的天國城市，而是由理性和想像力構思的、適合這個世界的那些計劃的實現。既然如此，則一切自然的想像和渴求都蘊含及寓意人人所想像和渴求對象的實有，以及終有一天達到目的，並因而為這個世界賦予意義、創造生命的價值[5]。

不論是誰，都無法設想人類能成為什麼或不能成為什麼[6]。人人皆有可能按照自己的願望與絕對的「本心」合而為一成就了中國哲學所謂的「天人合一」。人這樣的嚮慕絕對的圓滿，正可指出這是人人所必須達到的最終歸宿，而宋七力目睹世局的氛圍正扼殺全人類的靈命，他不斷地伸出救援的雙手，希望人人回歸「本心」，人人因而得救。

作者冒著現代疑惑不解的情境下探究宋七力「本心」義理詮釋與實踐的問題，只是為了追問值得追問的問題。宋七力感受到哲學與宗教的知與行的落差問題，希望兩者能相互借鏡與合作。他基於「本心」而有的工夫實踐，「本心」的創造性，賦予了生命存在的價值[7]。麥金太爾（Alasdair Macintyre）曾說：「某人真正擁有一種德性，就可以指望他能在非常不同類型的環境場合中表現出它來。」[8]這番話正好是對宋七力「分身」與「放光」最佳的描述。

總之，宋七力的「本心」哲學關切的層面非常廣泛，他始終

探究生命存在的價值，力求改變生命的無限性[9]，但在改變生命世界的同時，他也極大地改變了作為人的自身[10]，因而賦予哲學最高的神聖使命，及哲學必須表現對「人」的終極關懷。這個使命，其實是他自己哲學人生的最真實的寫照，也是他終身一直努力追求的方向。他的哲學人生是如此開放和宏遠，就其深度和廣度而言，並非一般哲學家所能望其項背。

宋七力雖然有時也不免面臨無數的挫敗，及遭致無情的批評。但他對人的關切，使得他持續不斷地探索「無限生命問題」──「本心」。他所展現的探索和毅力，實在值得吾人學習和仿效。總之，在理性至上的時代中與不斷重複的真理相比，宋七力對「本心」義理的詮釋與實踐，無疑是一種更具吸引力的選擇之一。

法身觀

【註釋】：

1. 恩格爾哈特（H. Tristram Engelhardt, Jr.）也指出，現代的希望一直是企圖通過圓滿的理性論證來發現一種標準的、充滿內容的，不僅是程式性的而且應該對道德異鄉人——即隸屬於不同道德共同體的成員，普遍具有約束力的道德。這種道德應該超越多種多樣的宗教信仰共同體和意識形態共同體之外，這就是現代哲學工程的目標。然而事實證明，這種努力已經失敗。這種失敗的結果構成了當代俗世文化的基本格局。參考其所著，范瑞平譯，《生命倫理學基礎》，北京：北京大學出版社，2006 年，頁 1。西美爾云：「宗教存在乃是整個生機勃勃的生命本身的一種形式，是生命磅礴的一種形式，也是命運得濟的一種形式。」見其所著，曹衛東等譯，《現代人與宗教》，頁 52。

2. 參閱達瓦馬尼（Dhavamony Mariasusai）著，高秉江譯，《宗教現象學》，北京：人民出版社，2006 年，頁 314－317。盧克曼（Thomas Luckmann）著，覃方明譯，《無形的宗教——現代社會中的宗教問題》，北京：中國人民大學出版社，2003 年，頁 61。

3. 宋七力主講《本尊道集全集·光明體的照見》，法身宗提供。

4. 除非人的理智不做任何思想，只要他思想，就必然隱含地肯定絕對真理或本體的存在。人對絕對真理或本體的肯定是認知行動的先驗條件。理智對無限本體的嚮往是自然的渴望。換言之，人以理智動力肯定絕對真理或無限本體的存在，人的理智保有這股永不止息的知的動力，這股動力驅策理智不僅要全面理解其對象，並要求超過一切有限的存在物，直指無限本體的境界。參閱梁瑞祥著，〈論馬里旦知識理論融合的問題〉，頁 287。

5. 羅洛·梅曰：「人對認同的渴求成了最重要的心理渴求：必須能夠肯定自己的存在，在世界中確認自己，且經由自我肯定的能力，為這個世界賦予意義、創造意義。」見其所著，朱侃如譯，《權力與無知：探索暴力的來源》，頁 4。

6. 赫舍爾云:「人的存在之迷不在於他現在是什麼,而在於他能夠成為什麼。我們對人所能瞭解的,不過是人身上潛在要素中的一小部分。描述人類現在是什麼,是很容易做到的;但是我們無法設想人類能夠成為什麼。」見其所著,隗仁蓮譯,《人是誰》,頁 40。

7. 參閱袁保新著,《從海德格、老子、孟子到當代新儒學》,臺北:臺灣學生書局,2008 年,頁 223。

8. 見其所著,龔群等譯,《德性之後》,北京:中國社會科學出版社,1995 年,頁 258。

9. 鄧尼斯・米都斯（Tennis L Meadows）等著,李寶恆譯,《增長的極限:羅馬俱樂部關於人類困境的報告》,頁 152–153 曰:「人必須探究他們自己——他們的目標和價值——就像他們力求改變這個世界一樣。獻身於這兩項任務必然是無止境的。因此,問題的關鍵不僅在於人類是否會生存,更重要的問題在於人類能否避免在陷入毫無價值的狀態中生存。」長春:吉林人民出版社,1997 年。

10. 參閱斯金納（Burrhus Frederic Skinner）著,王映橋等譯,《超越自由與尊嚴》,貴陽:貴州人民出版社,1988 年,頁 210。

引用資料

一、 古籍文獻與注釋

1. 《十三經引得》，臺北：南嶽出版社，1977年。(本論文僅引用《尚書》、《詩經》、《易經》、《論語》、《孟子》、《中庸》、《禮記》)。
2. 王弼注，《老子》，臺北：臺灣中華書局，1974年。
3. 林希逸著，周啟成校注，《莊子鬳齋口義校注》，北京：中華書局，1997年。
4. 郭慶藩編輯，《莊子集釋》，臺北：臺灣中華書局，1974年。
5. 楊倞注，王先謙集解，《荀子集解》，臺北：世界書局，1974年。
6. 張載著，《張載集》，臺北：漢京文化事業公司，1983年。
7. 程顥等撰，王孝魚點校，《二程集・程氏遺書》，北京：中華書局，1981年。
8. 朱熹撰，《四書集注》，新北市：藝文印書館，1974年。
9. 陸象山著，《陸象山全集》，臺北：世界書局，1962年，據明嘉靖江西刊本校印。
10. 陳獻章著，《陳獻章集》，全二冊，北京：中華書局，2012年，卷4。
11. 羅欽順著，《困知紀》，北京：中華書局，1990年。
12. 王畿著，《王龍溪全集》，共三冊，臺北：華文書局，1970年。
13. 王守仁撰，吳光等編校，《王陽明全集》，上海：上海古籍出版社，2011年。

二、 佛教經典

1. 大正新修大藏經・般若部《大般若經》。
2. 大正新修大藏經・釋經論部、毗曇部《大智度論》。
3. 大正新修大藏經・法華部、華嚴部《法華經》。
4. 大正新修大藏經・法華部、華嚴部《華嚴經》。
5. 天竺沙門般剌蜜帝譯，《大佛頂如來密因修證了義諸菩薩萬行首楞嚴經》。
6. 僧璨大師，《信心銘》。
7. 天竺三藏善無畏共沙門一行譯，《大日經》。
8. 天台智顗，《天台觀經疏》。
9. 玄奘譯，《心經》。
10. 玄奘譯，《解深密經》。
11. 道原撰，《景德傳燈錄》。

12. 鳩摩羅什譯，《中論》。
13. 鳩摩羅什譯，《維摩詰所說經》。
14. 鳩摩羅什譯，《佛說阿彌陀經》。
15. 鳩摩羅什譯，《金剛經》。
16. 不空譯，《金剛頂經》。
17. 大正新修大藏經‧阿含部《長阿含經》、《增壹阿含經》、《長阿含‧遊行經》。
18. 月支三藏支婁迦讖漢譯，《般舟三昧經》。
19. 天竺三藏曇無讖譯，《涅槃經》。
20. 馬祖道一禪師著，《馬祖道一禪師廣錄》。
21. 慧能著，《六祖壇經》。
22. 裴休編，《黃蘗斷際禪師宛陵錄》。
23. 義淨著譯，《金光明最勝王經》。
24. 佛陀多羅譯，《圓覺經》。
25. 隋天竺三藏闍那崛多等譯，《起世經》。
26. 晦翁悟明撰，《聯燈會要》。
27. 湛然述，《金剛錍》。
28. 三藏菩提留支譯，《佛說不增不減經》。
29. 求那跋陀羅譯，《勝鬘經》。
30. 陳月婆首那譯，《勝天王般若波羅蜜經》。
31. 闍那崛多譯，《賢護經》。
32. 道源法師講述，《地藏菩薩本願經講記》。
33. 釋普濟著，《五燈會元》。
34. 天竺三藏康僧鎧譯，《佛說無量壽經》，卷上。
35. 雷庵正受輯，朱俊紅點校，《嘉泰普燈錄》。
36. 高麗沙門諦觀錄，《天台四教儀》。

三、 中文專書

1. 方東美著，《生生之德》，臺北：黎明文化事業公司，1989年。
2. 方東美著，《中國大乘佛學》，臺北：黎明文化事業公司，1984年。
3. 方東美著，《原始儒家道家哲學》，臺北：黎明文化事業公司，1993年。
4. 方東美著，《華嚴宗哲學》，共上下冊，臺北：黎明文化事業公司，1981年，冊上。
5. 方魁燦著，《審判宋七力分身》，香港：香港七力國際出版公司，2001年。
6. 王邦雄等著，《孟子義理疏解》，新北市：鵝湖月刊雜誌社，1983年。
7. 牟宗三著，《心體與性體（一）》，臺北：正中書局公司，2006年。

8. 牟宗三著,《心體與性體（三）》,臺北：正中書局公司,1990年。
9. 牟宗三著,《中國哲學的特質》,臺北：臺灣學生書局,1990年。
10. 牟宗三著,《才性與玄理》,臺北：臺灣學生書局,1993年。
11. 牟宗三著,《中國哲學之會通十四講》,臺北：臺灣學生書局,1990年。
12. 牟宗三著,《從陸象山到劉蕺山》,臺北：臺灣學生書局,1984年。
13. 牟宗三著,《中國哲學十九講》,臺北：臺灣學生書局,1983年。
14. 牟宗三著,《道德的理想主義》,臺北：臺灣學生書局,1985年。
15. 牟宗三著,《五十自述》,臺北：鵝湖出版社,1993年。
16. 宋七力著,《宋七力「天人合一」境界實證》,臺北：養心文化事業公司,1991年。
17. 宋七力著,《法身顯相集》,臺北：圓融企業社,2012年。
18. 宋七力著,《法身顯相集（革新版）》,臺北：唯心文化公司,2022年。
19. 唐君毅著,《人文精神之重建》,香港：新亞書院研究所,1973年。
20. 唐君毅著,《中華人文與當今世界》,臺北：臺灣學生書局,1975年。
21. 唐君毅著,《中國哲學原論・原道篇》,卷1,臺北：臺灣學生書局,1986年。
22. 唐君毅著,《中西哲學思想之比較論文集》,臺北：臺灣學生書局,1988年。
23. 唐君毅著,《中國哲學原論・原性篇》,香港：新亞書院研究所,1968年。
24. 徐復觀著,《中國思想史論集》,臺北：臺灣學生書局,1979年。
25. 徐復觀著,《中國人性論史・先秦篇》,臺北：商務印書館,1994年。
26. 徐復觀著,《中國文學論集》,臺北：臺灣學生書局,1985年。
27. 馮友蘭著,《中國哲學之精神》,北京：中國青年出版社,2005年。
28. 馮友蘭著,《中國哲學史》,共上下冊,上海：華東師範大學出版社,2010年。
29. 馮友蘭著,《中國哲學史新編》,共7冊,臺北：藍燈文化事業公司,1991年,冊2。
30. 黎惟東著,《莊子「保形存神」思想探究》,臺北：五南圖書出版公司,2017年。
31. 黎惟東著,《孟子與莊子的生命價值哲學》,臺北：五南圖書出版公司,2020年。
32. 傅偉勳著,《從開創性的詮釋學到大乘佛學》,臺北：東大圖書公司,1999年。
33. 傅偉勳著,《生命的學問》,臺北：生智出版公司,1998年。

34. 劉君祖著，《從易經看老子道德經》，臺北：大塊文化出版公司，2021年。
35. 熊十力著，《十力語要》，臺北：明文書局公司，1989年。
36. 熊十力著，《讀經示要》，臺北：廣文書局，1960年。
37. 熊十力著，《新唯識論》，臺北：樂天出版社，1972年。
38. 鄧國偉著，《回到故鄉的原野》，廣州：廣東人民出版社，1998年。
39. 杜維明著，《道・學・政——論儒家知識分子》：上海：上海人民出版社，2000年。
40. 敬文東著，《牲人盈天下——中國文化的精神分析》，桂林：廣西師範大學出版社，2011年。
41. 鄧曉芒著，《康德哲學講演錄》，廣西：廣西師範大學出版社，2008年。
42. 勞思光著，《新編中國哲學史（卷三上）》，臺北：三民書局公司，1993年。
43. 包利民等著，《現代性價值辯證論——規範倫理的形態學及其資源》，上海：學林出版社，2000年。
44. 李賢中著，《中國哲學研究方法的可能之路》，臺北：國立臺灣大學出版中心，2022年。
45. 黎志添著，《宗教研究與詮釋學》，香港：中文大學出版社，2003年。
46. 杜維明著，《現代精神與儒家傳統》，北京：三聯書店，1997年。
47. 張奇偉著，《亞聖精蘊——孟子哲學真諦》，北京：人民出版社，1997年。
48. 楊國榮著，《重回戰國——孟子新論》，臺北：開今文化事業公司，1993年。
49. 許志偉著，朱曉紅編，《生命倫理：對當代生命科技的道德評估》，北京：中國社會科學出版社，2006年。
50. 肖巍著，《女性主義關懷倫理學》，北京：北京出版社，1999年。
51. 陳學明著，《哈貝馬斯的「晚期資本主義」論述評》，重慶：重慶出版社，1993年。
52. 張岱年著，《中國古典哲學概念範疇要論》，北京：中華書局，2017年。
53. 葉海煙著，《老莊哲學新論》，臺北：文津出版社，1997年。
54. 楊祖漢著，《儒學與康德的道德哲學》，臺北：文津出版社，1987年。
55. 孫正聿著，《理論思維的前提批判》，遼寧：遼寧人民出版社，1992年。
56. 劉述先著，《中國哲學與現代化》，臺北：時報文化出版公司，1970年。

57. 張涅著,《莊子解讀——流變開放的思想形式》,濟南:齊魯出版社,2003 年。
58. 陳來著,《有無之境——王陽明哲學的精神》,北京:人民出版社,1991 年。
59. 鄭志明著,《宗教生死學》,臺北:文津出版社公司,2009 年。
60. 孫利天著,《死亡意識》,長春:吉林教育出版社,2001 年。
61. 鄧曉芒等著,《西方哲學史》,北京:高等教育出版社,2014 年。
62. 苗力田等編,《西方哲學史新編》,北京:人民出版社,1990 年。
63. 魯潔著,《超越與創新》,北京:北京人民教育出版社,2001 年。
64. 栗憲庭著,《重要的不是藝術》,南京:江蘇美術出版社,2000 年。
65. 李安德著,《超個人心理學——心理學的新典範》,臺北:桂冠圖書出版公司,1994 年。
66. 袁保新著,《從海德格、老子、孟子到當代新儒學》,臺北:臺灣學生書局,2008 年。
67. 游芳枝著,《大道之行》,臺北:唯心文化事業公司,2023 年。
68. 段德智著,《宗教概論》,北京:人民出版社,2005 年。
69. 何秀煌著,《邏輯——邏輯的性質與邏輯的方法導論》,臺北:東華書局,1991 年。
70. 徐崇溫主編,《存在主義哲學》,北京:中國社會科學出版社,1986 年。
71. 北京大學外國哲學史教研室編著,《古希臘羅馬哲學》,北京:商務印書館,1961 年。

四、外文譯本

1. 大衛‧波普諾著,李強等譯,《社會學》,北京:中國人民大學出版社,1999 年。
2. 尼采著,周國平譯,《悲劇的誕生》,北京:三聯書店,1986 年。
3. 尼采著,陳芳郁譯,《道德系譜學》,臺北:水牛出版社,1987 年。
4. 尼采著,張念東等譯,《權力意志——重估一切價值的嘗試》,北京:商務印書館,1991 年。
5. 尼采著,楚圖南等譯,《尼采文集》,北京:改革出版社,1995 年。
6. 尼采著,余鴻榮譯,《歡悅的智慧》,臺北:志文出版社,1982 年。
7. 羅蘭‧巴特著,許薔薔等譯,《神話:大眾文化詮釋》,上海:上海人民出版社,1999 年。
8. 丹尼爾‧貝爾著,嚴蓓雯譯,《資本主義文化矛盾》,南京:江蘇人民出版社,2012 年。

9. 吉登斯著，周紅雲譯，《失控的世界：全球化如何重塑我們的生活》，南昌：江西人民出版社，2001年。
10. 吉登斯著，田禾譯，《現代性的後果》，南京：譯林出版社，2011年。
11. 吉登斯著，趙旭東等譯，《現代性與自我認同》，北京：三聯書店，1998年。
12. 吉登斯著，李康等譯，《社會的構成》，北京：三聯書店，1998年。
13. 佛洛姆著，關山譯，《佔有還是生存》，北京：三聯書店，1989年。
14. 佛洛姆著，孟祥森譯，《生命的展現：人類生存情態的分析》，臺北：遠流出版公司，1994年。
15. 佛洛姆著，孟祥森譯，《人類新希望》，臺北：志文出版社，1978年。
16. 佛洛姆著，劉海林譯，《逃避自由》，北京：國際文化出版公司，2007年。
17. 佛洛姆著，蔡伸章譯，《人類之路：倫理心理學之探究》，臺北：協志工業叢書出版公司，1970年。
18. 佛洛姆等著，徐進夫譯，《心理分析與禪》，臺北：幼獅文化事業公司，1976年。
19. 佛洛伊德著，傅雅芳等譯，《文明及其缺憾》，合肥：安徽文藝出版社，1987年。
20. 佛洛伊德著，楊韶鋼譯，《一個幻覺的未來》，北京：華夏出版社，1999年。
21. 加達默爾著，洪漢鼎譯，《真理與方法：哲學詮釋學的基本特徵》，臺北：時報文化出版，1993年。
22. 加達默爾著，夏鎮平譯，《讚美理論》，北京：三聯書店，1988年。
23. 加達默爾著，夏鎮平等譯，《哲學闡釋學》，上海：上海譯文出版社，2004年。
24. 加達默爾著，薛華等譯，《科學時代的理性》，北京：國際文化出版公司，1988年。
25. 薩義德著，單德興譯，《知識分子論》，北京：三聯書店，2016年。
26. 伊謝·科恩著，佟景韓等譯，《自我論——個人與個人自我意識》，北京：三聯書店，1986年。
27. 賴特·米爾斯著，陳強等譯，《社會學的想像力》，北京：三聯書店，2001年。
28. 卡爾·羅哲斯著，宋文里譯，《成為一個人：一個治療者對心理治療的觀點》，臺北：桂冠圖書公司，1990年。
29. 艾愷著，唐長庚等譯，《世界範圍內的反現代化思潮》，貴陽：貴州人民出版社，1991年。

30. 艾倫・杜寧著，畢聿譯，《多少算夠：消費社會與地球的未來》，長春：吉林人民出版社，1997年。
31. 戈德曼著，蔡鴻濱譯，《隱蔽的上帝》，天津：百花文藝出版社，1998年。
32. 布魯姆著，胡辛凱譯，《愛的設計：盧梭與浪漫派》，北京：華夏出版社，2017年。
33. 奧德嘉・賈賽特著，劉大悲譯，《哲學與生活》，臺北：志文出版社，1993年。
34. 利奧塔著，島子譯，《後現代狀況》，長沙：湖南藝術出版社，1996年。
35. 利奧塔著，談瀛洲譯，《後現代性與公正遊戲：利奧塔訪談、書信錄》，上海：上海人民出版社，1997年。
36. 康波斯塔著，李磊等譯，《道德哲學與社會倫理》，哈爾濱：黑龍江人民出版社，2005年。
37. 西美爾著，林榮遠編譯，《社會是如何可能的》，桂林：廣西師範大學出版社，2002年。
38. 西美爾著，曹衛東譯，《現代人與宗教》，北京：中國人民大學出版社，2003年。
39. 西美爾著，顧仁明譯，《金錢、性別、現代生活風格》，上海：學林出版社，2000年。
40. 西美爾著，費勇等譯，《時尚的哲學》，北京：文化藝術出版社，2001年。
41. 斯蒂格勒著，裴程譯，《技術與時間：愛比米修斯的過失》，南京：譯林出版社，2000年。
42. 詹姆斯・施密特編，徐向東等譯，《啟蒙運動與現代性：18世紀與20世紀的對話》，上海：上海人民出版社，2005年。
43. 阿格妮絲・赫勒著，衣俊卿譯，《日常生活》，重慶：重慶出版社，1990年。
44. 懷特海著，李步樓譯，《過程與實在》，北京：商務印書館，2011年。
45. 阿爾貝特・施韋澤著，陳澤環譯，《文化哲學》，上海：上海人民出版社，2008年。
46. 胡塞爾著，王炳文譯，《歐洲科學的危機與超越論的現象學》，北京：商務印書館，2001年。
47. 胡塞爾著，李光榮編譯，《現象學》，重慶：重慶出版社，2006年。
48. 芭芭拉・亞當等著，趙延東等譯，《風險社會及其超越：社會理論的關鍵議題》，北京：北京出版社，2005年。

49. 法伊爾阿本德著,周昌忠譯,《反對方法——無政府主義知識論綱要》,上海:上海譯文出版社,1992年。
50. 里克爾著,林宏濤譯,《詮釋的衝突》,臺北:桂冠圖書出版公司,1995年。
51. 彼得・蓋伊著,劉北成譯,《啟蒙時代:現代異教精神的興起》,共2冊,上海:上海人民出版社,冊上,2014年。
52. 叔本華著,李小兵譯,《意欲與人生之間的痛苦——叔本華隨筆和箴言集》,上海:三聯書店,1988年。
53. 叔本華著,陳曉南譯,《愛與生的苦惱》,北京:中國和平出版社,1986年。
54. 叔本華著,範進等譯,《勸戒與格言》,北京:西苑出版社,2003年。
55. 叔本華著,石沖白譯,《作為意志和表象的世界》,北京:商務印書館,1982年。
56. 哈貝馬斯著,曹衛東等譯,《現代性哲學話語》,南京:譯林出版社,2004年。
57. 哈貝馬斯著,洪佩鬱等譯,《交往行動理論,第一卷——行動的合理性和社會的合理化》,重慶:重慶出版社,1994年。
58. 哈貝馬斯著,鬱喆雋譯,《在自然主義與宗教之間》,上海:上海人民出版社,2020年。
59. 杜瑞普著,傅佩榮譯,《人的宗教向度》,新北市:立緒文化事業公司,2006年。
60. 祁雅理著,吳永宗等譯,《二十世紀法國思潮:從柏格森到萊維-施特勞斯》,北京:商務印書館,1987年。
61. 約翰希克著,何光滬譯,《宗教哲學》,北京:三聯書店,1988年。
62. 格林伍德等著,劉之光譯,《人類環境和自然系統》,北京:化學工業出版社,1987年。
63. 克雷維列夫著,王先睿等譯,《宗教史》,共上下卷,北京:中國社會科學出版社,1984年,卷上。
64. 殷克勒斯著,黃瑞祺譯,《社會學是什麼》(修訂版),臺北:巨流圖書公司,1985年。
65. 喬治・斯坦納著,李河等譯,《海德格爾》,北京:中國社會科學出版社,1989年。
66. 斯賓諾莎著,賀麟譯,《知性改進論:並論最足以指導人達到對事物的真知識的途徑》,北京:商務印印書館,1960年。
67. 馬克・柯里著,寧一中譯,《後現代敘事理論》,北京:北京大學出版社,2003年。

68. 霍克海默等著，洪佩郁等譯，《啟蒙辯證法》，重慶：重慶出版社，1990年。
69. 霍克海默著，李小兵等譯，《批判理論》，重慶：重慶出版社，1989年。
70. 馬克思等著，中共中央馬克思恩格斯列寧斯達林著作編譯局編譯，《馬克思恩格斯文集》，北京：人民出版社，2009年，卷1。
71. 馬克思等著，中共中央馬克思恩格斯列寧斯達林著作編譯局編譯，《馬克思恩格斯選集》，北京：人民出版社，2012年，卷1。
72. 馬克思等著，中共中央馬克思恩格斯列寧斯達林著作編譯局編譯，《馬克思恩格斯全集》，共50卷，北京：人民出版社，2016年，卷35。
73. 梅洛-龐蒂著，楊大春譯，《哲學贊詞》，北京：商務印書館，2000年。
74. 泰戈爾著，曾育慧譯，《人的宗教：泰戈爾論文集》，臺北：商周城邦文化出版，2016年。
75. 凱西爾著，顧偉銘等譯，《啟蒙哲學》，濟南：山東人民出版社，1988年。
76. 凱西爾著，甘陽譯，《人論》，臺北：桂冠圖書出版公司，2005年。
77. 凱西爾著，于曉譯，《語言與神話》，北京：三聯書店，1988年。
78. 黑格爾著，范揚等譯，《法哲學原理》，臺北：里仁書局，1985年。
79. 黑格爾著，賀麟等譯，《哲學史講演錄》，第1卷、第4卷，北京：三聯書店，1956年。
80. 黑格爾著，賀麟譯，《小邏輯》，北京：商務印書館，1980年。
81. 黑格爾著，賀麟等譯，《精神現象學》，共上下卷，上海：上海人民出版社，2013年，卷上。
82. 黑格爾著，朱光潛譯，《美學》，共3卷4冊，北京：商務印書館，1997年，卷1。
83. 黑格爾著，楊祖陶譯，《精神哲學》，北京：人民出版社，2006年。
84. 科耶夫著，姜志輝譯，《黑格爾導讀》，南京：譯林出版社，2005年。
85. 奧特弗利德·赫費著，鄧安慶等譯，《作為現代化之代價的道德：應用倫理學前沿問題研究》，上海：上海譯文出版社，2005年。
86. 劉易斯·科塞著，郭方等譯，《理念人：一項社會學的考察》，北京：中央編譯出版社，2001年。
87. 赫舍爾著，隗仁蓮譯，《人是誰》，貴陽：貴州人民出版社，1994年。
88. 盧梭著，州長治譯，《社會契約論》，天津：天津人民出版社，1998年。
89. 盧梭著，何兆武譯，《論科學與藝術》，北京：商務印書館，2007年。
90. 盧梭著，李平漚譯，《愛彌兒——論教育》，共上下卷，北京：商務印書館，1996年，卷上。

91. 瑪律庫塞著，黃勇等譯，《愛欲與文明》，上海：上海譯文出版社，1987年。
92. 瑪律庫塞著，張峰譯，《單向度的人》，重慶：重慶出版社，1988年。
93. 邁克・費瑟斯通著，趙偉妏譯，《消費文化與後現代主義》，南京：譯林出版社，2000年。
94. 詹明信著，張旭東譯，《晚期資本主義的文化邏輯》，北京：三聯書店，1997年。
95. 詹明信著，胡亞敏等譯，《文化轉向》，北京：中國社會科學出版社，2000年。
96. 霍布斯著，黎思復等譯，《利維坦》，北京：商務印書館，1985年。
97. 羅蒂著，徐文瑞譯，《偶然、反諷與團結》，北京：商務印書館，2003年。
98. 鮑德里亞著，劉成富等譯，《消費社會》，南京：南京大學出版社，2000年。
99. 保羅・筏爾夫著，郭實渝等譯，《哲學概論》，臺北：學富文化事業公司，2001年。
100. 羅素著，張師竹譯，《社會改造原理》，上海：上海人民出版社，1959年。
101. 羅素著，何兆武等譯，《西方哲學史》，共上下卷，北京：商務印書館，1986年。
102. 羅素著，崔權醴譯，《西方的智慧》，北京：文化藝術出版社，1997年。
103. 羅素著，張金言譯，《人類的知識》，北京：商務印書館，1982年。
104. 馬丁・布伯著，陳維剛譯，《我與你》，臺北：桂冠圖書出版公司，1991年。
105. 大衛・哈威著，胡大平譯，《希望的空間》，江蘇：南京大學出版社，2006年。
106. 西塞羅著，沈叔平等譯，《國家篇、法律篇》，北京：商務印書館，1999年。
107. 西塞羅著，徐奕春譯，《西塞羅三論：老年、友誼、責任》，北京：商務印書館，1998年。
108. 恩斯特・布洛赫著，夢海譯，《希望的原理》，第1卷，上海：上海譯文出版社，2012年。
109. 馬丁・傑伊著，單世聯譯，《法蘭克福學派史（1923-1950）》，廣州：廣東人民出版社，1996年。
110. 康德著，何兆武譯，《永久和平》，上海：上海世紀出版集團，2005年。

111. 康德著，宗白華譯，《判斷力批判》，卷上，北京：商務印書館，1985年。
112. 康德著，鄧曉芒譯，《純粹理性批判》，北京：人民出版社，2004年。
113. 康德著，苗力田譯，《道德形而上學原理》，上海：上海世紀出版社，2015年。
114. 康德著，龐景仁譯，《未來形而上學導論》，北京：商務印書館，1995年。
115. 康德著，何兆武譯，《歷史理性批判文集》，北京：商務印書館，1990年。
116. 哈耶克著，馮克利譯，《經濟、科學與政治——哈耶克思想精粹》，南京：江蘇人民出版社，2000年。
117. 保羅·詹森著，楊正潤譯，《知識分子》，南京：江蘇人民出版社，1999年。
118. 迪爾凱姆著，馮韻文譯，《自殺論：社會學研究》，北京：商務印書館，1996年。
119. 迪爾凱姆著，渠東等譯，《宗教生活的基本形式》，上海：上海人民出版社，1999年。
120. 馬斯洛著，許金聲譯，《人的潛能與價值——人本主義心理學譯文集》，北京：華夏出版社，1987年。
121. 恩格爾哈特著，范瑞平譯，《生命倫理學基礎》，北京：北京大學出版社，2006年。
122. 達瓦馬尼著，高秉江譯，《宗教現象學》，北京：人民出版社，2006年。
123. 盧克曼著，覃方明譯，《無形的宗教——現代社會中的宗教問題》，北京：中國人民大學出版社，2003年。
124. 伊格爾頓著，朱新偉譯，《人生的意義》，南京：譯林出版社，2012年。
125. 伊格爾頓著，林雅華譯，《論邪惡——恐怖行為憂思錄》，長沙：湖南人民出版社，2014年。
126. 保羅·弗萊雷著，顧建新等譯，《被壓迫者教育學（修訂版）》，上海：華東師範大學出版社，2016年。
127. 伯格著，曾維宗譯，《飄泊的心靈——現代化過程的意識變遷》，臺北：巨流圖書公司，1988年。
128. 伯格著，高師寧譯，《天使的傳言》，北京：中國人民大學出版社，2010年。
129. 伯格著，高師寧譯，《神聖的帷幕：宗教社會學理論之要素》，上海：中國人民大學出版社，1991年。

130. 史蒂斯著，楊儒賓譯，《冥契主義與哲學》，臺北：正中書局，1998年。
131. 威廉・詹姆斯著，蔡怡佳等譯，《宗教經驗之種種——人性的研究》，新北市：立緒文化事業公司，2004年。
132. 艾溫・辛格著，郜元寶譯，《我們的迷惘》，桂林：廣西師範大學出版社，2001年。
133. 杜夫海納著，孫非譯，《美學與哲學》，北京：中國社會科學出版社，1985年。
134. 克里希那穆提著，廖世德譯，《生與死》，臺北：方智出版社，1995年。
135. 亞里斯多德著，李匡武譯，《工具論》，廣州：廣東人民出版社，1984年。
136. 亞里斯多德著，苗力田譯，《尼各馬科倫理學》，北京：中國社會科學出版社，1990年。
137. 亞里斯多德著，顏一等譯，《修辭術・亞歷山大修辭學・論詩》，北京：中國人民大學出版社，2003年。
138. 韋伯著，馮克利譯，《學術與政治》，北京：三聯書店，1998年。
139. 韋伯著，龍婧譯，《新教倫理與資本主義精神》，合肥：安徽人民出社，2012年。
140. 福柯著，劉北成譯，《臨床醫學的誕生》，南京：譯林出版社，2001年。
141. 福柯著，張廷琛等譯，《性史》，上海：上海科學技術文獻出版社，1989年。
142. 福柯著，莫偉民譯，《詞與物：人文科學考古學》，上海：三聯書店，2001年。
143. 帕斯卡爾著，何兆武譯，《思想錄》，北京：商務印書館，1986年。
144. 舍勒著，羅悌倫等譯，《價值的顛覆》，北京：三聯書店，1997年。
145. 洛斯基著，董友譯，《意志自由》，北京：三聯書店，1992年。
146. 愛因斯坦著，海倫・杜卡斯等編，高志凱譯，《愛因斯坦談人生》，北京：世界知識出版社，1984年。
147. 柏拉圖著，郭斌和等譯，《理想國》，北京：商務印書館，1986年。
148. 雅斯貝爾斯著，魏楚雄等譯，《歷史的起源與目標》，北京：華夏出版社，1989年。
149. 雅斯貝爾斯著，王德蜂譯，《時代的精神狀況》，上海：上海譯文出版社，1997年。
150. 雅斯貝爾斯著，餘靈靈等譯，《存在與超越——雅斯貝爾斯文集》，上海：上海三聯書店，1998年。

151. 雅斯貝爾斯著,周行之譯,《智慧之路》,臺北:志文出版社,1972年。
152. 雅斯貝爾斯著,李雪濤譯,《大哲學家》(修訂版,共上下冊),北京:社會科學文獻出版社,2005年。
153. 雅斯貝爾斯著,亦春譯,《悲劇的超越》,北京:中國工人出版社,1988年。
154. 雅斯貝爾斯著,王玖興譯,《生存哲學》,上海:上海譯文出版社,2005年。
155. 雅斯貝爾斯著,鄒進譯,《什麼是教育》,北京:三聯書店,1991年。
156. 維特根斯坦著,陳啟偉譯,《邏輯哲學論及其他》,北京:商務印書館,2014年。
157. 黑爾德著,孫周興編,倪梁康等譯,《世界現象學》,北京:三聯書店,2003年。
158. 喬奧·赫茨著,張兆麟等譯,《烏托邦思想史》,北京:商務印書館,1990年。
159. 弗蘭克著,趙可式等譯,《活出意義來:從集中營說到存在主義》,臺北:光啟文化事業,2006年。
160. 馬歇爾·博曼著,徐大建等譯,《一切堅固的東西都煙消雲散了:現代性體驗》,北京:商務印書館,2003年。
161. 榮格著,成窮等譯,《分析心理學的理論與實踐》,北京:三聯書店,1991年。
162. 榮格等著,張卜天譯,《金花的祕密:中國的生命之書》,北京:商務印書館,2016年。
163. 榮格著,馮川等譯,《心理學與文學》,北京:三聯書店,1987年。
164. 別爾嘉耶夫著,雷永生等譯,《俄羅斯思想》,北京:三聯書店,1995年。
165. 別爾嘉耶夫著,安啟念等譯,《精神王國與愷撒王國》,杭州:浙江人民出版社,2000年。
166. 包爾生著,何懷宏等譯,《倫理學體系》,臺北:淑馨出版社,1989年。
167. 羅洛·梅著,傅佩榮譯,《創造的勇氣》,新北市:立緒文化事業公司,2001年。
168. 羅洛·梅著,朱侃如譯,《權力與無知:探索暴力的來源》,新北市:立緒文化事業公司,2003年。
169. 繆勒著,陳觀勝等譯,《宗教學導論》,上海:上海人民出版社,2010年。

170. 布洛克著，董樂山譯，《西方人文主義傳統》，北京：三聯書店，1997年。
171. 貝塔朗菲等著，張志偉等譯，《人的系統觀》：北京：華夏出版社，1989年。
172. 蒂利希著，成窮等譯，《存在的勇氣》，貴州：貴州人民出版社，1998年。
173. 蒂利希著，徐鈞堯譯，《政治期望》，成都：四川人民出版社，1989年。
174. 蒂利希著，陳新權等譯，《文化神學》，北京：工人出版社，1988年。
175. 田力克著，魯燕萍譯，《信仰的動力》，臺北：桂冠圖書出版公司，1994年。
176. 薩特著，周煦良等譯，《存在主義是一種人道主義》，上海：上海譯文出版社，1988年。
177. 薩特著，潘培慶等譯，《薩特哲學論文集》，合肥：安徽文藝出版社，1998年。
178. 薩特著，褚塑維譯，《想像心理學》，北京：光明日報出版社，1988年。
179. 山繆爾·斯邁爾斯著，劉曙光等譯，《品格的力量》，新北市：立緒文化事業公司，2001年。
180. 大衛·格里芬著，馬季方譯，《後現代科學：科學魅力的再現》，北京：中央編譯出版社，1995年。
181. 大衛·格里芬著，王成兵譯，《後現代精神》，北京：中央編譯出版社，1998年。
182. 霍爾巴赫著，單志澄等譯，《袖珍神學或簡明基督教辭典》，北京：商務印書館，1981年。
183. 愛德華·希爾斯著，傅鏗等譯，《論傳統》，上海：上海人民出版社，2014年。
184. 費希特著，梁志學等譯，《論學者的使命、人的使命》，北京：商務印書館，1984年。
185. 拉美特利著，顧壽觀等譯，《人是機器》，北京：商務印書館，1959年。
186. 笛卡兒著，王太慶譯，《談談方法》，北京：商務印書館，2000年。
187. 笛卡兒著，管震湖譯，《探求真理的指導原則》，北京：商務印書館，1991年。
188. 約翰·羅爾斯著，謝延光譯，《正義論》，上海：上海譯文出版社，1991年。

189. 斯比爾金著,徐小英等譯,《哲學原理》,北京:求實出版社,1990年。
190. 賴欣巴哈著,伯尼譯,《科學哲學的興起》,北京:商務印書館,1983年。
191. 波普爾著,范景中等譯,《通過知識獲得解放》,杭州:中國美術學院出版社,1998年。
192. 海德格爾著,孫周興等編譯,《海德格爾選集》,上下冊,上海:三聯書店,1996年,冊下。
193. 海德格爾著,孫周興譯,《在通向語言的途中》,北京:商務印書館,1997年。
194. 曼海姆著,黎鳴等譯,《意識形態與烏托邦》,臺北:商務印書館,2000年。
195. 柏格森著,劉放桐譯,《形而上學導言》,北京:商務印書館,1963年。
196. 柏格森著,肖聿譯,《創造進化論》,南京:譯林出版社,2011年。
197. 柏格森著,王作虹等譯,《道德與宗教的兩源》,南京:譯林出版社,2001年。
198. 博爾諾夫著,李其龍譯,《教育人類學》,上海:華東師範大學出版社,1999年。
199. 阿倫特著,鄧伯宸譯,《黑暗時代群像》,新北市:立緒文化事業公司,2006年。
200. 阿倫特著,王寅麗譯,《人的境況》,上海:上海人民出版社,2009年。
201. 阿倫特著,王寅麗等譯,《過去與未來之間》,南京:譯林出版社,2011年。
202. 塔爾科特·帕森斯著,梁向陽譯,《現代社會的結構與過程》,北京:光明日報出版社,1988年。
203. 霍蘭·薩拜著,盛葵陽等譯,《政治學說史》,共上下冊,北京:商務印書館,1990年,冊上。
204. 安瑟倫,謝扶雅等譯,《上帝存在論》,《中世紀基督教思想家文選》,香港:金陵神學院托事部、基督教輔僑出版社,1962年,第3部。
205. 雷金斯特著,汪希達等譯,《肯定生命:尼采論克服虛無主義》,上海:華東師範大學出版社,2020年。
206. 基拉爾著,陳明珠等譯,《雙重束縛:文學、摹仿及人類學文集》,北京:北京華夏版,2006年。
207. 威廉·德雷著,王煒等譯,《歷史哲學》,北京:三聯書店,1988年。

208. 舍爾巴茨基著，宋立道譯，《大乘佛學：佛教的涅槃概念》，北京：中國社會科學出版社，1994年。
209. 阿諾德著，韓敏中譯，《文化與無政府狀態》，北京：三聯書店，2002年。
210. 羅爾斯頓三世著，劉耳等譯，《哲學走向荒野》，長春：吉林人民出版社，2001年。
211. 莫里斯著，定揚譯，《開放的自我》，上海：上海人民出版社，1987年。
212. 凱蒂·索珀著，廖申白譯，《人道主義與反人道主義》，北京：華夏出版社，1999年。
213. 康定斯基著，查立譯，《論藝術的精神》，北京：中國社會科學出版社，1987年。
214. 德里達等著，杜小真譯，《宗教》，北京：商務印書館，2006年。
215. 狄爾泰著，《夢》，收錄於田汝康等編選，《現代西方史學流派文選》，上海：上海人民出版社，1982年。
216. 杜威著，傅統先等譯，《人的問題》，上海：上海人民出版社，1986。
217. 利科著，薑志輝譯，《歷史與真理》，上海：上海譯文出版社，2004年。
218. 包曼著，張君玫譯，《全球化：對人類的深遠影響》，臺北：群學出版公司，2001年。
219. 賓克萊著，馬元德等譯，《理想的衝突：西方社會中變化著的價值觀念》，北京：商務印書館，1986年。
220. 默茨著，朱雁冰譯，《歷史與社會中的信仰》，北京：三聯書店，1996年。
221. 湯姆·彼徹姆著，雷克勤等譯，《哲學的倫理學》，北京：中國社會科學出版社，1990年。
222. 施特勞斯著，申彤譯，《古今自由主義》，南京：譯林出版社，2012年。
223. 西方法律思想史編寫組編，《西方法律思想資料選編》，北京：北京大學出版社，1983年。
224. 埃里克·沃格林著，朱成明譯，《記憶：歷史與政治理論》，上海：華東師範大學出版社，2017年。
225. 勒維納斯著，余中先譯，《上帝·死亡和時間》，北京：三聯書店，1997年。
226. 斯金納著，王映橋等譯，《超越自由與尊嚴》，貴陽：貴州人民出版社，1988年。

227. 托爾尼烏斯著，何兆武譯，《沙龍的興衰：500 年歐洲社會風情追憶》，北京：世界知識出版社，2003 年。
228. 列夫·托爾斯泰著，許海燕譯，《人生論——人類真理的探索》，成都：四川人民出版社，1999 年。
229. 約瑟夫·歐康納等著，王承豪譯，《系統思考實用手冊》，新北市：世茂出版社，1999 年。
230. 雷蒙·潘尼卡著，王志成等譯，《看不見的和諧》，南京：江蘇人民出版社，2001 年。
231. 哈羅德·伯爾曼著，梁治平譯，《法律與宗教》，北京：三聯書店，1991 年。
232. 拉茲洛著，王志康譯，《決定命運的選擇》，上海：三聯書店，1997 年。
233. 弗朗索瓦·佩魯著，張寧等譯，《新發展觀》，北京：華夏出版社，1987 年。
234. 聖奧古斯丁著，周士良譯，《懺悔錄》，北京：商務印書館，1963 年。
235. 納塔莉·沙鷗著，鄭天喆等譯，《欲望倫理學：拉康思想引論》，桂林：灕江出版社，2013 年。
236. 麥金太爾著，龔群等譯，《德性之後》，北京：中國社會科學出版社，1995 年。
237. 鄧尼斯·米都斯等著，李寶恆譯，《增長的極限：羅馬俱樂部關於人類困境的報告》，長春：吉林人民出版社，1997 年。
238. 卡爾·洛維特著，李秋零等譯，《世界歷史與救贖歷史——歷史哲學的神學前提》，北京：三聯書店，2002 年。
239. 湯因比著，荀春生等譯，《展望二十一世紀——湯因比與池田大作對話錄》，北京：國際文化出版公司，1985 年。
240. 池田大作等著，梁鴻飛等譯，《社會與宗教》，成都：四川人民出版社，1991 年。
241. 今道友信著，崔相錄等譯，《存在主義美學》，瀋陽：遼寧人民出版社，1987 年。
242. 湯川秀樹著，周林東譯，《創作力與直覺——一個物理學家對東西方的考察》，上海：復旦大學出版社，1984 年。
243. 廚川白村著，陳曉南譯，《西洋近代文藝思潮》，臺北：志文出版社，1993 年。
244. 方東美著，孫智燊譯，《中國哲學精神及其發展》，共上下冊，臺北：黎明文化事業公司，2005 年，冊上。

五、 英文專書

1. Barry Smart, *Foucault, Marx and Critique*, Routledge, London and New York, 1983.
2. Beck Ulrich, Risk Society : *Towards a New Modernity*, London, Sage Publications Ltd., 1992.
3. David Regan, Experience the Mystery : Pastoral Possibilities for Christian Mystagogy, London, Geoffrey Chapman, 1994.
4. Einstein, Albert, *The World As I See It*. New York : The Wisdom Library, 1949.
5. Henri Lefebvre, *Everyday Life in the Modern World*, translated by Sacha Rabinovitch, with a new Introduction by Philip Wander, Transaction Publishers, New Brunswick and London, 1994.
6. William James, The Will to Believe & other Essays in Popular Philosophy : Human Immortality, New York : Dover Publication, 1956.
7. Karl R. Popper, *The Logic of Scientific Discovery*, London : Hutchinson, 1986.
8. Arne Naess, *Ecology, community and lifestyle : Outline of an Ecosophy*, Cambridge, England : Cambridge University Press, 1989.
9. Merleau-Ponty, *The Visible and the Invisible*, trans. by Alphonso Lingis, Evanston : Northwestern University Press, 1968.
10. Rémi Brague, *The Kingdom of Man : Genesis and Failure of the Modern Project*, Notre Dame, Indiana : University of Notre Dame Press, 2018.
11. Agnes Heller, *A Philosophy of Morals*, Oxford : Basil Blackwell Lid., 1990.
12. Schwartz, Benjamin, *The World of Thought in Ancient China*, Cambridge, Mass. : Belknap Press of Harvard University Press. 1985.
13. Jacques Maritain, *The Rights of Man and Natural Law*, Gordian Press Inc, 1971.
14. Nel Noddings, *The Challenge to Care in Schools*, New York : Teachers College Press, 1992.
15. Nel Noddings, *Caring : Feminine Approach to Ethic and Moral Education*, Berkley, University of California Press, 2003.

16. Jean Baudrillard, *Simulation and Simulacra*, The University of Michigan Press, 1994.
17. Leo Strauss, *Spinoza's Critique of Religion*, Translated by E. M. Sinclair, Schocken Books Inc., 1965.
18. David Lochhead, *The Dialogical Imperative*, Maryknoll, New York : Orbis Books, 1988.
19. Charles Taylor, *Sources of the Self : The Making of the Modern Identity*, Massachusetts : Harvard University Press, 1989.
20. Søren Kierkegaard, *Concluding Unscientific Postscript*, trans. By D.F, Swenson Princeton University Press, 1941.
21. W.T.Stace, *Time and Eternity*, New York reprinted, 1969.
22. Gadame, *Praise of Theory : Speeches and Essays*, New Haven and London, Yale University Press, 1998.
23. Benedict de Spinoza, ed. and trans. by R. H. M. Elwes, *Ethics : Including the Improvement of the Understanding*, New York : Prometheus Books, 1989.
24. Goodheart Eugene, *Desire & its Discontents*, New York : Columbia University Press, 1991.
25. Florence Rockwood Kluckhohn and Fred L. Strodtbeck, *Variations in Value Orientation*. Evanston, Illinois, and Elmsford, New York : Row, Peterson and Company, 1961.
26. George McClelland Foster, Traditional Cultures and the Impact of Technological Change, New York : Harper & Row, 1962.
27. Abram Kardiner, with the collaboration of Ralph Linton, Cora Du Bois and James West, *The Psychological Frontiers of Society*, New York : Columbia University Press, 1945.
28. David Hume, *Enquiries concerning human understanding and concerning the principles of morals*, In L. A. Selby - Bigge, & P. H. Nidditch (Ed.), London, UK : Oxford University Press. 1975, (Original work published 1777).
29. W.K.C. Guthrie, In the Beginning : Some Greek View on the Origin of Life and the Early State of Man, Ithaca : Conell University Press, 1957.
30. Hans Kung, A Global Ethic, The Declaration of the World's Religious, SCM Press Ltd., 1993.

31. J.J. Chambliss, *The Influence of Plato and Aristotle on John Dewey's Philosophy*, New York : Lewiston : The Edwin Mellen Press, 1990.
32. John Dewey, *The Collected Works of John Dewey, 1925-1953 : Philosophy and Civilization*, ed. by Larry A. Hickman, Charlotte : Intelex, 1996.
33. David J. Kalupahana, *A History of Buddhist Philosophy : Continuities and Discontinuities*, Motilal Banarsidass Publishers, Delhi, India, 1994.
34. John Hick, *Dialogues in the Philosophy of Religion*, New York : Palgrave, 2001.
35. John Hick, *Problems of Religious Pluralism*, London : Macmillan, 1985.
36. Paul Tillich, *Systematic Theology*, Volume 1, The University of Chicago Press, 1951.
37. Paul Tillich, *The New Being*, SCM Press Ltd., 1956.
38. Val Plumwood, *Feminism and the Mastery of Nature*, London : Routledge, 1993.
39. Robert Brandom, *Making It Explicit*, Harvard University Press, 1994.
40. Charles Reitz, *Art, Alienation, and the Humanities*, Albany : State University of New York Press, 2000.
41. Herbert Marcuse, *Negations : Essays in Critical Theory*, Boston : Beacon Press, 1968.
42. B. Russell, *A Critical Exposition of Philosophy of Leibniz*, London : George Allen and Unwin, 1937.

六、 期刊論文

1. 王惠雯著,《佛教研究的系統詮釋方法－以宗喀巴思想為例》,臺灣宗教學會「學者論壇」研討會,華梵大學人文教育研究中心,2000年。
2. 王治河著,〈論後現代主義的三種形態〉,北京:中國社會科學院信息情報研究院,《國外社會科學》,1995年,第1期。
3. 王樹人著,〈後現代話語和視野下的宗教問題——讀《宗教》〉,北京:科學出版社,《世界哲學》,2007年,第3期。
4. 王樹人著,〈論黑格爾實踐觀的合理內核〉,中國社會科學院哲學研究所編,《論康德黑格爾哲學記念文集》,上海:上海人民出版社,1981年。

5. 孔小惠著,〈美國文化對臺灣文化發展的影響及對兩岸文化差異的思考〉,《中國評論月刊》,2010 年,第 12 月號。
6. 梁瑞祥著,〈論馬里旦知識理論融合的問題〉,輔仁大學哲學系所編著,《哲學論集》,1996 年,第 29 期。
7. 袁信愛著,〈人學思想的重構與解構〉,輔仁大學哲學系所編著,《哲學論集》,1997 年,第 30 期。
8. 張立文著,〈中國心性哲學及其演變(上)〉,臺中:《中國文化月刊》,1993 年,第 164 期。
9. 張立文著,〈中國心性哲學及其演變(下)〉,臺中:《中國文化月刊》,1993 年,第 165 期。
10. 張志丹著,〈解構與超越:當代物質主義的哲學追問〉,《南京師大學報(社會科學版)》,2017 年,第 1 期。
11. 楊金華著,〈虛無主義生成的理性邏輯及其超越〉,《江漢大學學報(社會科學版)》,2013 年,第 4 期,卷 30。
12. 楊惠南著,〈光明的追尋者—宋七力〉,臺北:中央研究院,第三屆國際漢學會議,2000 年。
13. 楊國榮著,〈哲學的建構與現代性的反思—現代性反思的哲學意義〉,《上海師範大學學報(哲學社會科學版)》,2003 年,第 3 期,卷 32。
14. 劉滄龍著,〈自然與自由——莊子的主體與氣〉,《國立政治大學哲學學報》,2016 年,第 35 期。
15. 關永中著,〈上與造物者遊——與莊子對談神祕主義〉,《國立臺灣大學哲學論評》,1999 年,第 22 期。
16. 關永中著,〈不敖倪於萬物、不譴是非——與莊子懇談見道及其所引致的平齊物議〉,《國立臺灣大學哲學論評》,2006 年,第 32 期。
17. 關永中著,〈士林哲學的超驗轉向——若瑟馬雷夏(上)〉,《哲學與文化》,1988 年,第 9 期,卷 15。
18. 沈清松著,〈表象、交談與身體〉,輔仁大學哲學系所編著,《哲學論集》,1997 年,第 30 期。
19. 沈清松著,〈表象、交談與身體——論密契主義的幾個哲學問題〉,《哲學與文化》,1997 年,卷 24,第 3 期。
20. 劉昌元著,〈黑格爾的悲劇觀〉,《中外文學》,1982 年,第 11 卷,第 7 期。
21. 鄒廣文著,〈歷史、價值與人的存在—一種文化哲學的解讀〉,王中江主編,《新哲學》,鄭州:大象出版社,2005 年,第 4 輯。
22. 劉鄂培著,〈孔孟對中國文化的主要理論貢獻及對中華民族和人類的影響〉,韓國孟子學會編,《孟子研究》,1999 年,第 1 輯。

23. 衷爾鉅著,〈孟子論人格的自我價值〉,韓國孟子學會編,《孟子研究》,1999 年,第 1 輯。
24. 巨克毅著,〈當代天人之學研究的新方向－反省與重建〉,《宗教哲學》,1996 年,第 2 卷,第 1 期。
25. 余衛東等著,〈倫理學何以可能?——一個人性論視角〉,《湖北大學學報(哲學社會科學版)》,2004 年,第 6 期。
26. 程立濤著,〈人生理想的希望哲學闡釋〉,《教學與研究》,2015 年,第 7 期。
27. 馮耀明著,〈儒家本質與大心主義——敬答楊祖漢先生〉,《鵝湖學誌》,1998 年,第 20 期。
28. 許時珍著,〈台灣新興民間宗教形成之社會意義——從宋七力事件談起〉,《中山人文社會科學期刊》,1997 年,第 5 卷,第 3 期。
29. 劉述先著,〈論宗教的超越與內在〉,《新亞學術集刊:天人之際與人禽之辨——比較與多元的觀點》,2001 年,第 17 期。
30. 黃甲淵著,〈從心具理觀念看朱子道德哲學的特性〉,《鵝湖學誌》,1999 年,第 23 期。
31. 黃克劍著,〈從「命運」到「境界」——蘇格拉底前後古希臘哲學命意辨正〉,《哲學研究》,1996 年,第 2 期。
32. 何萍著,〈試論偶然性的本體意義〉,吳根友等主編,《場與有——中外哲學的比較與融通(四)》,武昌:武漢大學出版社,1997 年。
33. 謝獻誼著,〈《大般涅槃經》「常樂我淨」觀的兩重面相及其與「佛性」說的交涉——以〈前分〉為範圍的考察〉,臺灣大學中國文學研究所,《中國文學研究》,2013 年,第 36 期。
34. 顧偉康著,〈中國哲學史上第一個宇宙論體系——論《淮南子》的宇宙論〉,《上海社會科學院學術季刊》,1986 年,第 2 期。
35. 張曙光著,〈在「自然選擇」與「自由王國」之間——實踐、唯物史觀與現代人的境遇(下)〉,《現代哲學》,2022 年,第 2 期。
36. 馮今源著,〈加強理論研究正確認識宗教〉,《世界宗教文化》,1995 年,第 2 期。
37. 曹郁美著,〈《華嚴經》世尊「十次放光」之探析〉,《華嚴學報》,2012 年,第 3 期。
38. 簡光明著,〈莊子思想源于田子方析論〉,《鵝湖月刊》,1994 年,卷 19,第 226 期。
39. 埃呂爾著,〈技術的社會〉,載於《科學與哲學》,1983 年,第 1 期。
40. R. C. Henry 編,*The Mental Universe*,《Nature》,2005 年,第 436 期。

41. Wigner, Eugene P. *The problem of measurement*, American Journal of Physics, 1963, Vol. 31.

七、 學位論文

1. 李彥儀著,《先秦儒家的宗教性之哲學省察》,臺北:國立政治大學哲學系博士論文,2015年。
2. 徐培晃著,《跨世紀的自我追尋——台灣現代詩中的創傷、逸離與超越》,臺中:國立中興大學中國文學系博士學位論文,2013年。
3. 羅春月著,《從宋七力事件反思宋七力思想與實踐》,新北市:輔仁大學宗教學系研究所碩士論文,2018年。
4. 陳玉蟬著,《《阿含》、《般若》、《華嚴》及《法華》佛陀放光之研究》,臺北:文化大學哲學研究所碩士論文,2009年。
5. 陳奕竹著,《光影之間—從影像論生命》,高雄:國立中山大學哲學研究所碩士論文,2015年。

八、 網路電子資料庫

1. CBETA Online 電子佛典線上閱讀版網址
   https://cbetaonline.dila.edu.tw/zh/
2. 大日宗官方網站 http://www.great-sun.org/webc/html/video/index.php

國家圖書館出版品預行編目(CIP)資料

法身觀／羅春月 作. -- 初版. -- 高雄市：大日中文化有限公司，民 114.03

面； 公分

ISBN 978-626-99567-0-8（平裝）

1.CST: 民間信仰

271.9　　　　　　　　　　　　　　114002665

法身觀

作　者：羅春月

發行人：陳信堯

編　輯：林志冲

校　對：莊瑞賢　謝繡紋

排　版：尹介伶　彭俊傑

出版社：大日中文化有限公司

地　址：高雄市前鎮區中山二路 2 號 12 樓之 7

電　話：(07) 536-0537

印刷公司：禹利電子分色有限公司

定價：新台幣 770 元　　初版三刷：民國 114 年 7 月

ISBN：978-626-99567-0-8

版權所有・翻印必究